# *Elogios a Criando Pensadores Críticos*

✷ ✷ ✷

"Em um mundo onde muitos acham que sabem das coisas, poucas habilidades são mais importantes do que o pensamento crítico e a reflexão. Este é o guia que estava faltando para os pais ensinarem seus filhos a se tornarem consumidores conscientes de informação."

—Adam Grant, autor de *Pense de novo*, best-seller nº1 do *New York Times*

"Pensamento crítico não significa apenas comparar fatos com ficção. Neste livro prático e oportuno, Julie Bogart nos mostra como a imaginação, a autoconsciência, a empatia e a introspecção tornam o pensamento crítico possível. Essas são lições fundamentais tanto para os filhos como para os pais."

—Ximena Vengoechea, autora de *Listen Like You Mean It*
[Ouça de Verdade, em tradução livre]

"Estou impressionada. Todos os pais e educadores precisam ler este livro. Como psicóloga e mãe, sei como é importante criar pensadores críticos, mas o significado disso nem sempre fica claro no dia a dia. *Criando Pensadores Críticos* utiliza teorias da educação de ponta e práticas concretas para responder as seguintes perguntas: como podemos ajudar as crianças a separar os fatos da ficção? O que podemos fazer para atiçar sua curiosidade e fazer com que elas queiram aprender? O que estimula a autoconsciência e um ponto de vista flexível ao conversarmos com crianças? Deixe Julie Bogart guiá-lo na jornada da criação de pensadores críticos."

—Diana Hill, psicóloga, autora de *ACT Daily Journal*
[Diário da TCA, em tradução livre]

"Com fascinantes exemplos e atividades adequadas para cada idade para ajudar as crianças a pensar de forma profunda, imaginativa e compassiva, Julie Bogart nos apresenta *o* guia para criar os pensadores críticos da próxima geração."

—Yael Schonbrun, psicóloga, professora assistente de psiquiatria
e comportamento humano da Universidade Brown

"Por décadas, admirei a maneira sábia e humana de Julie Bogart ajudar os pais que participam na educação de seus filhos."

—Peter Elbow, professor emérito de Inglês,
Universidade de Massachusetts em Amherst

# CRIANDO PENSADORES CRÍTICOS

UM GUIA PATERNO DE COMO CRIAR FILHOS SÁBIOS NA ERA DIGITAL

# CRIANDO PENSADORES CRÍTICOS


JULIE BOGART

COACH DO HOMESCHOOL ALLIANCE


Prefácio de Barbara Oakley, Autora do livro *Aprendendo a aprender para crianças e adolescentes*


ALTA BOOKS
GRUPO EDITORIAL
Rio de Janeiro, 2023

# Criando Pensadores Críticos


ISBN: 978-85-508-1818-4



Impresso no Brasil — 1ª Edição, 2023 — Edição revisada conforme o Acordo Ortográfico da Língua Portuguesa de 2009.

**Dados Internacionais de Catalogação na Publicação (CIP) de acordo com ISBD**

B674c Bogart, Julie

Criando pensadores críticos: um guia paterno de como criar filhos sábios na era digital / Julie Bogart ; traduzido por Renan Amorim. - Rio de Janeiro : Alta Books, 2023.
352 p. ; 16cm x 23cm.

Tradução de: Raising Critical Thinkers
Inclui índice.
ISBN: 978-85-508-1818-4

1. Internet. 2. Pensadores críticos. 3. Crianças. 4. Educação. I. Amorim, Renan. II. Título.

2022-3900 CDD 153
CDU 159.92

**Elaborado por Odilio Hilario Moreira Junior - CRB-8/9949**

**Índice para catálogo sistemático:**
1. Processos mentais e inteligência 153
2. Processos mentais e inteligência 159.92



**Produção Editorial**
Grupo Editorial Alta Books

**Diretor Editorial**
Anderson Vieira
anderson.vieira@altabooks.com.br

**Editor**
José Ruggeri
j.ruggeri@altabooks.com.br

**Gerência Comercial**
Claudio Lima
claudio@altabooks.com.br

**Gerência Marketing**
Andréa Guatiello
andrea@altabooks.com.br

**Coordenação Comercial**
Thiago Biaggi

**Coordenação de Eventos**
Viviane Paiva
comercial@altabooks.com.br

**Coordenação ADM/Finc.**
Solange Souza

**Direitos Autorais**
Raquel Porto
rights@altabooks.com.br

**Assistente Editorial**
Gabriela Paiva

**Produtores Editoriais**
Illysabelle Trajano
Maria de Lourdes Borges
Paulo Gomes
Thales Silva
Thiê Alves

**Equipe Comercial**
Adenir Gomes
Ana Carolina Marinho
Ana Claudia Lima
Daiana Costa
Everson Sete
Kaique Luiz
Luana Santos
Maira Conceição
Natasha Sales

**Equipe Editorial**
Ana Clara Tambasco
Andreza Moraes
Arthur Candreva
Beatriz de Assis
Beatriz Frohe
Betânia Santos
Brenda Rodrigues
Erick Brandão
Elton Manhães
Fernanda Teixeira
Gabriela Paiva
Henrique Waldez
Karolayne Alves
Kelry Oliveira
Lorrahn Candido
Luana Maura
Marcelli Ferreira
Mariana Portugal
Matheus Mello
Milena Soares
Patricia Silvestre
Viviane Corrêa
Yasmin Sayonara

**Marketing Editorial**
Amanda Mucci
Guilherme Nunes
Livia Carvalho
Pedro Guimarães
Thiago Brito

## Atuaram na edição desta obra:

**Tradução**
Renan Amorim

**Copidesque**
Renata Vetorazzi

**Revisão Gramatical**
Camila Moreira
Alessandro Thomé

**Leitura Crítica**
Giovana Chinallato

**Diagramação**
Daniel Vargas

**Capa**
Marcelli Ferreira

Editora **afiliada à:** ABDR Associação Brasileira de Direitos Reprográficos — ASSOCIADO CBL Câmara Brasileira do Livro

ALTA BOOKS GRUPO EDITORIAL
Rua Viúva Cláudia, 291 — Bairro Industrial do Jacaré
CEP: 20.970-031 — Rio de Janeiro (RJ)
Tels.: (21) 3278-8069 / 3278-8419
**www.altabooks.com.br** — altabooks@altabooks.com.br
**Ouvidoria:** ouvidoria@altabooks.com.br

*Em memória da minha tia, June*

*One life, but we're not the same. We get to carry each other.*
[Uma vida, mas não somos os mesmos. Precisamos carregar uns aos outros.]

—Bono, U2, "One"

# SUMÁRIO


PREFÁCIO xiii

INTRODUÇÃO xvii

## PARTE 1
O que É um Pensador Crítico? 1

CAPÍTULO 1
Quem Disse? 5

CAPÍTULO 2
Separando os Fatos das Suas Ficções 21

CAPÍTULO 3
Cada Vez Mais Intrigante: A Educação Problematizadora 41

CAPÍTULO 4
Observação Cuidadosa: Através do Espelho 67

CAPÍTULO 5
Importar-se É o Início do Pensamento Crítico 89

CAPÍTULO 6
Identidade: A Força que Deve Ser Levada em Conta 113

**PARTE 2**
Leia, Experimente e Encontre: Uma Educação de Verdade 133

CAPÍTULO **7**
Leitura: Próxima e Pessoal 139

CAPÍTULO **8**
Leitura: Leia Devagar para Se Aprofundar 167

CAPÍTULO **9**
Experiência: Aumentando a Intimidade 185

CAPÍTULO **10**
Encontro: Esmagador e Transformador 209

**PARTE 3**
A Imaginação Retórica 235

CAPÍTULO **11**
O Surpreendente Papel da Autoconsciência no Pensamento Crítico 243

CAPÍTULO **12**
A Arte da Interpretação 271

CAPÍTULO **13**
A Coragem de Mudar de Ideia 291

Agradecimentos 299
Notas 303
Índice 321

# PREFÁCIO

## POR BARBARA OAKLEY

Certa vez, me perguntaram se um curso de ensino superior que eu estava desenvolvendo ensinava os alunos a pensar de forma crítica. "Depende", respondi. "O que vocês entendem como pensamento crítico?"

No fim das contas, essa universidade não *tinha* uma definição de pensamento crítico. Analisando o catálogo da universidade e dando uma olhada nos cursos que supostamente ensinavam os alunos a pensar de forma crítica, cheguei à conclusão de que, para essa universidade, pensamento crítico podia significar qualquer coisa.

Essa universidade, as maiores instituições do país e especialmente *você* precisam ler este livro.

*Criando Pensadores Críticos* nos dá ferramentas de autoconsciência que podem ajudar pais e filhos que se veem sob o controle invisível de suposições que distorcem sua habilidade de pensar de forma clara e racional. São essas suposições invisíveis que fazem com que cientistas aparentemente objetivos, independentemente dos dados e conclusões que lhe sejam apresentados, distorçam os fatos para apoiarem suas ideias preconcebidas. Elas também fazem com que juízes, políticos e gerentes — praticamente qualquer pessoa — tenham dificuldade em dar um passo para trás e para avaliar as decisões que tomam de maneira imparcial.

A neurociência está começando a nos dar uma ideia sobre de onde vêm essas suposições invisíveis: do sistema de aprendizagem procedural do subconsciente de nosso cérebro. Esse sistema detecta e cria padrões. E, talvez o mais importante, ele julga. Os julgamentos desse sistema (tecnicamente, chamados de resultado da "função de valor") discretamente invadem o que realmente achamos — na verdade, o que *juramos* — ser nossas decisões transparentes, conscientes e objetivas.

Em geral, é extremamente difícil superarmos esse tipo de suposições invisíveis. Talvez seja por isso que, apesar da sua importância, a maioria dos livros sobre pensamento crítico mal chega a abordar a questão dos vieses preexistentes. Frequentemente, eles se concentram em questões sobre como aperfeiçoar nosso próprio argumento, em vez de, por exemplo, conseguir mudar de ideia ao se deparar com raciocínios convincentes. Ou se concentram em métodos para avaliar dados de forma objetiva, sem falar sobre como nossa mente pode enganar a si mesma a fim de justificar como dados objetivos podem ser ignorados. Em geral, os livros que falam sobre como ensinar crianças a pensar de forma crítica se concentram em como detectar vieses *externos*, em vez de ajudá-las a desenvolver as habilidades para investigar os seus próprios.

Julie aborda o pensamento crítico de uma forma totalmente nova. Como uma jogadora profissional de pôquer, ela observa não só as cartas que estão sendo distribuídas, mas também os "sinais" físicos internos em reação a essas cartas. Talvez não possamos detectar diretamente a influência do subconsciente do sistema procedural, mas podemos ver seus efeitos colaterais. E essas reações corpóreas e padrões de pensamento podem nos servir como um guia para nos aprofundarmos e sermos mais honestos, tanto com aqueles com quem interagimos quanto com nós mesmos. É essa autoconsciência que nos dará o suporte de que precisamos para guiar nossos filhos também.

É possível "treinar" nosso inevitavelmente tendencioso sistema procedural para ser mais aberto e menos unilateral? Julie também nos ajuda com essa questão. Ela recomenda uma heresia: irmos além da nossa limitada visão sobre o mundo. Na verdade, é justamente isso o que a neurociência sugere. É como treinar um programa de inteligência artificial a jogar xadrez melhor apresentando-lhe mais dados para praticar. E ela nos diz o que devemos fazer para abrir espaço para opiniões divergentes. Este livro é, no mínimo, o remédio de que estávamos precisando para lidar com esse ambiente social contencioso no qual nos encontramos. Além disso, ele está cheio de atividades que podemos realizar com nossa família, incluindo pensar de forma crítica sobre assuntos como gramática, livros infantis, videogames e esportes.

Julie observa: "Saber como desenvolver opiniões elaboradas apesar do preconceito e dos vieses é um dos objetivos da educação (e deste livro)." Continue lendo este maravilhoso guia que poderá orientar você e seus queridos filhos a uma vida de reflexão ponderada e consciente.

# INTRODUÇÃO

Ele está fazendo amor violentamente comigo, mamãe!

—Mary, *A felicidade não se compra*

Ajoelhei-me ao lado de caixas de cartas abertas endereçadas aos meus avós que estavam espalhadas no tapete da sala. Minhas duas tias e eu estávamos analisando cada uma delas para escolher quais guardar e quais jogar fora. Meu querido avô havia morrido. Sua esposa ainda estava viva, mas tinha demência.

Eu abri outra caixa, de cartas mais recentes. Elas haviam sido escritas no ano anterior. Sem selos. Tirei as páginas brancas do seus envelopes abertos e me deparei com cartas de amor que meu avô havia escrito à sua esposa havia mais de sessenta anos. Eva havia perdido a habilidade de falar coerentemente e não se lembrava nem do próprio nome. Senti um aperto no coração, imaginando meu avô escrevendo para a mulher que amou por décadas, na expectativa de que ela pudesse lê-las, mas ciente de que não entenderia nenhuma palavra. A linda caligrafia do meu avô havia se transformado em parágrafos e mais parágrafos de lembranças.

Ele escreveu: “Eva, se lembra de quando subimos no topo daquela colina, onde fiz amor com você pela primeira vez?”

Fiquei boquiaberta. Meu avô, católico, falando sobre seu caso de amor com minha avó na década de 1930 antes do seu casamento. Interrompi a tarefa das minhas tias e disse: "June, Shevawn, ouçam *isto*!"

Li o parágrafo em voz alta. Então, Shevawn, minha tia mais jovem, disse em êxtase: "E eles me falavam sobre a santidade da minha virgindade antes do casamento! Vai entender!"

Minha outra tia, que era mais velha, mais séria, professora de ética e religião, e que já havia sido freira, acabou com nossa farra imediatamente. "Provavelmente, isso não significa o que vocês acham que significa!" Ela evitou dizer a palavra. Eu não: "Sexo? Vamos, June! Consegue imaginar Eva e Phil? Rolando na grama da colina onde declararam seu amor pela primeira vez? É romântico! Incrível!", disse em tom de brincadeira para aliviar a tensão.

Ela não achou divertido, mas Shevawn riu mais alto. Depois de um momento, June deixou transparecer um sorrisinho, considerando a tórrida possibilidade de que seus pais fizeram sexo antes do casamento, e gentilmente pediu que nos acalmássemos, porque tínhamos um trabalho para fazer. Ela havia se permitido considerar que minha interpretação podia ser a verdade — um momento de diversão —, mas não perderia o foco da sua tarefa.

Eu gostei desse momento improvisado de comédia. Estava ciente da complexidade das ideias conflitantes. Na década de 1930, "fazer amor" com alguém significava tentar conquistar a mulher dos seus sonhos. Não significava fazer sexo, que é o significado atual. Mas essa carta nos havia feito entrar em um território traiçoeiro. Meu avô não havia escrito essa carta em 1937. Ela foi escrita em 1997. Ela mencionava uma experiência da década de 1930 registrada à luz do século XX. Certamente ele estava ciente da mudança dos tempos e de como a insinuação sexual havia alterado o significado dessas duas palavras. Ainda assim, ele talvez tenha usado o significado antigo intencionalmente. Será que ele usou uma linguagem antiga para fazer a mente confusa da sua esposa recordar um período melhor da sua vida? Ou era uma expressão de nostalgia das suas próprias lembranças usando os termos da época? Ou será que havíamos nos deparado com uma revelação do tipo que é feita no leito de morte — uma confissão —, um escândalo e segredo que havia guardado até então, que ele e Eva, que sempre foram católicos, foram amantes antes de se casarem?

Minha tia, June, queria que seus pais fossem bons católicos por toda a vida deles. Minha tia mais jovem, Shevawn, queria que eles fossem rebeldes, revelando sua vontade oculta de colocar seus próprios valores à frente da doutrina da Igreja. Essas interpretações batiam com a personalidade das duas irmãs e tinham menos a ver com meus avós e mais com a história que minhas tias queriam contar a si mesmas sobre seus pais. Mais tarde, naquela semana, brinquei com minha mãe, dizendo que, no fim das contas, os pais dela haviam feito sexo antes do casamento. Ela riu e desconsiderou essa ideia como algo ridículo. Suas lembranças ao ser criada como católica pelos seus pais moldaram suas crenças — e nenhuma carta encontrada muitos anos depois poderia mudar o que ela *sabia* sobre eles.

Você talvez esteja se perguntando: *Quem estava certo?* Essa é basicamente a essência do pensamento crítico. Coletamos dados, experiências, a linguagem, lembranças e crenças e misturamos tudo para formar opiniões. Nesse caso, minha família nunca chegou a um acordo sobre qual seria a conotação exata da expressão "fazer amor" daquela carta. Meu avô havia morrido. O significado, seja lá qual fosse, morreu com ele. Para mim, essa carta de amor ainda é um enigma fascinante, um daqueles fantásticos paradoxos de interpretação de texto que me fazem lembrar de que o pensamento crítico nem sempre nos leva a conclusões inquestionáveis.

A habilidade de avaliar as evidências, de perceber quando começam os vieses, de considerar vários pontos de vista (mesmo que eles nos deixem desconfortáveis) e, então, dar um possível veredito — aquilo que acreditamos ser verdade no momento — é o âmago da tarefa do pensamento crítico. Essa é uma tarefa difícil, e é complicado realizá-la em família, porque, em geral, nossas crenças de infância são aquelas com as quais estamos mais familiarizados e que passam despercebidas.

Pensamento crítico significa mais do que apenas criticar as ideias dos outros. É a habilidade de questionar as nossas também. No mundo editorial, temos a expressão "O conteúdo é o rei". No mundo acadêmico, gosto desta outra expressão: "O contexto é tudo." O que sabemos, como sabemos, por que sabemos, o que não sabemos, por que não sabemos — esses fatores invisíveis moldam como compreendemos cada assunto debaixo do sol. Neste livro, exploraremos como nossos filhos entendem o mundo e como aumentar a qualidade dessas avaliações. Todo dia, quer saibam disso, quer não, as crianças analisam evidências e formam suas próprias crenças. Elas repensarão e descartarão algumas dessas crenças depois de alguns anos. Seu modo de pensar será responsável pelos seus pontos de vista fundamentados, religiosos ou não. Desenvolverão opiniões políticas em um ano e desconsiderarão as que estiverem ultrapassadas anos depois com base nos motivos que valorizam. Na verdade, todos nós empregamos várias ferramentas de pensamento crítico ao tomar todo tipo de decisão. Usamos o pensamento crítico até para escolher o que vamos pedir em um restaurante! Decidimos que pratos nos satisfarão utilizando critérios pessoais. Estou com muita fome? É temporada de quê? Vou ter que usar as mãos para comer? (No primeiro encontro? Acho que não!)

Naturalmente, alguns contextos do pensamento crítico são de baixo risco. Podemos pedir um prato, não gostar dele e nos arrepender da nossa escolha sem nenhuma outra consequência negativa. Outras decisões que tomamos têm consequências duradouras e que afetam outras pessoas, não apenas a nós. Por exemplo, a decisão de ir para a guerra afetará grandemente todas as pessoas envolvidas durante anos à frente. Para tomar uma decisão de qualidade, nosso raciocínio deve ser ponderado, rico, sério e significativo. É por isso que é essencial criar bons pensadores críticos — a forma como nossos filhos pensarão dará forma ao mundo que compartilharão.

Você já se perguntou o que passa na cabeça dos seus filhos depois de ler, estudar, assistir um filme, ensinar como fazer uma conta matemática ou jogar videogames com eles? Talvez você se pergunte por que uma menina que provoca o irmãozinho dela não consegue imaginar o desconforto que causa. Talvez um aluno seu sugira uma solução para um problema que lhe parece absurda. Talvez você note que um adolescente parece estar "obcecado" com um jogo de videogame e chegue à conclusão de que os adolescentes amam a violência — mas como ter certeza? Como podemos entender a maneira que as crianças enxergam tudo isso? O que podemos fazer para ajudá-las a raciocinar de forma mais eficaz e compassiva?

Este livro fala sobre como *criar* pensadores críticos no atual ambiente globalizado e digital. Hoje em dia, as crianças nadam em um oceano de afirmações. As reclamações online parecem ser verdades convictas. A maioria dos pais quer proteger seus filhos da desinformação. O que acontece se crianças não supervisionadas se deparam com uma apresentação lógica de fatos a partir de um ponto de vista que contradiz as crenças da família? Você talvez esteja se perguntando, como me perguntei ao criar meus filhos: *É mais perigoso expor as crianças a ideias contrárias ou protegê-las dessas ideias?*

No meu primeiro livro, *The Brave Learner* [O Aprendiz Corajoso, em tradução livre], falei sobre como o contexto ambiental e emocional pode ajudar no aprendizado, contextos da vida real, tal como acrescentar a surpresa do chá com biscoitos ao estudo de poesias, colaborando com o aprendiz em dificuldades. Neste livro, quero trocar os móveis de lugar na nossa mente — como preparamos a terra para gerar novas ideias, em vez de reciclar o que já foi ensinado? Podemos entrar na vida adulta com nossa "curiosidade infantil", ou ela se perde no caminho para a maturidade? O que podemos fazer para ajudar as crianças a descobrir *mais* sobre as matérias que estudam, e não apenas a saber as respostas de testes padronizados? Como colocar a imaginação dos nossos filhos para funcionar em matérias como história, estudos sociais e até matemática e ciências? O que devemos fazer com o infinito mar de informações na internet? As crianças também conseguem pensar de forma crítica sobre os filmes, os contos e os videogames que amam? Em outras palavras, como podemos ensinar nossos aprendizes a pensar mais profundamente, com cuidado e imaginação sobre tudo o que acontece no seu mundo?

Porém, se dermos aos alunos as ferramentas para questionar, precisamos estar preparados para os resultados. Eles farão perguntas provocativas e difíceis de ouvir. Tomarão a iniciativa e usarão a tecnologia e os aplicativos de redes sociais sem levar seu objetivo ou origem em consideração. Adotarão pontos de vista que baterão de frente com aqueles que já criamos para nós mesmos. Pode ser desafiador dar às crianças a liberdade de serem diretas sobre como interpretam as coisas. Mas aguente firme! O lado positivo é que os pensadores críticos se tornam leitores versáteis, escritores habilidosos e adultos produtivos. Eles são alunos comprometidos dentro e fora da sala de aula. Inovam, questionam o status quo, votam e se voluntariam, e contribuem significativamente onde trabalham. Encontram maneiras novas e poderosas de adquirir as habilidades das quais precisam para prosperar, têm famílias saudáveis e se tornam adultos bons e responsáveis. Ser um pensador crítico significa ser uma pessoa perspicaz, com empatia, humildade, autoconsciência, sagacidade mental e vivacidade intelectual. Na verdade, criar pensadores críticos é o trabalho mais emocionante e importante que podemos realizar como pais e educadores.

Eu passei os últimos trinta anos trabalhando com todo tipo de jovens pensadores. Passei dezessete anos educando meus filhos em casa, criei uma empresa com uma equipe de profissionais habilidosos que ensinaram milhares de alunos de todas as idades a pensar e escrever bem e dei aulas a alunos recém-matriculados na Universidade Xavier. Durante todos esses anos ensinando, o que mais se destaca é o incrível sentimento que os alunos têm quando vivenciam um momento de epifania. Eles ficam admirados com seu próprio brilhantismo quando veem as coisas sob um novo ponto de vista.

Condensei neste livro minhas lições favoritas desses anos de investimento — tanto as filosóficas como as práticas. Na Parte 1, "O que É um Pensador Crítico?", explico o básico de como criamos uma visão do mundo. Como podemos ensinar nossos filhos ver a diferença entre vieses, fatos e interpretações? De onde vêm as opiniões bem formadas e o que faz com que nos apeguemos a elas? Como o que nossos filhos vivenciam na escola e veem na internet influencia como eles pensam? Que papel a identidade deles exerce em como aprendem? Na maioria dos capítulos, incluo atividades para serem realizadas com toda a família.

Na Parte 2, "Ler, Experimentar, Encontrar: Uma Educação de Verdade", falo sobre as três maneiras que temos para aprender. Questiono a ideia de que a leitura é suficiente — que uma pessoa dada à leitura é automaticamente bem instruída. Veremos como a vida digital está alterando nossa mente e a habilidade dos nossos filhos de ler com atenção e cuidado. Também apresento estratégias de como recuperar essa atenção. Então, avalio o tipo de experiências práticas e encontros com pessoas que resultam em ideias revolucionárias e em uma relação mais profunda com qualquer matéria que estejam estudando ou com qualquer tema que seja do seu interesse.

A Parte 3, "A Imaginação Retórica", é a mais importante! Depois que nossos alunos aprendem a criar sua própria visão do mundo e como estudar um tema a fundo, eles estarão prontos para ver quantos pontos de vista conseguem analisar ao mesmo tempo. Entrarão no estágio de desenvolvimento que chamo de "imaginação retórica", a capacidade de pensar de forma crítica e imaginativa. Nessa seção, apresentarei ferramentas que poderão ajudar nossos alunos a interpretar textos e comparar e contrastar mais de um ponto de vista. Então, explicarei como ajudar nossos jovens adultos emergentes a lidar com a desestabilização dos seus hábitos de pensamento. Também darei orientação aos pais sobre como navegar nessas águas turbulentas, em especial no caso daqueles que têm adolescentes determinados a questionar seus estimados ideais. Acredite ou não, esse é um estágio essencial do desenvolvimento deles. Vamos aceitá-lo e aprender a executá-lo bem.

Cada capítulo acrescenta às ideias apresentadas no anterior. Assim, aconselho lê-los em sequência. Dito isso, você voltará a consultá-los. Os treinos podem ser realizados vez após vez, e você verá que precisará recorrer a capítulos diferentes deste livro durante as várias etapas da vida dos seus filhos.

Em resumo, este livro é para você, caso já tenha se perguntado: *Para que serve toda essa educação? Deve haver algo mais do que apenas passar nas provas e entrar na faculdade.* Ele serve especialmente para você, que quer que seus filhos tenham uma experiência educacional grandiosa, deleitosa e ponderada em todas as matérias e além. Essa é sua chance de criar boas pessoas que contribuirão para o bem-estar de outros e acrescentar muita criatividade aos seus processos de raciocínio. Essa é uma jornada emocionante, e você fará parte dela! Vamos começar.

# PARTE 1

## O que É um Pensador Crítico?

O aluno é, desse modo, "escolarizado" a confundir ensino com aprendizagem, obtenção de graus com educação, diploma com competência, fluência no falar com capacidade de dizer algo novo.

—Ivan Illich, *Deschooling* [Desescolarização, em tradução livre]

Abandone a ideia de que a escolarização cria pensadores. É como Bell Hooks, a educadora revolucionária, expressou com grande clareza: "Infelizmente, a paixão das crianças por pensar termina, com frequência, quando se deparam com um mundo que busca educá-las somente para a conformidade e a obediência. A maioria delas é ensinada desde cedo que pensar é perigoso." Ai.

As crianças são naturalmente curiosas desde o momento em que tomam seu primeiro fôlego. Um bebê leva todos os seus brinquedos à boca, mordendo, babando, chupando, mastigando, é a primeira maneira que tem de se familiarizar com o mundo ao seu redor. Quando fica um pouco mais velho, ele se torna um cientista: derrubando o que puder ser derrubado, jogando o que puder ser jogado e comendo o que puder (permitido ou não) ser comido. Ele observa as coisas que estão por baixo, ao redor, por cima e por trás.

Os bebês coletam pontos de vista que formarão a base de como interpretarão o mundo. Eles tomam decisões inconscientes todos os dias: o que preferem, o que seu ambiente oferece, o que podem fazer por si mesmos e com o que precisam de ajuda. Depois de alguns anos, essas crianças desejarão mexer, batucar, martelar, andar de bicicleta, nadar, pisar, brincar de gangorra, lamber, escrever, cheirar, passar a mão no corrimão sujo, rasgar papéis, brincar com massinha e rolar na grama. À medida que crescem, passarão a realizar tarefas mais complicadas, como encontrar a peça de LEGO certa entre centenas para montar um barco pirata, comparando a ilustração bidimensional com as peças tridimensionais. O cérebro de crianças mais velhas calcula a altura necessária para pular com um skate os três últimos degraus de uma escada. Elas olham um prato de comida que não conhecem e usam os dados coletados de experiências gastronômicas passadas para então decidir se vale a pena provar. Os adolescentes comparam livros com filmes para julgar se os filmes foram suficientemente fiéis aos livros. Formam opiniões fervorosas sobre questões sociais sensíveis e classificam suas bandas favoritas com base em critérios que eles mesmos desenvolveram. Todas as crianças descobrem quando devem pedir um biscoito para a mamãe (quando ela está falando no telefone com a companhia de seguros, claro).

O pensamento crítico é um kit de ferramentas que desenvolvemos para nos ajudar a viver adequadamente. O especialista educacional Arthur Costa explica que o pensamento crítico entra em ação quando um aluno usa "o raciocínio estratégico, a perspicácia, a perseverança, a criatividade e a engenhosidade para resolver um problema complexo". Eu vejo o pensamento crítico da seguinte forma: uma fonte de sabedoria, tranquilidade em ambientes sociais e adaptabilidade em crises. O pensamento crítico empodera o crescimento pessoal, busca a solução do quebra-cabeças, é a fonte de ideias e o design na criatividade. O pensamento crítico nos permite interpretar e agir. Nós o utilizamos quando escolhemos confiar ou suspeitar e verificar se não estamos sendo tendenciosos. É a habilidade que nos conecta ao passado, a contextos maiores, à natureza e à narrativa. Às vezes, estaremos plenamente cientes de que estamos planejando e criando. Em outras ocasiões, abordaremos um problema complexo usando um sentido invisível: a intuição, um palpite ou a lealdade ao ponto de vista de uma comunidade.

Educadores competentes querem que as crianças sejam pensadoras críticas. Ainda assim, a enxurrada diária de informações com a qual elas se deparam atordoa qualquer cérebro. Crianças e adolescentes se confrontam com uma grande quantidade de materiais autorais, tais como vídeos de YouTube, histórias pessoais em aplicativos de redes sociais, chats em tempo real enquanto jogam videogames, programas de TV e filmes por streaming, os livros de que gostam e as apostilas de que não gostam, os adultos que amam e que têm pontos de vista diferentes sobre os mesmos assuntos, informações precisas e a desinformação lado a lado em uma busca na internet. Em geral, os pais e os instrutores ensinam os alunos a serem críticos com as coisas *lá fora* e a aceitarem as informações que lhe são apresentadas em casa ou na sala de aula, sem questionar. Mas será que levamos em consideração as mentes que interpretam tudo isso? O pensamento crítico se baseia nessa introspecção. Tanto crianças como adultos aprendem a identificar suas próprias percepções, o que os faz confiar em uma fonte de informações e desconfiar de outras, e por que aceitam algumas ideias como verídicas e rejeitam outras como falsas. Os pesquisadores chamam esse tipo de automonitoramento de "metacognição" ou "pensar sobre pensar".

Eu prefiro chamar esse tipo de atividade cerebral de "pensamento crítico autoconsciente". Nos capítulos seguintes, exploraremos como ensinar essas habilidades de pensamento crítico autoconsciente a crianças e adolescentes de uma maneira apropriada para a idade de cada um. Eles aprenderão a observar suas suposições e a questioná-las. A habilidade deles de perceber as nuances e a complexidade aumentará, ao passo que criam um conjunto de valores pessoalmente significativos. Essas habilidades lhes serão úteis durante toda a vida e aprofundarão sua capacidade de vivenciar a reverência, a admiração, a conexão e a satisfação.

Que ferramentas nos ajudarão a criar esses pensadores críticos?

Vamos descobrir.

## CAPÍTULO 1

# Quem Disse?

É isso. Essa é a verdadeira história. Eu fui incriminado.

—Jon Scieszka, *A verdadeira história dos três porquinhos*

Mergulhei a cabeça de Noah, de 3 anos de idade, na água limpa para tirar o sabão. Quando voltou, ele limpou a boca e pediu: "Me conta a história dos *Três porquinhos* de novo!" Eu contei, como já havia feito várias vezes antes. Noah repetiu comigo o famoso bordão do lobo: "Eu soprei e soprei e a casa derrubei!" Noah não dizia apenas as palavras. Ele inspirava e soprava um ar molhado, derrubando casas imaginárias de palha, madeira e tijolos. Nós nos divertíamos bastante.

Meses depois, encontrei um livro novo na biblioteca que achei que seria do agrado de meu filho aficionado pela história dos três porquinhos. O título dele era *A verdadeira história dos três porquinhos*, de Jon Scieszka. Nós nos sentamos juntos no sofá, e comecei a ler a história em voz alta. Os olhos de Noah se abriram de prazer — era o ponto de vista do lobo! O coitado do lobo só queria pedir uma xícara de açúcar emprestada aos seus vizinhos, os porcos, para assar um bolo de aniversário para sua avó. Poxa, que cara legal! Infelizmente, o Sr. Lobo estava com uma gripe terrível. Seus espirros derrubaram as duas primeiras casas, acidentalmente matando os porcos que moravam nelas. O prudente lobo não podia deixar todo aquele presunto estragar, então ele comeu os porcos. Quando ele chegou na casa de tijolos, o terceiro porco já havia notificado a polícia sobre os crimes do lobo. O Sr. Lobo foi *erroneamente* condenado pelos seus crimes e preso por dez milênios. O lobo falou sobre a injustiça da sua situação na cadeia, dirigindo-se ao leitor na sua declaração final: "É isso. Essa é a verdadeira história. Eu fui incriminado."

Não demorou para que Noah ficasse obcecado com esse novo livro. O motivo não era que ele achava que o livro contava a *verdadeira* história dos três porquinhos. Era que, por ler a versão do lobo do conto de fadas, Noah descobriu que poderia *haver* ainda outro ponto de vista. A habilidade de Noah de suspeitar do relato do lobo era intuitivo e fazia parte do que tornava a leitura daquele livro tão agradável. Até aquele momento, a mente de Noah estava automaticamente alinhada com a de todos os narradores oniscientes dos contos de fadas. Nunca houve um motivo para questionar a veracidade de nenhuma história — até ele ouvir a versão do lobo.

Noah havia involuntariamente se deparado com o recurso literário conhecido como "narrador não confiável". O narrador não confiável é o pensador sem autoconsciência original. A maneira defensiva e que visava seus próprios interesses que o lobo usou para contar sua história deixava claro para os leitores que o lobo não estava usando suas próprias faculdades de pensamento crítico. Em vez disso, ele estava apresentando uma defesa que servia aos seus próprios interesses: ocultar seus crimes, obscurecendo os fatos e reformulando-os para adequá-los à sua declaração de inocência. O lobo, como um narrador não confiável, foi a primeira oportunidade que Noah teve de examinar o ponto de vista de um personagem de uma história que lemos. Scieszka mistura a "trágica" história do lobo com humor. Os leitores *sentem* o absurdo da narrativa. Mas como podemos saber que, de fato, estamos lendo o ponto de vista de um narrador não confiável? O que torna o ponto de vista narcisista do lobo tão óbvio para nós, os leitores?

Chegamos às perguntas fundamentais do aprendizado. Como sabemos em que fonte de autoridade devemos confiar? Por exemplo, quais pontos de vista de eventos históricos são verídicos? Como podemos diferenciar um teórico da conspiração de um informante? Como classificamos nossos políticos eleitos como verdadeiros ou mentirosos egocêntricos? Quais teorias científicas são confiáveis? Quais são uma farsa? Qual processo matemático devo usar em determinado contexto? Quais histórias são canônicas? Como determinar quais livros devem deixar de ser considerados "clássicos"?

Quando permitimos a abertura dessa porta, essas perguntas aparecem uma atrás da outra. Quais políticas governamentais fazem as pessoas prosperarem? Quais resultam em abusos dos direitos humanos? Como avaliar as declarações religiosas? Que padrões usamos para fazer essa avaliação? Quer estejamos conscientes delas, quer não, nos fazemos essas perguntas sempre que lemos, ouvimos ou pensamos em qualquer informação. Ao ensinar nossos filhos, seria tentador pensar que podemos encontrar a verdade e ensiná-la a eles. Porém, quem decide o que é verdade?

Podemos comparar cada assunto a um conjunto de histórias contadas por narradores (especialistas, comentaristas, artistas, cientistas, testemunhas oculares, mentirosos, crentes, vítimas e vencedores). Cada um desses narradores conta a história de um ângulo diferente. Uma maneira de raciocinarmos sobre qualquer assunto — seja ele transmitido por meio de um livro, filme, peça, lenda, mito, dado, poema, estatística, prática, teoria, doutrina ou notícia — é nos perguntar: "Quem está contando a história?" Quando pedi às minhas tias e à minha mãe para me contarem a história da vida amorosa dos pais delas, escutei várias versões dos fatos. O que faz com que a interpretação de qualquer uma delas seja confiável? Essa é a essência dessa jornada de pensamento crítico. Talvez você já tenha sentido aquela sensação de que alguém sem a devida experiência e autoridade tenha tentado contar a *sua* história e não conseguiu fazer isso direito. Considere o clássico estereótipo da circunstância de gênero: um médico tenta orientar uma mulher sobre como lidar com os desconfortos da gravidez e do parto. Muitas mulheres respondem, e com razão, como a personagem de Rachel do seriado *Friends*: "Sem útero, sem opinião!" É mais ou menos isso o que estou tentando dizer aqui. Saber quem é o narrador faz toda a diferença. Todo ponto de vista é formado a partir do conjunto de dados específico de cada narrador. Avaliamos a confiabilidade de um narrador automaticamente, fazendo-a passar por vários filtros dos quais, em geral, não estamos conscientes.

Educação não significa aprender várias informações neutras apenas para passar nas provas. É a habilidade de identificar os narradores, de avaliar as fontes, de questionar os pontos de vista e de determinar a utilidades deles em um momento específico do tempo. Na verdade, as interpretações de eventos históricos, da literatura, de descobertas científicas e muito mais mudam de geração a geração, de ano a ano e, às vezes, de mês a mês. Que tarefa difícil! Será que isso significa, então, que o pensamento crítico está reservado apenas para especialistas que encontram furos em teorias e avaliam em quem confiar e quem desacreditar? Deveríamos simplesmente acreditar neles? Se o pensamento crítico se resume simplesmente a como avaliamos as conclusões de *outras* pessoas, como podemos julgar o ponto de vista delas sem a devida experiência ou educação? Por exemplo, a maioria das pessoas não está qualificada para julgar teorias científicas sobre assuntos como gases do efeito estufa ou a origem do universo. Lembro-me de já ter lido argumentos a favor e contra a teoria do Big Bang. Tive minha própria epifania enquanto lia: *Não estou qualificada para avaliar essas evidências.* Mas não acabamos fazendo isso de qualquer maneira? Que critérios justificam as opiniões que adotamos quando nós mesmos não somos especialistas habilidosos?

Estou pensando nas inúmeras decisões que os pais tomam sem nenhuma especialização: vacinar ou não, que tipo de tratamento odontológico é melhor, que tipo de parto é mais seguro, que método de ensino é melhor para essa criança? Os pais tomam essas decisões sozinhos sem terem recebido aulas ou treinamento para isso o tempo todo, e sentem a necessidade de fazê-lo. Na verdade, pessoas de várias origens criticam categoricamente vários pontos de vista sem terem recebido a educação correspondente, em especial pela internet. É só abrir o Twitter e veremos que muitas postagens são afirmações sem base. A evidência anedótica se tornou generalizada — o tempo todo substituímos nossas experiências pessoais pelo conhecimento de profissionais treinados. Por outro lado, podemos coletar evidências para comprovar nossa opinião e ficamos perplexos quando outros ignoram esses "fatos" arrastando a tela para cima ou apertando a tecla delete. O mundo no qual nossos filhos estão entrando espera que eles tenham uma opinião formada, e essa opinião (independentemente das suas qualificações) determinará se pertencerão ou não a essa comunidade. No fim das contas, costumamos escolher os narradores que nos aprovarão como membros da nossa querida comunidade.

## Dê Nome ao Narrador

Toda vez que consumimos informações (dados, opiniões de especialistas, experiências pessoais), devemos nos fazer uma perguntinha: "Quem disse?" Todos os campos de estudo — seja história, literatura, matemática, sociologia, teoria política, psicologia, arte, comércio, ciências, estatísticas, religião ou medicina — nos são apresentados através de lentes. Esses assuntos são contados por narradores, que interpretam as informações. Às vezes o narrador escolhe se esconder por trás de uma apresentação impessoal dos dados. Por exemplo, as ciências exatas e sociais são expressas da forma mais "objetiva" possível, nas quais o pesquisador faz o máximo para eliminar sua opinião pessoal. Em outros casos, a opinião do narrador é óbvia: escritores de editoriais, acadêmicos que escrevem teses persuasivas ou o lobo que tentou justificar comer dois porquinhos. Às vezes o narrador diz ter recebido orientação divina, como as escrituras divinas de uma religião escritas por Deus através de um secretário humano. Uma habilidade de um pensador crítico que queremos dominar é a de *dar nome ao narrador*.

Quando os alunos são convidados a examinar o trabalho de um pesquisador, a questionar o ponto de vista de um escritor ou a comparar as descobertas conflitantes de especialistas, espera-se que façam uma análise razoável. Como eles fazem isso? É sobre isso que este livro fala. Mas, antes de os alunos começarem a fazer essas análises, eles precisam dar um passo ainda mais importante.

## A Selfie Acadêmica

Antes de qualquer pessoa (nossos alunos e nós mesmos) conseguir pensar de forma crítica, precisamos lidar com um ponto cego em comum: nosso próprio raciocínio! As análises mais profundas acontecem só depois de virarmos a lente da câmera para o outro lado e tirarmos o que chamo de "selfie acadêmica". Como vivemos dentro do nosso corpo e pensamos na nossa mente, perdemos contato com a maneira que interpretamos e julgamos. Consultamos um sentimento pessoal de "justiça" — como o que escolhemos acreditar se harmoniza com o que aprendemos na escola, na internet, na TV ou no rádio. Comparamos o que pensamos com o que nos ensinaram em nossas comunidades religiosas. Pensamos sobre onde moramos ou como fomos criados. Até realizarmos esse trabalho interno, toda avaliação dos pensamentos de outras pessoas será influenciada por toda essa estática pessoal sem nem sequer nos darmos conta.

Lembra-se das minhas tias e da minha mãe, como elas interpretaram a carta de amor do pai delas? Todas elas interpretaram a referência a "fazer amor" de forma diferente. Elas justificaram suas interpretações sem se fazer uma pergunta essencial: *O que espero que seja verdade?* Virar a lente para o outro lado significa reconhecer que nosso viés pessoal está pronto para fazer a interpretação por ele mesmo! Reconhecer nosso viés não significa que a conclusão à qual chegamos está automaticamente errada. Na verdade, ser um pensador crítico significa sentir-se à vontade para identificar nossas reações rápidas quando elas surgem para nos certificarmos de que esses pensamentos automáticos não sufocarão outras possíveis interpretações, em especial na fase inicial de pesquisa do estudo. O pensamento crítico inclui essas duas habilidades: sermos críticos (dos outros) e estarmos cientes (de nós mesmos). As duas. Ao educarmos crianças, devemos ensinar primeiro a habilidade subvalorizada da autoconsciência.

Então, por onde começamos? Como uma pessoa se torna um pensador crítico *autoconsciente*? Pensadores autoconscientes de alto calibre são adeptos de identificar o impacto das suas experiências, percepções, vieses, crenças, pensamentos, lealdades e suposições nos seus estudos. E permita-me dizer o seguinte: esse trabalho é cansativo. O verdadeiro pensamento perceptivo necessita de tempo para germinar. Em geral, começamos com várias reações quase que imperceptíveis à medida que avaliamos algo, como as desta lista:

- Me dá branco quando preciso me lembrar de números.
- Não quero que isso seja verdade.
- Essa ideia me deixa nervoso. O que meu [pai, líder espiritual, melhor amigo, professor] diria sobre isso?
- O personagem principal me lembra minha tia insensível.
- Esse escritor não faz parte do partido político que meu pai odeia?
- Esse fato arruinaria minha tese. Será que não posso pulá-lo e escrever meu trabalho sem ele?
- Gostaria de saber mais sobre *X*. O fato de que os escritores estão ignorando *X* me irrita.

Esses pensamentos estão disfarçados na consciência do aluno, de modo que é útil chamar sua atenção para eles. Os alunos podem aprender a viver com o desconforto da evidência contraditória, do relatório que mina sua teoria ou das opiniões conflitantes de especialistas antes de poderem comentar. Você já passou pela experiência de escrever uma postagem raivosa nas redes sociais e deliberadamente deixar as evidências contra seu ponto principal de lado? Essa é sua mente protegendo sua energia intelectual — a energia necessária para ter e desenvolver uma ideia (e o tempo que leva para repensá-la!). A maioria das conversas online são bem rápidas. Esbravejar é energizante. Considerar um ponto de vista ou um fato que não queremos que seja verdade é cansativo.

Até adultos encontram dificuldade para dominar essas habilidades porque fomos condicionados a pensar que considerar algo além do nosso ponto de vista sobre o mundo é uma heresia. Essa é uma ideia de como seria monitorar pacientemente nossa própria reação. Imagine que está lendo um editorial que contradiz uma ideia que você considera sagrada.

- Talvez você sinta um aperto no estômago:

  *Por que estou sentindo tanta raiva lendo esse artigo? Estou lendo ele por cima só para encontrar defeitos?*

- Talvez você sinta uma pontada de triunfo:

  *Arrá! Esse é o fato que posso usar para provar que estou certo!*

- Talvez você se sinta entediado ou irritado.
- Talvez você identifique uma mudança no seu entendimento imutável, o que o perturba.
- Talvez você apague o seu histórico da internet para que seu cônjuge não descubra o que estava lendo em determinado site.
- Talvez sua mente se afaste rapidamente do que você está estudando porque teme estar perto demais de um ponto de dissensão. (Independentemente de qual seja o campo, sempre haverá a ortodoxia e a heresia dentro dele.)
- Talvez você dispense um argumento simplesmente porque conhece a reputação da fonte da notícia.

É fácil desconsiderar uma informação que gera problemas emocionais. Por outro lado, a adrenalina que sentimos quando alguém confirma o que gostaríamos que fosse verdade é inebriante. Essa é a droga que queremos: prova de que estamos do lado certo, afinal. O termo técnico para esse mecanismo de busca por validação é “viés de confirmação” — a inclinação de confiar em um relato porque ele confirma nossas crenças preestabelecidas. Essas sensações corpóreas, reações neurológicas e esses pensamentos não são fáceis de abandonar. Eles *são* a essência de como formamos nossas opiniões básicas.

Naturalmente, as crianças são adultos em treinamento. Elas também são suscetíveis. Oras, elas se sentam às nossas mesas por cerca de vinte anos, ouvindo-nos reclamar e doutrinar. Se não aprendermos a moderar nossas próprias tendências de ensinar a "verdade", prejudicaremos a capacidade dos nossos filhos de pensar corretamente. É necessário ter autocontrole para ser um pensador reflexivo. Controlar nossos impulsos é difícil para todos nós.

Segundo o psicólogo Daniel Kahneman, existe uma forte correlação entre autocontrole e a qualidade do pensamento crítico. Kahneman, no seu excelente livro *Rápido e devagar: duas formas de pensar*, cita o famoso experimento realizado pelo psicólogo Walter Mischel, que testou a força de vontade de crianças de 4 anos deixadas sozinhas em uma sala com um único biscoito. As instruções? *Espere quinze minutos para comer esse biscoito e receberá dois biscoitos.* As crianças pesavam o dilema sozinhas e eram observadas através de um espelho semitransparante. Não havia nenhum livro ou brinquedo na sala para distrair a criança. Se ela comesse o biscoito ou apresentasse sinais de aflição, o experimento terminava.

Metade das crianças conseguia esperar durante os quinze minutos. Impressionante, não? O que *é* surpreendente é que, quando sua educação foi avaliada dez a quinze anos depois, "[o]s resistentes tinham grau mais elevado de controle de execução em tarefas cognitivas". Essas "crianças que haviam exibido maior autocontrole aos 4 anos de idade obtinham notas substancialmente mais altas em testes de inteligência". Estudos similares com jogos de computador e resolução de quebra-cabeças mostraram que aqueles que tiveram uma nota baixa nesses tipos de testes "tendem a responder a perguntas com a primeira ideia que lhes vem à mente e relutam em investir o esforço necessário para checar suas intuições". Essa indisposição de "checar nossas intuições" é com o que muitos de nós se deparam todos os dias ao ouvir as notícias ou ler um site. Mantermo-nos abertos a informações adicionais exige paciência e autocontrole.

Achei esse estudo fascinante. Tornar-se um pensador crítico exige esse tipo de autodisciplina. De modo similar, pensadores de qualidade adiam a gratificação de estarem imediatamente certos. Eles escolhem não se tornarem presas do seu primeiro palpite ou impressão. Em geral, crianças que não têm paciência para buscar informações adicionais "comerão o biscoito" da ideia mais simples, em vez de esperar pela recompensa de considerar duas ou mais opiniões.

Assim, façamos uma pausa e voltemos a considerar *A verdadeira história dos três porquinhos* através de uma lente diferente. E se avaliássemos essa história não como críticos, mas como pensadores críticos *autoconscientes* primeiro? Como eu encararia a versão do lobo da história dos três porquinhos?

Começo me perguntando:

- Que mensagens sobre lobos trago comigo ao ler essa história?

  **Resposta:** Estou acostumada a ver lobos serem retratados como os vilões em contos de fadas. Os lobos de *Chapeuzinho Vermelho* e *Pedro e o lobo* me vêm à mente. Em ambos os casos, o lobo é "grande e mau".

- Como esse histórico poderia afetar minha análise do relato do lobo?

  **Resposta:** Suspeito do lobo que mostra consideração pelos porcos, uma das suas refeições favoritas. Duvido da sua afirmação de que ele matou dois porcos "acidentalmente" e que foi *obrigado* a comê-los. *Claaaro!*

- Que experiências anteriores já tive com contos de fadas?

  **Resposta:** Um conto de fadas serve para me dar uma lição de moral sobre o bom e o mau. Procuro por ela desde o início. Se não encontrar uma, suspeito do narrador. Em *A verdadeira história dos três porquinhos*, parece não haver uma lição de moral — só uma defesa meia-boca para justificar atos imorais.

- Qual é a minha experiência com esse conto de fadas específico?

  **Resposta:** Já ouvi diversas versões e assisti a diversas representações dessa história nas quais os porcos eram vítimas inocentes e o lobo era o óbvio vilão. *Essa definitivamente deve ser a versão verdadeira, porque é a mais comum.*

- Por último, o que sei sobre Jon Scieszka, o autor?

  **Resposta:** Sei que ele é hilário.

Dado esse histórico, li o livro esperando que Scieszka invertesse a versão familiar, fazendo o lobo deixar de ser o vilão e transformando-o na vítima. Ainda assim, como eu confiava no fato de que o lobo-vilão era a versão "mais verídica" do conto de fadas, entendi as piadas! A abordagem de Scieszka funcionou muito bem.

Agora, vamos ver as coisas do ponto de vista de Noah. O que fez com que Noah, de 3 anos, desconfiasse tão rápido da versão do lobo da história dos três porquinhos? O que o fez enxergar essa história de modo diferente de todas as versões dos três porquinhos que lemos juntos (que ele havia aceitado como a verdadeira)? Consigo pensar em dois fatores.

Primeiro: *eu* li o livro de Scieszka para Noah, de modo que a minha inclinação talvez tenha influenciado a forma como Noah interpretou a história. Eu não conseguia evitar rir dos absurdos. Usei uma intonação na minha leitura que desacreditava a versão do lobo. Em resumo, meu ponto de vista de qualquer uma das histórias serviu como uma lente que controlava as interpretações e respostas do pequeno Noah.

Segundo: Noah estava tão familiarizado com a versão original do conto de fadas que já a havia aceitado como a versão correta por pura repetição. E se Noah tivesse ouvido essa história pela primeira vez do ponto de vista do lobo? E se ele tivesse ouvido a versão do lobo várias vezes por meio de vários livros e filmes antes de ouvir a versão que favorece os porcos? Acha que Noah (ou qualquer outra criança) teria conseguido desacreditar automaticamente a versão do lobo? Esta é uma pergunta interessante. O texto de Scieszka nos dá pistas de que o lobo visa seus próprios interesses e que está dando desculpas. As crianças se identificam com o ato de dar desculpas, sendo este um dos motivos pelo qual esse livro continua fazendo sucesso entre elas. O livro mexe com as crianças porque elas se identificam com esse acobertamento! Mas se a criança for jovem demais ou não estiver familiarizada com o conto original ou com nossos estereótipos sobre lobos, será que ela desconfiaria do lobo? Uma criança poderia chegar à conclusão de que o lobo estava certo no fim das contas? É aqui que chegamos no âmago do questionamento do pensamento crítico.

Noah e eu sofremos do que os pesquisadores chamam de "efeito da mera exposição". Kahneman explica que a repetição nos condiciona a atribuir possíveis atributos ao item que é repetido. Alguns pesquisadores realizaram um experimento em alguns jornais de universidades norte-americanas nos quais palavras turcas (ou termos que pareciam turcos) eram exibidas dentro de uma caixa todos os dias sem nenhum contexto ou explicação do seu significado. Depois de algumas semanas, os leitores dos jornais dos *campi* foram convidados a classificar esses termos e outros que apareciam com menos frequência como "significa[ndo] algo bom" ou "significa[ndo] algo ruim".

O resultado surpreendeu Kahneman: "Os resultados foram espetaculares: as palavras que foram apresentadas com maior frequência receberam classificações muito mais favoráveis do que as palavras que foram apresentadas apenas uma ou duas vezes." A repetição nos dá a impressão de "bondade" ou de confiabilidade de relato. É por isso que, durante a época de eleições, vemos cartazes que contêm apenas o nome dos candidatos por toda parte. A familiaridade, neste caso, resulta em confiança. Kahneman explicou que esse viés, que ocorre naturalmente, tem raízes biológicas, no qual um estímulo que leva a um resultado benigno ou positivo é catalogado no cérebro como "bom", o que entendemos como verdade. O resultado disso é a facilidade cognitiva, um estado que nosso cérebro aprecia bastante. Voltando ao conto de fadas, quanto mais Noah e eu ouvíamos e contávamos a história original dos três porquinhos e suas dificuldades, mais acreditávamos no ponto de vista deles e os considerávamos bons! O grande lobo mau não tinha nenhuma chance.

Identificar esses fatores antes de lermos qualquer livro é o ideal. Entretanto, mesmo se os identificarmos depois, teremos a chance de nos comportarmos como pensadores críticos autoconscientes. Embora essa história nos pareça uma óbvia paródia do conto de fadas original, esse é um ótimo exercício para realizar com nossos filhos que têm menos experiência. Fazer perguntas que estimulam a autoconsciência é fundamental para analisar qualquer texto, desde os documentos que fundaram os Estados Unidos a estudos científicos, literatura religiosa, ficção e poesia.

Todo pensamento crítico passa pelo eu desde o momento em que deixamos o útero da nossa mãe. Nosso cérebro é uma máquina obcecada em atribuir significado às coisas, interpretando tudo que passa pelo seu caminho com base na percepção disponível a nós no momento, independentemente do quão limitada ela talvez seja. Os seres humanos estão determinados a lutar com a informação em uma visão do mundo que lhes conta a história que querem ouvir. Vamos ajudar nossos filhos a identificar os narradores.

Neste livro, muitos capítulos terminam com atividades para realizarmos com nossos filhos. (Às vezes incluo uma atividade para você também.) Em geral, essas atividades estarão organizadas por faixa etária.

- Para os pequeninos: 5 a 9 anos
- Para os jovens: 10 a 12 anos
- Para os adolescentes: 13 a 18 anos

## ATIVIDADE: QUEM DISSE?

As perguntas desta atividade se concentram em como seus filhos ouvem uma história e a interpretam. Dica: *não* faça essas perguntas como um sargento do exército. Apresente-as em uma conversa, durante o exercício, à medida que interage com eles. Leia-as, repita-as no banho, esqueça-se delas e, então... use-as de modo natural!

### *Para os Pequeninos (5 a 9)*

Escolha uma história para ler para o seu filho. Ela pode se enquadrar nas seguintes categorias:

- Conto de fadas
- História de pescador
- Folclore
- Fábula de Esopo

Leia-a com antecedência para se familiarizar com essa versão específica.

Então, leia-a em voz alta para o seu filho.

Faça várias das seguintes perguntas (as que você acha que serão úteis):

1. Quem está contando a história?
2. Você acha que o narrador sabe o que os personagens estão pensando? O narrador é um dos personagens ou ele não faz parte da história? Como você sabe disso?
3. Você acha que o narrador está dizendo a verdade? Por quê?
4. De quem você gosta nessa história? De quem você não gosta? Algum desses personagem está contando a história?

5. Você já ouviu essa história ser contada de outra forma? De qual narrador você gostou mais? Por quê?

Você também pode aplicar essas perguntas a videogames, brincadeiras de faz de conta, programas de TV e canções. Se souber de outra versão da história que apresenta um ponto de vista diferente, leia-a e faça as mesmas perguntas. Então, compare as respostas.

### *Para os Jovens: 10 a 12 anos*

As crianças desta faixa etária são capazes de um pouco mais de introspecção do que os pequeninos. Esse grupo consegue brincar com a narrativa e com pontos de vista. Escolha uma história famosa, pode ser até uma série de filmes — como *Star Wars* — ou de livros, como *Harry Potter.*

1. Quem está contando a história? Como sabemos disso?

2. Você confia no narrador? Por quê?

3. A história de quem não está sendo contada? Você confia nesse personagem? Por quê?

4. Tente contar essa história de outro ponto de vista. Quão difícil isso é? Que alterações você fez?

5. Se contasse a história do ponto de vista do vilão, a moral da história mudaria? Qual seria? O que você acha disso?

### *Para os Adolescentes (13 a 18)*

Os adolescentes estão prontos para fazer interpretações mais profundas. Escolha uma história famosa (filme ou livro) para essas perguntas. Vocês podem conversar enquanto tomam um café. Deixe o clima leve. Isso não é uma prova.

1. Quem está contando a história? Ela está sendo contada em primeira pessoa (quem?) ou por um narrador onisciente (que sabe de tudo)? Como você sabe disso?

2. Você confia e acredita no narrador? Por quê?

3. A história de quem não está sendo contada? Consegue dizer por quê?

4. Conte essa história do ponto de vista de outro personagem. Que alterações você fez? Como o passado do personagem influenciou a sua maneira de contar a história? Sabemos o suficiente sobre esse personagem para criar um ponto de vista verossímil?

5. Conte essa história do ponto de vista de um objeto inanimado (como uma árvore, uma flor ou uma casa que se encontra no ambiente). Como isso mudou a maneira como a história é contada?

6. Sinta o seu corpo. Quando escuta duas versões diferentes, você sente algo diferente sobre a história? Você se sente mais apegado a uma, suspeita mais de outra ou acha outra mais divertida? Fale mais sobre isso.

Agora que seus filhos experimentaram o poder do ponto de vista de um narrador (seja o vilão, a vítima ou o transeunte inocente), vamos pegar o inventário da linguagem que usamos para conversar sobre esses pontos de vista. O narrador tem a mesma opinião que outra pessoa? Como diferenciamos os fatos do viés de um narrador? Que papéis a visão do mundo e o ponto de vista exercem em pensar corretamente? No próximo capítulo, explicaremos o glossário de termos que são usados neste livro e na nossa jornada para criar pensadores críticos.

# CAPÍTULO 2

# Separando os Fatos das Suas Ficções

Aqueles dentre nós que amam certamente se sentirão chocados várias vezes durante a vida.

—Dra. June O'Connor, minha brilhante tia e professora de ética e religião da Universidade da Califórnia, Riverside

"Como ela ainda pode acreditar nisso? Eu lhe mostrei os fatos!"

"Isso não é verdade. Ela é tendenciosa."

"Todo mundo tem direito a sua opinião."

"Se é verdade para uma pessoa, é verdade para todo mundo."

"Eu tenho provas!"

"Deus disse que assim é."

"Ele tem segundas intenções."

"Objetivamente falando, isso é desinformação."

"Sei porque eu estava lá."

"Você tem preconceito!"

*Ad nauseam.*[1]

Você já entrou nas redes sociais, não é? Os usuários estão sempre escrevendo frases como essas, esperando acabar com a conversa prontamente. O que nos motiva a impedir outros de falar? Por que esperamos que outros concordem conosco? O que é essa necessidade instintiva de estarmos certos e que exclui a possibilidade de outros adotarem um ponto de vista diferente do nosso?

Por trás da nossa vontade de ter um ponto de vista correto está nosso desejo pela igualdade — a certeza da concordância, em vez do desconforto da diferença. E, honestamente, temos um bom motivo para ter esse desejo da igualdade, embora isso esteja nos prejudicando hoje em dia. Tudo começou com um pequeno experimento. Vou lhe apresentar agora a história nua e crua da educação global e pública baseada na sala de aula (entenda que essa não deve ser encarada como a história definitiva). Quero reverter as possíveis consequências acidentais e não intencionais resultantes de um dos projetos humanos mais bem-sucedidos de todos os tempos: educar a todos.

À medida que a sociedade humana evoluiu, ela teve uma brilhante ideia: "Vamos ensinar todo mundo, desde a realeza — com as joias da coroa — a proprietários de terras e pessoas comuns que trabalham para esses peixes grandes." Isso levou bastante tempo. Nem todo mundo gostou desse projeto. Alguns achavam que a educação pública atrapalharia o treinamento religioso. Os colonialistas e donos de escravos procuravam impedir ativamente que os oprimidos e explorados recebessem educação. Ensinar meninas a ler e escrever era visto como perda de tempo por muitos homens no poder. Aqueles que tinham deficiências também eram excluídos da escola.

---

1 De *argumentum ad nauseam* (argumentação até provocar náusea), ou seja, quando um argumento é repetido insistentemente até chegar ao ponto de aborrecer ou causar uma náusea metafórica no interlocutor. [N. do T.]

Em 1635, a primeira escola pública financiada pelos impostos foi aberta nas colônias norte-americanas. Mais de cem anos depois, Thomas Jefferson defendeu a criação de um grande sistema público de escolas após a Guerra de Independência dos Estados Unidos. No entanto, foi só em 1837 que o primeiro conselho escolar oficial foi aberto (em Massachusetts). Por volta da mesma época, defensores dos direitos das crianças lutaram pela difusão da educação financiada pelos impostos na Europa para limitar práticas abusivas de trabalho infantil. Entre meados dos séculos XIX e XX, a educação pública moderna se espalhou pelos continentes da África do Sul, Ásia e África. Mesmo assim, foi necessário um ativismo significativo para garantir que todo mundo (de todas as raças, sexos, níveis de habilidade e classes) tivessem o mesmo direito ao ensino público. Até hoje, as pessoas continuam lutando pela igualdade na educação.

A melhor versão do sonho do ensino público era a seguinte: ler, escrever e saber fazer contas básicas não seria mais algo reservado apenas à elite (aqueles que podiam contratar tutores para os seus herdeiros). Em vez disso, até o fim do século XX, a comunidade global chegou a um acordo coletivo de que crianças de todas as origens e crenças de toda parte do mundo mereciam ter um conhecimento básico de linguagem e matemática, em conjunto com um pouco de história e ciências. A educação pública para as massas foi construída com base no modelo educacional que forneceria trabalhadores confiáveis para a crescente revolução industrial, e a escola acabaria se tornando o lugar onde as crianças aprenderiam o suficiente para participar das revoluções científicas e tecnológicas de hoje em dia (entre outras profissões).

Assim, os governos automatizaram a educação, criando um sistema previsível que produziria desfechos confiáveis. Já temos o resultado. Veja como o mundo em que moramos é incrível! Quer moremos em Birmingham ou Mumbai, encontramos desde aparelhos padronizados em todo campo a práticas de tratamento de saúde previsíveis e sistemas de transporte gratuito em cada continente, a agricultura que alimenta bilhões de pessoas, tecnologia universal de computadores, viagens espaciais e telecomunicação mundial — os seres humanos ultrapassaram qualquer fantasia que os modestos defensores originais da educação para todos poderiam sequer imaginar que fosse possível. Em resumo, a educação pública de bilhões de pessoas funciona. Criamos uma realidade compartilhada, construída em conjunto por meio do poder do conhecimento. Será que já houve um projeto humano mais bem-sucedido na história da humanidade? Acho que não!

Para fazer com que todos se beneficiassem de toda essa educação ao redor do globo, a igualdade foi essencial. Consolidamos a pesquisa para progredir (evoluir!) juntos. Temos a habilidade de criar ferramentas que transformam nossas diferenças em igualdade — desde transformadores de corrente elétrica a unidades de medida. As variações de país para país existem dentro de uma equivalência cuidadosamente deliberada. O intuito é a intercambialidade máxima. Substituímos o serviço artesanal pela produção em massa de bens e serviços. A distribuição metódica desses produtos é um dos marcos do século XX. Se realmente pararmos para pensar, o fato de que podemos viajar pelo mundo todo e ver o poder da educação em ação aonde formos é incrível. Para obter essa uniformidade de resultado e objetivo, as escolas do mundo todo adotaram um design notavelmente similar. Escolas tradicionais de ensino fundamental e médio estimulam a medição consistente do aprendizado. A ideia é a seguinte: se todo mundo puder receber educação suficiente, o resultado será o entendimento mútuo e o comprometimento compartilhado em prol da paz e prosperidade mundiais.

Infelizmente, porém, a desilusão chegou rápido. O século XX nos ensinou que a especialização humana tem limites. Einstein explodiu nossa mente dizendo que o tempo se move em velocidades diferentes dependendo do ponto de vista (destroçando nossa fé a respeito do nosso entendimento fixo da física). Perguntamo-nos o que mais poderia não ser um fato confiável. Aprendemos que não é só porque sabemos como fazer uma coisa que deveríamos fazê-la. O conhecimento não pressupõe a existência da moralidade ou da ética (pense no genocídio, na segregação, nos conflitos religiosos, nas armas nucleares e na poluição do ar e da água). Nossos vieses não verificados interferem na forma como aplicamos o que aprendemos. Saber o que pensar não é o mesmo que saber como pensar. Martin Luther King Jr., o herói norte-americano dos direitos civis, assassinado pelo seu comentário social profético, colocou isso da seguinte forma: "A função da educação é ensinar uma pessoa a pensar de forma intensa e crítica. Inteligência mais caráter, este é o objetivo da verdadeira educação." Assim, algo que faz parte da educação dos nossos filhos é reconhecer o arco moral do que eles aprendem, não apenas conhecer fatos para fazer provas.

Cada campo de estudo é como um rio turbulento, e não podemos entrar nele no mesmo lugar duas vezes. Com toda certeza, existem práticas fundamentais e princípios essenciais que atuam como a base do estudo. Porém, basta alguma desconstrução para ver essas práticas e princípios se transformarem e evoluírem através dos séculos. Oras, havia uma época em que os seres humanos não tinham nem um número para o zero! Embora seja útil, o entendimento é temporário. O que talvez aceitemos como um fato provavelmente foi examinado por outra pessoa que enxergou os mesmos dados através de outro prisma interpretativo. Questionamos como usar os fatos. Questionamos a veracidade dos próprios fatos! Até quando concordamos sobre os fatos, o que dizemos sobre eles determina tudo. Podemos concordar que está chovendo, mas um de nós ficará feliz, e o outro, irritado!

Candidatos a doutorado escrevem teses sobre assuntos que já conhecem bem, procurando a falha ignorada, a nuance oculta ou a ideia revolucionária que foi desconsiderada no passado. As religiões têm várias denominações ou seitas que descobrem aquela interpretação da doutrina que os outros grupos desperceberam. Partidos políticos se dividem em facções que promovem várias definições dos mesmos conceitos: liberdade, lei, governança, o bem maior e direitos humanos. O estudo das ciências demonstrou vez após vez que, para cada descoberta, surge um novo mistério que será alvo de pesquisa por um bom tempo ou uma consequência perigosa não intencional (olá, divisão do átomo).

Toda vez que achamos que estamos certos, podemos ter certeza de que alguém em outra parte está usando as mesmas palavras para falar de outra coisa totalmente diferente. Até mesmo termos básicos como "Deus", "país", "escola", "amor", "gravidade" e "saúde" têm várias associações e definições. Isso não quer dizer que não podemos chegar a nenhuma conclusão definitiva. Em vez disso, pensamento reflexivo significa reconhecer que todo fato reside em uma história. A educação deve ser mais como as bonecas russas: reconhecer que cada fato reside em outros que influenciam seu tamanho e forma. A educação não se resume a saber as respostas certas.

## Intimidade, em Vez de Certeza

A alternativa para a certeza é a intimidade. Intimidade significa saber mais sobre o assunto com mais de si mesmo. Ela se parece com uma afeição cada vez maior por um campo de estudo, uma avidez para se aproximar dele — para conhecer seus contornos atraentes e suas imperfeições inevitáveis. Significa interpretar os fãs ardentes do assunto e ouvir seus opositores com paciência. A intimidade resulta em fascínio pelo assunto e nos leva a proteger seu valor inerente. Todo assunto é inescrutável e misterioso. Intimidade no aprendizado significa desenvolver uma relação *constante* com essa disciplina, permitindo que ela se transforme e mude, o que exige humildade. O domínio de um campo é um mito.

Não acredita em mim? Deixe-me dar um exemplo simples para explicar. Talvez achemos que sabemos ler fluentemente. Se nos deparássemos com um idioma que não falamos, ou com um novo alfabeto, ou com uma ortografia diferente — como caracteres ou hieróglifos —, de repente nos tornaríamos conscientes da nossa falta de fluência na leitura. Mesmo no nosso próprio idioma, talvez tenhamos dificuldades com um vocabulário que não entendemos. Eu não consigo entender artigos médicos em periódicos acadêmicos por causa dos muitos termos com os quais não estou familiarizada. Na verdade, a maioria dos falantes modernos de português sente essa mudança do fluente para nem tanto ao lerem Machado de Assis. O domínio de qualquer campo é uma ilusão. O aprendizado vitalício é expresso na forma de uma relação, não por um diploma.

Sim, os fatos existem. Mas os fatos não existem em um vácuo. Eles são expressos por pessoas em contextos. É a estrutura contextual da referência que resulta nas brigas intermináveis que todos nós já vivenciamos. Acreditamos que estamos compartilhando fatos, quando, na verdade, estamos compartilhando interpretações deles. Aventurar-nos na incerteza pode parecer perigoso ou emocionante. Pense nisso como esquiar na neve. Quando aprendemos como, passamos por trilhas que têm uma leve inclinação. À medida que nossa habilidade aumenta, a inclinação aumenta, e desenvolvemos mais equilíbrio, força nas pernas e mobilidade de quadril. O perigo vem quando juntamos nossa habilidade atual (insuficiente) com um declive íngreme demais.

Ao obter uma educação, os alunos começam com trilhas leves:

- Identificando sua relação atual com o assunto.
- Familiarizando-se com os fatos da matéria.
- Aprendendo a usar as ferramentas do campo.
- Conhecendo os especialistas que dedicaram a vida ao trabalho.
- Descobrindo o consenso mais amplo de como esse assunto existe no mundo de hoje.

Então, o aluno passa a encarar declives maiores do pensamento crítico:

- Opiniões contrárias.
- Evidências que não se enquadram bem no entendimento atual.
- Desafios éticos e morais.
- Como ele influencia as matérias adjacentes.
- Seu impacto no status quo.

Hoje em dia, com a velocidade da internet e com a habilidade de manipular informações (gráficos, estatísticas, imagens e citações), todos nós podemos ser levados ao caminho íngreme e tortuoso das teorias da conspiração e da desinformação. Antes de guiarmos nossos filhos nas trilhas do pensamento crítico, vamos fazer uma revisão de palavras importantes do vocabulário que surgirão nessas páginas (tão frequentes quanto as irregularidades de terreno, o gelo e a neve fresca do esqui) das montanhas do pensamento.

## O Vocabulário

A lista a seguir de dez termos é repleta de significado e resulta em muita confusão. Antes de continuar lendo o restante do capítulo, eu o incentivo a escrever livremente sobre cada termo durante dois minutos (ou escolha alguns, se não tiver tempo suficiente para escrever sobre todos eles). Pegue uma folha de papel, vire-a na horizontal e dobre-a para formar oito caixas. Escreva um termo na parte de cima de cada espaço e dois na parte de trás. Marque no relógio e escreva o que quiser sobre cada termo durante dois minutos. Escreva suas próprias definições e perguntas sobre eles. O que esses conceitos significam na *sua* mente? Eu faço esse mesmo exercício com meus alunos da faculdade quando começamos a estudar juntos. Escolho termos que serão mencionados com frequência nas aulas e procuro saber o que meus alunos acham deles antes de começarmos a utilizá-los. Isso nos ajuda a expor suposições ocultas que fazemos sobre a terminologia.

Vamos começar aqui, com você (e talvez com seus filhos adolescentes). Tente fazer isso com seu cônjuge. Converse sobre esses termos com um irmão ou com seu melhor amigo pelo telefone ou em grandes mensagens de texto. Obtenha o máximo de opiniões possível. Quanto mais você pensar sobre esses conceitos, melhor!

- Fato
- Interpretação
- Evidência
- Ponto de vista
- Opinião

- Preconceito
- Viés
- Crença
- História
- Visão do mundo

Agora veja as minhas definições. E deixe as suas definições à mão ao passo que lê o restante do livro.

## FATO

O famoso provérbio "Fatos são coisas teimosas" costuma ser atribuído a John Adams, pai fundador dos EUA. Ele realmente *disse* isso, mas estava fazendo referência a uma famosa expressão dita pelo francês Alain-René Lesage. Até essa atribuição fatual tem camadas adicionais de fatos que exigem questionamento. Fantástico, não é? Mas o que essa afirmação de que "fatos são teimosos" quer dizer? Quando falamos sobre um *fato*, estamos falando sobre *informações irredutíveis que não podem ser questionadas.*

Exemplos:

- A água ferve a 100° Celsius ou 212° Fahrenheit.
- Frederick Douglass fugiu da escravidão em 3 de setembro de 1838, de trem.
- A primeira bomba atômica foi lançada em Hiroshima, Japão, em 6 de agosto de 1945, pelos Estados Unidos.
- O coletivo de cabras é fato. (Aposto que você não sabia disso!)
- Com seus 106.000km de comprimento, o sistema circulatório humano poderia dar a volta na Terra mais de 2,5 vezes. (Impressionante!)
- A Índia tem 19.569 idiomas e dialetos — 22 deles são idiomas oficiais. (Incrível!)
- Gana já foi um grande império do continente africano dos séculos VII a XIII.

Os fatos são *reais*. Não são probabilidades nem interpretações. Um fato pode ser provado como verdade vez após vez. A ciência e a matemática, em especial, se baseiam em fatos. As pessoas desses campos usam a coleta de dados, ferramentas de medição e métodos de pesquisa comprovados para identificar fatos. Os fatos não contam histórias. Não dão lições de moral nem orientações éticas. Não se importam com a nossa religião, afiliação política ou quantos diplomas temos. Dito isso, a maioria de nós quer *fazer* algo com os fatos. Raramente nos contentamos em declarar fatos sem tentar provar a validade de um argumento. Queremos explicá-los!

## INTERPRETAÇÃO

É aí que entra a *interpretação*. A filosofia, a história, as ciências políticas e a literatura tendem para temas e interpretações dos fatos, e é por isso que as crianças acham difícil diferenciar os fatos das interpretações que lhes apresentamos. Considere estes dois pontos de vista sobre o bombardeio de Hiroshima:

1. *O lançamento da bomba atômica em Hiroshima, Japão, em 6 de agosto de 1945, foi um ato de guerra injustificado por parte dos Estados Unidos.*
2. *O lançamento da bomba atômica em Hiroshima, Japão, em 6 de agosto de 1945, foi um ato de guerra necessário por parte dos Estados Unidos.*

Essa informação é verídica (sobre o tipo de bomba usada, quando a bomba foi lançada e que a cidade foi destruída). O primeiro comentário informa que o lançamento da bomba foi um "ato injustificado". Essa é uma interpretação dos fatos — é a história que o narrador conta (Capítulo 1). O segundo comentário interpreta os mesmos fatos de forma diferente. Ele usa a expressão "um ato necessário" para descrever o bombardeio. Se nossos filhos lerem um desses pontos de vista em uma apostila, essa escolha de palavras deixará impressões bem diferentes na mente deles. Porém, a presença de qualquer um desses comentários não altera a veracidade dos fatos. Nós também podemos interpretar fatos.

Mas é importante diferenciar os fatos das interpretações quando lemos e estudamos. (Veja a atividade no fim deste capítulo que ajudará seus alunos a fazer isso.)

Um dos perigos inerentes dos textos didáticos é que eles fedem a autoridade não reconhecida. Quando um aluno resume um capítulo ou responde a perguntas interpretativas, ele aprende a tratar as *interpretações* (às vezes sutis, e às vezes nem tanto assim) dos fatos de uma apostila do mesmo modo que trataria informações fatuais. É por isso que os alunos precisam ser treinados para diferenciar a interpretação dos fatos. Mais opiniões (vários pontos de vista sobre os mesmos dados) podem ajudá-los a evitar essa tendência de confundir fatos com interpretações.

## EVIDÊNCIA

Deixando de lado as séries de tribunais, a *evidência* é fundamental no estudo da história, das ciências políticas, das outras ciências, do direito e até da literatura. As evidências são a matéria-prima que permite aos alunos fazer afirmações sobre fatos nos quais suas interpretações se baseiam. O que conta como evidência? Fontes e dados de pesquisas são dois dos tipos mais comuns. Fontes primárias incluem vários tipos de artefatos e relatórios: objetos, pinturas, locais de escavação, documentos (cartas, tratados, registros, entradas de diários, manuscritos, discursos, jornais), filmes e relatos de testemunhas oculares. Fontes secundárias são aquelas que falam sobre as fontes primárias — como um artigo de jornal que cita uma pesquisa, uma apostila que descreve uma era histórica ou um comentário sobre uma obra literária. Essas fontes podem ser classificadas segundo sua confiabilidade, consistência em diversas versões, a credibilidade do autor/criador/testemunha, e assim por diante. A evidência também se baseia em dados de pesquisas. A pesquisa pode ser apresentada no seu formato bruto (sem interpretação). Quando ela é explicada pelo pesquisador, ele interpreta os dados. Isso acontece nos tribunais — um especialista interpreta os dados que servem de evidência em um julgamento. Assim, a evidência é o que chamamos de fato depois da nossa explicação de como ele apoia uma afirmação ou declaração.

## *PONTO DE VISTA*

Quando falamos sobre ter um *ponto de vista*, queremos dizer que, depois de reunirmos os fatos, a evidência e as interpretações que temos disponíveis no momento, passaremos a ver o assunto de determinado ângulo de referência. Dependendo da nossa situação, veremos determinada coisa de certa maneira por um tempo. Dado quem somos, o que sabemos e quanto já lemos ou estudamos, diremos isso ou aquilo sobre o assunto. Um dos argumentos convincentes que gostei ao considerar essa questão do ponto de vista foi apresentada por Glenn Parry no seu livro *Original Thinking* [Pensamento original, em tradução livre]. Ele sugere que a ideia de que nosso ponto de vista ou perspectiva pessoal é importante começou no mundo das artes há mais de cinquenta anos. Parry explicou que houve uma grande mudança durante a Renascença. "A perspectiva, como qualquer estudante de artes sabe, é a técnica de desenhar uma paisagem a partir de um ponto de fuga, traçando linhas que se afastam dele. As coisas que estão mais perto do observador são maiores e, consequentemente, têm mais importância, ao passo que as que estão mais longe são menores." Nesse estilo de pintura, a percepção do indivíduo foi colocada no centro do projeto.

Parry indicou de modo convincente que uma importante mudança no modo de pensamento dos seres humanos ocorreu como resultado dessa revolução artística. "Depois da perspectiva, o olho humano e a consciência passaram a ser considerados como estando à parte de todo o resto; os humanos se tornaram observadores isolados do que veio a ser encarado como um mundo sem encanto e desalmado. Antes da perspectiva, os seres humanos faziam parte integral do mundo, não estavam separados dele." Os seres humanos passaram a exercer o papel de analistas — cutucando, sondando, explorando, examinando e entendendo o mundo, em vez de meramente participar nele. A ferramenta chamada, na pintura, de perspectiva também mudou o que consideramos importante.

A perspectiva fez com que todos nós nos víssemos como "observadores isolados". Com o passar do tempo, demo-nos autoridade para criar pontos de vista com confiança — muitas vezes, sem levar em consideração como outros viam o mundo. No seu revolucionário livro, *The Overview Effect* [O efeito da visão geral, em tradução livre], Frank White aborda como os pontos de vista podem ser desenvolvidos e eliminados com a mudança do ponto de observação. Antes das viagens espaciais, o único ponto de vista que qualquer um de nós tinha do nosso planeta era uma experiência da Terra como o chão plano e sólido no qual pisamos. Mesmo quando os cientistas tentavam nos convencer de que a Terra era redonda, nossa experiência de vida neste planeta não nos dava essa informação de modo direto. Quando os astronautas saíram da atmosfera e viram a Terra por inteiro do espaço, fotografando nosso planeta azul, eles confirmaram o que os cientistas haviam deduzido. De repente, o ponto de vista dos astronautas (como eles viam e entendiam a Terra) mudou. Michael Collins, um dos astronautas da missão Apollo 11, descreveu essa mudança: "O que realmente me surpreendeu foi que ela [a Terra] tinha um ar de fragilidade. Por quê? Não sei. Não sei até hoje. Senti que ela era meu pequeno lar brilhante, lindo e frágil." De uma hora para outra, visto de outro ponto de observação, esse grande planeta parecia vulnerável. Assim, os pontos de vista são visões de um momento. Eles se baseiam em informações limitadas e fazem com que as coisas que estão mais perto de nós pareçam maiores do que são à distância ou quando ainda não estão no nosso campo de visão imediato. O ponto de vista tem tudo a ver com enxergar — o que enxergamos, como enxergamos, por que enxergamos como enxergamos e o que não queremos enxergar.

## OPINIÃO, PRECONCEITO E VIÉS

Ter uma *opinião* não é o mesmo que ter viés. (Mais sobre viés daqui a pouco.) Podemos desenvolver uma boa opinião depois de considerar vários pontos de vista (não apenas o nosso), examinar pesquisas e, então, chegar a uma conclusão (por enquanto). Uma opinião é a afirmação que fazemos depois de interpretar os dados — um julgamento baseado em fatos. Muitas pessoas expressam preconceitos e vieses e dizem que são opiniões. Mas não são.

O *preconceito* não se baseia em dados. Ele se baseia em falsas suposições que, em geral, se originam de estereótipos. Por exemplo: "Meninos gostam de brincar na lama, e meninas não." Para desenvolver uma opinião sobre isso, precisamos estudar o comportamento de várias amostras de crianças em vários ambientes com lama para tirar uma conclusão com base nos dados coletados e na subsequente interpretação dos fatos.

O *viés* é quando usamos nossa própria experiência como ponto de referência para o ponto de vista que adotamos. Por exemplo, se me perguntassem sobre lama e crianças, falaria de imediato sobre meus cinco filhos. Todos eles, meninos e meninas, para a minha tristeza, gostam de se sujar de lama, de modo que estaria inclinada a supor que todas as crianças gostam de lama tanto quanto as minhas, independentemente do gênero — meu viés. Todos temos viés (isso é inevitável para todos aqueles que habitam em um corpo, o que é o caso de todos nós). Saber disso já é metade do caminho da nossa jornada para o pensamento crítico autoconsciente. Podemos nos desfazer dos nossos preconceitos e nos separar dos nossos vieses quando nos tornamos cientes deles. Então, podemos escolher considerar a informação à nossa frente. Saber como desenvolver opiniões bem formadas apesar do preconceito e do viés é um dos objetivos da educação (e deste livro).

Da próxima vez que alguém lhe disser "essa é apenas minha opinião", tente descobrir se ela é realmente uma opinião, ou um preconceito, ou viés, pedindo-lhe provas. Se essa pessoa responder com estereótipos ou com base em experiência pessoal, não é uma opinião. Entendeu? Estou de olho! Você já está entrando nas redes sociais para dar uma olhada na seção de comentários, não está?

## CRENÇA

A *crença* é diferente da opinião, do preconceito e do viés. A crença é uma convicção moldada pela religião, identidade e cultura. Ela não precisa se basear em evidências, pois vem de um conjunto de ideias que escolhemos adotar. Um grande exemplo de crenças conflitantes aconteceu na Índia antes da Revolução Indiana de 1857. A luta começou com a criação de um novo cartucho para o rifle Enfield. Os *sipais* (soldados) indianos de origem muçulmana e hindu foram treinados para usar seus dentes para abrir os recipientes de pólvora e colocá-la nos rifles. Surgiram rumores de que esses recipientes eram revestidos com gordura de porco e vaca. Em resultado disso, os muçulmanos se recusaram a carregar suas armas porque acreditavam que comer porco era *haram* (proibido). Os hindus se recusaram por motivos similares, acreditando que as vacas eram sagradas; por isso, eles não podiam ingerir gordura de vaca. Os britânicos, que não aceitavam essas crenças e tinham as suas próprias — mais especificamente a de que um soldado não deve se recusar a obedecer às ordens de um oficial superior —, enviaram os sipais à corte marcial pela sua desobediência. Esses soldados foram presos e sentenciados a trabalhos forçados. Esse choque de crenças é citado por muitos como o motivo da Revolta Indiana, embora muitos outros fatores tenham exercido influência.

De certa forma, nossas crenças podem ser mais pessoais do que uma opinião. Elas também são mais frágeis. Elas se baseiam em uma mistura de fé, razão, cultura, convicção pessoal e identidade comum. Crenças populares incluem como encaramos textos religiosos, que códigos seguimos ao comer, como formamos nossa moral e o que esperamos que seja verdade sobre nossos aliados e supostos inimigos. Muitos dos nossos debates mais fervorosos resultam da diferença de crenças. As crenças são resistentes e costumam vir em primeiro lugar. Os fatos são coletados a fim de apoiar as crenças, e não o contrário. Em geral, é preciso uma experiência ou um encontro singular para acabar com uma crença. (Mais sobre isso na Parte 2.) Nossas crenças podem resistir a fatos que as contradizem.

## HISTÓRIA

A *história*, no contexto do pensamento crítico, não se refere a contos ou livros infantis. Os seres humanos reúnem fatos, experiências, razão e lógica para criar relatos que confirmem seu lugar no mundo. A história é a *ficção ou narrativa* que criamos para reunir todos aqueles dados, opiniões, crenças e pontos de vista que se cruzam para explicar como vemos a realidade. Em culturas tradicionais, as narrativas são as ferramentas mais poderosas que temos para capturar verdades que sustentam essas comunidades. Em geral, a cultura moderna confunde sua obsessão com a ciência e dados como coisas objetivas, esquecendo-se de que os especialistas inserem a pesquisa em histórias o tempo todo. Até nos campos da história e das ciências, a maneira como entendemos a informação é transmitida pelas maiores "histórias" que nossa cultura endossa. Muitos livros modernos de não ficção (os de Malcolm Gladwell, Jim Collins, Brené Brown e Isabel Wilkerson, por exemplo), incluindo este, são escritos com base nessa mesma premissa.

Um exemplo comum de como a história funciona na nossa cultura pode ser visto em programas de perda de peso. Todos os métodos identificam estudos que mostram como seguir determinada dieta resulta em perda de peso. Dito isso, esses programas vão muito além do cálculo de calorias consumidas *versus* calorias queimadas. As histórias de saúde, beleza e condicionamento costumam fazer parte da explicação dos benefícios de adotar determinada dieta comprovada. Identificar o "enredo" da interpretação revela o objetivo dos narradores. Vamos continuar vendo o papel que a narração exerce no pensamento crítico no restante deste livro.

## VISÃO DO MUNDO

O último termo do nosso glossário do pensamento crítico é a *visão do mundo*. Ela é exatamente o que esse substantivo composto diz: como *vemos* o nosso *mundo*.

As visões do mundo são mais abrangentes do que os pontos de vista. Os pontos de vista são visões de um momento. As visões do mundo abrangem a totalidade do que sabemos e não sabemos. Ela costuma atuar como um filtro inconsciente quando adquirimos novas informações. As visões do mundo são mais difíceis de identificar porque são como a pele — a camada invisível de proteção que permite nossa mente trombar com a mente de outras pessoas ao passo que nos mantemos separados. Nossa visão do mundo define nossa interpretação básica de cada interação, de cada dado e de cada sussurro que queremos que seja verdade.

Um dos meus exemplos favoritos sobre choques de visões de mundo aconteceu no lançamento de *Mulan*, uma animação da Disney de 1998. Essa animação apresenta uma protagonista que finge ser um homem para lutar no exército para que seu pai idoso e doente não precise arriscar sua vida como soldado. A versão da Disney inclui canções sobre o desejo de Mulan de ser conhecida e entendida como ela é, e não confinada aos estereótipos patriarcais. Os norte-americanos gostaram da história, vendo-a como uma celebração da sua visão do mundo de independência e individualidade. Quando o filme foi exportado para a China, porém, o público chinês ficou intrigado. Mulan contava a história *deles*. A moral da história, da forma como eles contavam, é que pessoas boas em uma sociedade tradicional colocam o bem-estar da sua família e da comunidade acima das suas ambições pessoais. Como a versão original dessa história veio da China, nem é preciso dizer que a versão da Disney não fez sucesso por lá. E nem precisamos nos perguntar por quê: a história foi reimaginada para apresentar a visão norte-americana do mundo.

## Disposição Acadêmica

Todos esses termos parecem suficientemente claros até que nos encontremos debatendo com alguém que amamos e que enxerga esses mesmos pontos de modo diferente. De repente, estaremos nos perguntando se essa pessoa está simplesmente exibindo viés, articulando uma opinião ou se está contando fatos que não queremos ouvir. Talvez estivéssemos vivendo muito bem com nossas crenças até agora, e então... bam! Aquilo que sempre achamos ser verdade foi contrariado por evidências diretas e irrefutáveis. Talvez tenhamos cometido o "erro" de ler algo do outro lado que fez sentido, e agora não sabemos o que fazer com essa nova informação. A desestabilização de uma visão do mundo é especialmente dolorosa quando isso vem à custa da nossa comunidade, do nosso casamento ou dos membros da nossa família. Não é de se surpreender que, quando ensinamos nossos filhos, procuramos proteger nosso ponto de vista. Todo mundo quer recrutar novos membros para o "Time das Ideias Certas", e somos os maiores defensores do nosso ponto de vista!

A educação, porém, depende da nossa habilidade de sermos *imparcialmente curiosos*. Não deveríamos nos sentir apegados às nossas opiniões e crenças? Sim, deveríamos. Mas também temos a responsabilidade de ensinar nossos filhos e a nós mesmos como sermos curiosos sem nos colocar na defensiva. A boa notícia é que o trabalho acadêmico pode ser um lugar seguro para explorar e pensar. A disposição acadêmica protege o aluno, desde que ele a adote. A tarefa do aprendiz não é julgar toda vez que se depara com um novo ponto de vista. Em outras palavras, ler a respeito de pontos de vista que não temos é um desafio para a integridade de qualquer pessoa. Ler não é o mesmo que votar. Nossa única tarefa é *passar os olhos pela página ou pela tela*. Só isso.

A disposição acadêmica pode ser expressa da seguinte forma:

- Seja uma testemunha do escritor.
- Saiba que o ponto de vista do escritor existe; descubra como ele existe para o escritor.
- Permita que esse ponto de vista exista ao lado dos seus.
- Faça um chá. Sente-se com paciência. Leia. Seja curioso. Medite.
- Aumente seu entendimento primeiro e, depois, faça sua crítica.

Quando damos espaço para pontos de vista diferentes, damos espaço para o entendimento. É como se estivéssemos repintando nossas paisagens da Renascença com mais pontos de fuga, em vez de apenas com um. Aprenda primeiro e, então, desenvolva ideias. Volte a consultar estas páginas sempre que se deparar com esses termos nos capítulos seguintes e precisar refrescar sua memória.

## ✷ ATIVIDADE: O FILTRO DE FATOS

Esta atividade é ótima para se fazer sozinho primeiro. Depois, convide um adolescente para fazê-la junto com você, caso tenha algum em casa. Ao se familiarizar com esse exercício, use esse entendimento para guiar suas conversas com crianças mais jovens também. Para separar os fatos das narrativas resultantes deles, começamos identificando o que é *irredutível.* Vamos praticar com uma notícia. Procure nomes, datas, atividades ou ações que podem ser comprovadas, locais e objetos envolvidos no evento.

1. Selecione uma notícia atual.
2. Encontre várias fontes dessa história. Imprima vários artigos (três ou quatro), se puder.
3. Destaque todos os fatos em um dos artigos.
4. Passe para o artigo seguinte e destaque os fatos tais como relatados nele. Faça o mesmo com todas as outras fontes de notícias.
5. Verifique se nenhum fato foi omitido das outras histórias. Anote quais fatos foram omitidos e de quais histórias (se é que foram). Lembre-se: os fatos são irredutíveis.
6. Veja onde os fatos foram inseridos em cada artigo (no início, no meio, no fim ou em todo o artigo).
7. Faça uma lista dos fatos em um papel em branco. Leia-os na ordem em que aparecem no artigo, sem interpretá-los. Faça isso com todos os artigos.

8. A sequência de fatos indica algo sobre a prioridade de cada artigo?

9. Alguns dos fatos identificados são, na verdade, interpretações, em vez de fatos (agora que você já leu várias histórias sobre o mesmo assunto)? Por exemplo, se estiver lendo sobre um tiroteio, os motivos do atirador são mencionados como fatos ou são possíveis sugestões? Se estiver lendo sobre um incêndio, a causa foi descrita como um fato ou uma teoria?

Identificar os fatos primeiro nos ajuda a neutralizar a influência da interpretação do escritor. Ler a mesma história várias vezes nos ajuda a diferenciar os fatos da interpretação.

**Dica:** Às vezes, ler uma história com um viés que não temos torna mais fácil identificar os fatos. Poderemos ver as interpretações com mais facilidade porque estaremos mais cientes do viés.

Vamos usar nosso vocabulário do pensamento crítico no próximo capítulo e pensar em como as escolas tradicionalmente tratam os fatos, o viés, a interpretação, e assim por diante.

# CAPÍTULO 3

# Cada Vez Mais Intrigante: A Educação Problematizadora

> Acho que o que mais aprendi com Trix foi a habilidade de fazer perguntas e menos a necessidade de sentir que precisava de respostas.
>
> —Mo Willems, autor e ilustrador de livros infantis

É difícil permanecer com uma pergunta — aquela batida na porta que ninguém atende. Ainda assim, a ferramenta de aprendizado mais poderosa que existe é o questionamento constante. E você sabe quem sabe fazer perguntas muito bem? Acertou: seu filho de 3 anos! Ah, e o de 5 anos também. Na verdade, todo mundo abaixo dos 10 anos. Quando completam 10 anos, nós eliminamos essa natureza inquisidora dos nossos filhos. Na 6ª série, a maioria das crianças já perdeu sua "curiosidade infantil", tornando-se fazedoras de provas cooperativas ou sendo relegadas à categoria da educação de "alunos não muito bons". Aos 16 anos de idade, a maioria dos adolescentes já adotou a atitude do lado sombrio da arrogância, do sabe-tudo e de haver apenas uma resposta certa. Perguntamo-nos: *Como raios foi que isso aconteceu?*

Um adolescente estridente e cheio de opiniões não é apenas um marco inevitável e irritante do desenvolvimento. Até então, nosso sistema de educação passou dez anos fazendo hora extra para eliminar a curiosidade infantil e substituí-la pelo hábito de dar respostas certas. "Com frequência, na época em que as crianças entram na 3ª série, aquela curiosidade com a qual elas entraram no jardim da infância — curiosidade da qual o pensamento autêntico e, consequentemente, o pensar por si só se desenvolve — começou a diminuir. *Até a 6ª série, ela praticamente sumiu.* O pensamento das crianças se concentra no que o professor espera delas. Um fator que contribui bastante para essa perda da curiosidade é a falha em nutrir as verdadeiras vozes das crianças" (o grifo é meu). As verdadeiras vozes das crianças? Quer dizer aquelas vozes altas, incessantes, do tipo que acompanha os pais até o banheiro com suas perguntas? Sim. Essas vozes!

No seu pior dia, a educação tradicional foi projetada para promover o domínio de métodos e respostas certas. Não é um fórum para a curiosidade persistente (leia-se: irritante, intrusiva, repetitiva). Não é um lugar para se perder na toca do coelho de interconexões que importam para as crianças. Na verdade, em geral, os professores escolhem quais problemas os alunos deveriam se importar em resolver. Espera-se que a curiosidade natural de uma criança floresça fora do horário da escola, *muito obrigado.*

No entanto, fazer perguntas — desconstrutivas, provocativas e cada vez mais intrigantes — é a chave para a educação mais emocionante, que resulta em ideias inovadoras e, bem, em um efeito colateral: a felicidade. A inovação, o pensamento criativo, a fluência — eles se tornam a moeda de troca (e alegria!) de uma pessoa bem-educada. Como foi que perdemos (como um grupo de seres humanos educados) nossa incessante curiosidade e a trocamos por essa atitude de sabichão?

## Não Banque Isso — a Tarefa Acadêmica

A maioria dos professores usa testes e atividades escritas como provas de aprendizado. A repetição (provas, relatórios orais e redações explanatórias) se concentra no que o reformador educacional Paulo Freire chama de "conceito bancário" do ensino. O professor onisciente faz os *depósitos* de informação que achar apropriados na mente visivelmente vazia do aluno. Então, o aluno narra essa informação por meio de redações, de provas ou de apresentações orais. Depois, ele é avaliado com base nas intenções do professor, independentemente de qual tenha sido a interpretação e intenção da criança. Isso não quer dizer que narrar informações não pode ser de valia para a vida do aluno. Em vez disso, o que Freire está nos pedindo para considerar é o que se perde quando a repetição se torna o método principal de instrução.

Esse estilo de educação parte do pressuposto de que existem informações corretas (consideradas necessárias por uma apostila, professor ou conselho estudantil) que devem ser dominadas. Os professores de história concordam: "Em geral, os alunos estão acostumados a trabalhar com uma apostila e a enxergar a história como um conjunto de respostas certas." Freire descreve esse tipo de ensino da seguinte forma: "A educação está sofrendo de uma doença narrativa." Ele explica: "O professor fala sobre a realidade como se ela fosse fixa, estática, compartimentalizada e previsível."

E nos perguntamos por que a escola parece tediosa. Freire nos lembra de que nossos filhos vêm às aulas cheios de experiências e crenças que já operam nas suas vidas, guiando como eles encaram todo material que lhes é ensinado. Eles querem envolver seus corpos, não só suas mentes. Eles têm culturas, famílias e tradições que afetam o modo como interpretam as coisas.

Com frequência, a falta de interesse de uma criança está subordinada a essa "doença narrativa" — o ato de provar vez após vez que as lições do professor estão certas, são expressas da maneira certa, para o momento certo. Lembra-se de recitar a tabuada? *Quatro vezes quatro é dezesseis.*

Aprendemos a "sonoridade" das palavras (a cadência da repetição), muitas vezes, porém, sem entender seu significado. Marcy Cook, especialista em matemática e educadora, concorda: "Se os alunos tiverem apenas que memorizar os fatos e as regras que o professor lhes diz, eles serão tratados apenas como receptáculos vazios que devem ser enchidos de conhecimento, em vez de pessoas que podem tomar decisões, pensar e que serão bem-sucedidas em situações problemáticas novas e diferentes."

Já passei por essa mesma crise matemática, na qual a memorização e a repetição me falharam quando atingi níveis superiores, como Álgebra 2. A verdade era que eu estava cansada das regras e das rimas sem entender nada. Já ouviu esta regra para dividir frações: "A se perguntar não fique. Só inverta e multiplique"? Que bagunça! Eu ficava me perguntando. É assim que minha mente funciona. Sem significado, eu não conseguia me apegar apenas ao processo. Décadas mais tarde, quando fui ensinar frações ao meu filho mais velho, precisei me esconder na garagem e praticar sozinha com um livro de matemática para tentar me reensinar. Não guardei nada do que havia "aprendido".

## A Loucura da Múltipla Escolha

Essa "doença narrativa" da qual Freire fala pode ser vista facilmente em um dos métodos de avaliação favoritos das escolas: a prova de múltipla escolha (que inclui até o reconhecimento óptico — no qual nenhuma outra palavra pode ser acrescentada). Uma das minhas amigas me disse que o filho dela teve certa dificuldade com provas de múltipla escolha. Certa vez, ele deu uma resposta tão confusa que fez o diretor ligar para a minha amiga para conversar sobre isso.

O "erro" desse aluno é perfeito para provar meu argumento. Essa é a pergunta que o filho da minha amiga "errou". Objetivamente falando, ele não só acertou, como a pergunta tinha *duas* respostas corretas. Veja se você consegue descobrir o que aconteceu:

Que unidade de medida você usaria para medir isto?

*a) pés*

*b) centímetros*

*c) quilômetros*

*d) litros*

O filho da minha amiga escolheu (b) de "centímetros". A resposta "certa" era (a) de "pés". A pergunta partia do pressuposto que os alunos sabiam que a ilustração representava uma árvore de verdade, na floresta. O aluno viu a ilustração na página e supôs que a prova estava perguntando que unidade de medida deveria ser usada para medir o *desenho* da árvore. Lógico! Assim, "centímetros" seria uma resposta melhor do que "pés" e totalmente correta.

Mas vamos fazer uma pausa e ir um pouco além. E se o filho da minha amiga tivesse entendido que a ilustração estava representando uma árvore de verdade? Tecnicamente, *tanto* pés como centímetros seriam a resposta correta nesse caso. Os dois são unidades de comprimento. Uma pessoa talvez prefira usar pés para medir uma árvore alta, mas poderia haver algum motivo para medi-la em centímetros. Não é *errado* medir uma árvore em centímetros. Na verdade, com base na ilustração, daria para saber se esse desenho estava representando uma árvore alta na floresta ou um pequeno bonsai em cima de uma mesa? Se um aluno morasse na floresta e a família de outro tivesse um bonsai, esse desenho poderia evocar diferentes imagens na mente de cada aluno, resultando em respostas diferentes (ambas corretas). Mesmo assim, tanto pés como centímetros descrevem o comprimento de um item, de modo que os dois podem ser dados como "respostas certas". Nesse caso, o aluno estava sendo convidado a adivinhar qual seria a resposta *mais provável* na mente do criador dessa prova. A telepatia é uma habilidade que muitas crianças nunca chegam a desenvolver bem o suficiente para ser consideradas ótimos alunos. É preciso bastante esforço e cuidado para criar provas de múltipla escolha eficazes que resultam no tipo de pensamento crítico que empodera os alunos, em vez de confundi-los.

O pensamento da "resposta certa" das provas de múltipla escolha é o que costuma acabar com a reflexão — a evidência de se importar com a pergunta, e não apenas de tentar adivinhar qual é a resposta que o criador da prova tinha em mente. Na minha opinião, não é razoável supor que uma criança conseguirá entrar na mente do criador da prova e ter a seguinte ideia: *A prova quer que eu forneça a unidade de medida mais comum para uma árvore alta de verdade.* Na verdade, se esse é o processo de pensamento, não acabamos de admitir que a educação se resume a descartar nossas próprias percepções e nos tornarmos cada vez melhores em adivinhar o que os especialistas e autoridades estão pensando?

Ao enfatizar respostas únicas que devem ser dadas sob a pressão do tempo, o aluno é impedido de dar a devida consideração à questão e a todas suas possíveis variáveis. Em vez disso, o aluno deve identificar a resposta certa que o criador da prova tinha em mente o mais rápido possível. E, pior ainda, essa resposta pode ser a menos criativa e a mais estereotipada, porque deve ser identificada rapidamente, sem reflexão, antes de o sinal tocar.

Pergunto-me se esse tipo de prova é o que resulta no discurso moderno de alto risco no qual cada participante sente que precisa fazer com que todos concordem o mais rápido possível, em especial na internet. Supomos que uma resposta certa, apresentada por quem quer que consideremos como autoridade, pode ser encontrada e aplicada — rapidamente — e que todos concordarão! Essa prática é tão frequente na nossa educação que, quando saímos da escola, nos esquecemos de que podemos considerar uma miríade de possibilidades ao nos depararmos com assuntos complexos. Em vez disso, sentimos a pressão de escolher um lado e de permanecer lá como prova de que estávamos certos. Fomos treinados para ignorar o impacto das interpretações pessoais e das experiências passadas. Com frequência, as provas de múltipla escolha têm a ver com eficiência de tempo, julgamentos precipitados, autoridades invisíveis e respostas declarativas. Uma questão perturbadora a considerar: por que a educação moderna valoriza mais a velocidade do que a reflexão?

Agora é sua vez. Considere esta pergunta de múltipla escolha:

Escolha o adjetivo que descreve esta imagem:

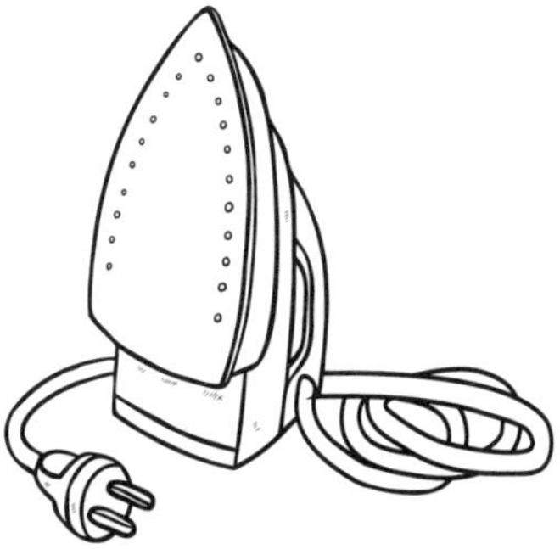

*a) quente*

*b) frio*

*c) ferro*

*d) azul*

Um fazedor de provas experiente excluiria a palavra "ferro" (um substantivo) e ignoraria "azul" porque o desenho é composto apenas por linhas, sem nenhuma cor aparente. Você escolheu "quente" ou "frio"? A maioria das pessoas escolhe "quente", em vez de "frio", porque os ferros costumam ser associados com calor. Mas, se você for um pensador de nuances, perceberá algo sobre esse ferro. *Ele não está ligado na tomada.* Assim, será que ele *pode* realmente estar quente? Se considerar toda a ilustração pacientemente, poderá escolher "frio" como sua resposta — porque ela descreve a verdade sobre o estado atual do ferro. Isso é lógico. Ainda assim, essa escolha provavelmente estará errada. A maioria das provas quer que aquele que a está fazendo associe o calor com os ferros, pois essa é a associação de palavras mais comum. Como não temos a oportunidade de explicar por que "frio" faz mais sentido nesse caso, a nota que conseguirá por cometer esse "erro" o definirá como "não inteligente", em vez de ser considerado como o pensador mais cuidadoso e sagaz que realmente é.

A artista e educadora Betty Edwards, que inspirou esse exercício mental no seu livro *Desenhando com o artista interior*, deixa dolorosamente claro aonde esse tipo de prova nos leva: "Essa rigidez é enlouquecedora, e acredito que ela fará com que os alunos que fazem provas com cérebros não danificados procurem *não* enxergar o que está bem na frente dos seus olhos, mas cheguem a conceitos verbais abstratos que, na verdade, podem contradizer suas percepções visuais." Em outras palavras, os alunos são recompensados com notas mais altas quando treinam a si mesmos para *não enxergarem*, o que significa que remodelarão suas percepções diretas, adequando-as aos estereótipos e relacionamentos costumeiramente adotados: *ferros são quentes.*

Que desperdício! Edwards explica que grande parte da educação procura excluir variáveis visuais. Naturalmente, processos matemáticos abstratos, por exemplo, são muito mais fáceis de avaliar em provas. Edwards explica que "[d]ois mais dois são quatro, e não interessa se a aparência dos números mudou". Dito isso: as representações numéricas ainda são símbolos de quantidades, não os itens em si. Para crianças, o conceito abstrato de somar símbolos pode minar sua habilidade de entender matemática (voltamos à sonoridade de Freire da tabuada em comparação com o verdadeiro entendimento). No entanto, se pegarmos um número abstrato e atribuirmos dois pares de itens a ele — como duas penas somadas com duas outras penas —, teremos quatro *penas*, não apenas o número abstrato 4. Se segurarmos as penas nas nossas mãos, sentiremos sua maciez. Se as colocarmos uma em cima da outra ou uma do lado da outra, veremos que elas não têm o mesmo tamanho, mas que duas penas somadas a duas outras penas são certamente quatro penas. E se somássemos duas frigideiras com duas outras frigideiras? Com toda certeza, teríamos quatro frigideiras. Elas são pesadas, difíceis de empilhar e são muito diferentes das penas ao toque, mas, ainda assim, quando somadas são quatro no total.

O peso e tamanho desses dois grupos de "quatro" são bem diferentes, e estarmos cientes dessas características inevitavelmente afeta como pensamos sobre essas combinações. Por exemplo, embora a soma dessas duas operações de dois mais dois dê quatro, se fôssemos medi-las por peso, teríamos números totalmente diferentes. Nosso corpo e nossa intuição percebem essa diferença, e seria importante apontar isso aos nossos filhos. Combinar para fazer uma conta não é o mesmo que combinar dois itens por peso. Quando falamos sobre *por que* talvez haveríamos de somar duas penas ou duas frigideiras com duas outras, acabaríamos imaginando se seria uma boa ideia ter quatro de cada! Se combinarmos duas penas com duas frigideiras, ficaríamos ainda mais perplexos — qual seria o objetivo dessa combinação?

Naturalmente, a matemática avançada nem sempre pode ser trabalhada enquanto seguramos itens nas nossas mãos. A chave para o pensamento crítico, porém, é fazer essa conexão entre o abstrato e o prático tão frequentemente e o mais cedo possível, em especial no início de uma jornada acadêmica. Dessa forma, estabelecemos a fundação para uma maior complexidade e habilidade. Deixamos nossos alunos saber que sempre haverá mais a se considerar, mesmo quando usamos um processo ou prática confiável. A tomada ética de decisões conta com a motivação persistente de ver as consequências de toda operação matemática, toda interpretação da ciência ou da história, e toda aplicação de ideias. Algo que você talvez esteja se perguntando agora é: *Se tabelas e testes não são a maneira de seguir em frente, então o que é?*

## A Educação Problematizadora

Felizmente, Freire sugere um método diferente de ensino — a educação problematizadora. Os instrutores não ensinam as crianças *o que* pensar. Em vez disso, as crianças se tornam parceiros de confiança para resolver problemas significativos com o poder colaborador do adulto. A educadora bell hooks explica que, "como professores, nosso papel é levar nossos alunos na aventura do pensamento crítico. Ao aprender e conversar juntos, eliminamos essa noção de que nossa experiência de obter conhecimento é particular, individualista e competitiva."

Marcy Cook chega à mesma conclusão: "A arte de fazer perguntas se torna fundamental para pensar na sala de aula. Os educadores devem fazer perguntas não para alinhar o pensamento do aluno com o seu, mas para estimular o pensamento e descobrir o que os alunos sabem e entendem." O pensamento crítico se desenvolve em um ambiente estável e encorajador, onde problemas reais são explorados pelo professor e pelo aluno juntos.

Em uma matéria como matemática, as habilidades de pensamento crítico que mais queremos cultivar são "fazer boas perguntas, apresentar bons problemas, questionar e até frustrar os alunos estimulando o pensamento..." Pude ver como essa abordagem funcionou em uma aula de matemática de uma escola pública. Meu filho mais velho estudou Álgebra 2 na escola local, ao passo que aprendia as outras matérias em casa. Quando conheci sua professora na reunião de pais e mestres, descobri que ela começava cada dia com um problema de matemática na lousa. Ela pedia que os alunos sugerissem uma abordagem para resolvê-lo. Ela me contou que precisava se esforçar para fazer os alunos se arriscarem — para fazê-los dar uma sugestão de como resolver o problema. Seu objetivo era criar mentes matemáticas, não apenas bons fazedores de provas. Ainda assim, os alunos haviam sido tão condicionados a esperar que o professor lhes dissesse o que fazer e como fazer, que foi necessária alguma persuasão no início do ano letivo para fazê-los se soltar. No fim do ano, eles estavam ansiosos para participar. Os especialistas de educação atualmente concordam que esse método de instrução, em especial se tratando da abordagem habitual combinada com a educação explícita dos processos matemáticos, o que leva a melhores resultados para os alunos. Eles aprendem a pensar como solucionadores de problemas, e não apenas como provedores de respostas. Professores e pais inteligentes podem fazer perguntas tais como:

- Existem outras maneiras de abordar esse problema? Poderia me mostrar?
- Que situação do mundo real poderia exigir o uso dessa operação matemática?
- Por que você acha que esse processo funciona?

Esse tipo de pergunta ajuda os alunos a se lembrar de que existe um "por que" no aprendizado. Eles podem fazer relações entre a ação e a reflexão. Lembro-me de que quando aprendi a multiplicar zeros e uns, me confundi e aprendi o "truque" ao contrário. Eu achava que $0 \times 3 = 3$ e $1 \times 3 = 1$. Obviamente, eu não sabia qual era o objetivo da multiplicação. Baseava-me apenas no processo da instrução e memorização errônea das respostas. Receber uma nota ruim não me ajudou em nada. Ninguém me perguntou o que eu achava que estava fazendo. Em vez disso, tive que voltar a memorizar mais sequências insignificantes de números. Cook explica: "Não queremos que a vida intelectual na sala de aula se transforme em um campo de treinamento de preparação dos alunos para provas." A instrução tradicional de matemática levou muitos de nós a acreditar em dois mitos: que a matemática é regida por métodos passo a passo para encontrar as respostas certas e que as apostilas e professores são as autoridades que sabem essas respostas.

Podemos provocar a curiosidade dos nossos alunos oferecendo-lhes problemas significativos para resolver. Já falei sobre o valor do que chamo de "grandes conversas suculentas" — ou seja, conversas que se estendem, que criam a base para o livre intercâmbio de ideias. bell hooks nos confirma isso: "Conversas não são unidimensionais; elas sempre fazem com que nos deparemos com diferentes formas de ver e saber." Criar um pensador crítico significa dar às crianças oportunidades de descobrir o que sabem no íntimo e seus obstáculos para entender. Ambos.

## Coceira para Encaixar

A boa notícia é que podemos virar a balança da educação para favorecer as perguntas. Em *The Brave Learner* [O aprendiz corajoso, em tradução livre*]*, recomendei criar uma "Grande Muralha de Perguntas", na qual os pais anotam todas as perguntas que seus filhos fizeram durante a semana em notas autoadesivas e as colam em uma parede. No fim da semana, sugiro que peguem as notas e conversem sobre essas perguntas durante o jantar. Por valorizar as perguntas e não as respondermos imediatamente, inspiramos nossas crianças e adolescentes a alimentar a curiosidade, em vez de ir direto para as declarações de respostas certas. O próximo passo é aumentar a qualidade dessas perguntas.

Como podemos fazer isso? Imagens recentes de ressonância magnética funcional (fMRI) confirmaram o que é conhecido como a "teoria da lacuna da curiosidade", defendida por George Loewenstein, da Universidade Carnegie Mellon na década de 1990. Os pesquisadores descobriram que nossa curiosidade segue uma curva em U invertido. "Nossa curiosidade é maior quando sabemos pouco sobre um assunto (nossa curiosidade chega ao pico), mas não demais (ainda não estamos certos sobre a resposta)." Loewenstein explica que, quando sentimos uma diferença entre o que já sabemos e o que queremos saber, existirão "consequências emocionais: parece uma coceira mental, uma picada de mosquito no cérebro. Buscamos novos conhecimentos porque é assim que coçamos essa coceira".

John Dewey, o pai da educação moderna, falou sobre o papel da curiosidade no seu modelo de escola — que ele chamou de educação de "resolução de problemas". O Dr. Michael Luntley, educador britânico, sugeriu que, para Dewey, os problemas eram aqueles que pareciam "coceiras". O abalo das expectativas naturais da criança resulta nessa "coceira". Então, a busca se torna: como essa nova informação "se encaixa" no que já sei? Luntley chama o construto de Dewey de prática da "coceira para encaixar". Assim, a principal tarefa de um professor seria abalar as expectativas para causar uma "coceira" — ou a necessidade de saber. Aprenda a "causar a coceira" e verá a curiosidade florescer. Essa experiência é similar a tentar encontrar a peça certa de LEGO para construir um modelo. Depois de algumas tentativas para *encaixar*, a peça certa de LEGO entra no lugar certo. A coceira foi coçada. Luntley explica: "O aprendizado não é atemporal, mas acontece na hora certa." O que aprendemos se torna relevante no presente, na questão do momento.

## ✳ ATIVIDADE: A GRAMÁTICA DA COCEIRA PARA ENCAIXAR

Tente realizar as atividades a seguir com seus filhos para ter uma ideia de como uma educação problematizadora e de resolução de problemas procura se aproveitar da estratégia da "coceira para encaixar".

Comecemos com a matéria menos favorita de todos (com exceção de vocês, "nerds das palavras"): gramática. A gramática tem uma reputação terrível. É o estudo mais opaco e menos agradável de uma coleção de termos e definições sem vida de todas as matérias da escola. A gramática é ensinada como uma lista de palavras abstratas que são atribuídas a outras palavras. Ela costuma ser ensinada por meio de apostilas. O problema é que os falantes nativos não se baseiam no entendimento perfeito da gramática para criar frases significativas. Eles falam de ouvido — o que soa bem. O mecanismo "do que soa bem" é quase infalível para desenvolver fluência no idioma do nosso coração.

A gramática pode ser estudada como um emocionante encontro com a estrutura do idioma. Também é possível descobrir seu poder inerente de tornar a escrita mais interessante. Podemos alcançar esses dois objetivos se estudarmos a gramática como *pensadores críticos*. As atividades a seguir foram feitas para mostrar-lhe como pegar uma matéria tradicional e chata e usar o padrão da "coceira para encaixar" para gerar interesse e compreensão. Esses mesmos princípios também podem ser aplicados a outras matérias escolares.

Pronto? Confie em mim: elas são divertidas!

### *Para os Pequeninos (5 a 9): Palavras Engraçadas*

Você já percebeu como é fácil para as crianças brincarem com o idioma? "*Lama, lhama, cama, ama!*" A forma como elas imitam padrões? "Os cães caem na colina." Elas dão bons chutes ao aprender e testar suas habilidades linguísticas. Quando elas erram, os adultos acham graça e dificilmente se preocupam com a possibilidade de as crianças acabarem não se tornando adultos que falam o idioma fluentemente.

Apresentar temos como "advérbio" e "preposição" a crianças com menos de 8 anos parece exagerado, porque, francamente, é um exagero. As crianças gostam de rimas. Elas memorizam canções, livros infantis e poesias simples com facilidade.

### *Jogo de Palavras*

Escolha um padrão de rimas (como "ai" ou "ei"). Recite com seu filho o máximo de palavras que rimam (inclusive termos inventados) que puder com o mesmo final. Conte-as e veja se consegue quebrar seu recorde usando uma rima diferente.

- Quantos termos foram inventados só por diversão e quantos são palavras que usamos em português?
- Tente usá-las em frases, inclusive as palavras inventadas. O que elas significam? Como você sabe?
- Algumas dessas palavras descrevem coisas?
- Algumas são itens que você tem em casa?
- Algumas dessas palavras são ações que podemos realizar?

Agora separe-as de acordo com o papel delas nas frases. Junte alguns itens, insira termos descritivos e palavras de ação. Classifique-as por número de sílabas. Classifique-as entre suas palavras favoritas e menos favoritas. Escreva-as em notas autoadesivas e cole-as nos itens da sua casa para vê-las todos os dias. Não tenha pressa em realizar essa atividade. Ela é muito valiosa. Não se preocupe se seu filho disser que um adjetivo é uma das palavras que "fazemos". No momento, a classificação oficial é menos importante do que identificar o que as palavras querem dizer. Você pode passar a semana brincando com listas de rimas na hora do almoço todo dia. Na semana seguinte, brinque com rimas em poesias.

### *Músicas Infantis*

1. Escolha uma música infantil (uma estrofe) que seu filho conheça bem. Leia-a juntos, "saboreando" as palavras que rimam. Por exemplo, você pode escolher "Brilha, Brilha, Estrelinha".

   *Brilha, brilha, estrelinha,*

   *Lá no céu, pequenininha*

   *Solitária, se conduz*

   *Pelo céu com tua luz*

   *Brilha, brilha, estrelinha,*

   *Lá no céu, pequenininha*

2. Identifique o padrão de rimas: neste caso, /inha/ e /uz/.

3. Pensem em outras palavras que rimam com esses finais. (Palavras inventadas também são bem-vindas!)

4. Então, digite a música inteira com espaços duplos depois de cada palavra. Digite as palavras adicionais que rimam nas quais vocês pensaram. Use uma fonte grande e espaço triplo.

5. Corte cada palavra em quadrados usando uma tesoura. Você também pode escrever cada palavra em um cartão.

6. Embaralhe as palavras e espalhe-as, com as palavras viradas para cima em uma mesa ou no chão. Comece formando frases que sejam divertidas, não necessariamente tocantes. Faça novas rimas várias vezes. Experimente trocar as palavras que rimam por outras no poema. Como esses termos alteram o significado? Trabalhando juntos, mudem a história do poema reescrevendo os versos para incluir os termos que rimam nos quais vocês pensaram. (Vocês podem fazer isso escrevendo os novos versos em uma folha de papel ou montando frases usando seus cartões de palavras, se tiver o suficiente delas.)

Brilha, brilha, estrelinha,

*Te vejo da minha casinha.*

Solitária, se conduz

*Você será a minha luz.*

Brilha, brilha, estrelinha,

*Que seja sempre só minha.*

Você fará o trabalho duro aqui em termos de reescrever a música infantil, mas a ideia é expandir o que pode ser conhecido — o ritmo, a rima e como os significados mudam com base na montagem dos versos. Ainda assim, os padrões satisfatórios permanecem.

### *Para os Jovens (10 a 12): Entendendo a Gramática*

No nosso idioma nativo, consultamos nossos ouvidos para nos certificarmos de que nossas frases estejam certas. Em um idioma que não falamos, precisamos entender como as classes gramaticais funcionam para criar frases que façam sentido. Assim, ensinar gramática exige uma abordagem que ajude as crianças a fazer a conexão dinâmica entre o rótulo (classe gramatical) e a função da palavra (papel) em uma frase. Simplesmente chamar uma palavra de "substantivo" ou "verbo" não ajuda a criança a fazer essa conexão. O falante nativo já sabe que a palavra que chamamos de substantivo está no lugar certo. O rótulo não aumenta as chances do falante de usá-la corretamente, de modo que o termo gramatical não parece relevante. É como memorizar a tabuada sem entender o verdadeiro atalho para a soma por trás da multiplicação.

Então, por onde começar? Agredindo a estrutura original das frases, é claro!

### *Instruções*

Você precisará de uma lousa e de uma folha de papel.

Na lousa, escreva:

*O cachorro preto latiu nervosamente para o caminhão de lixo.*

Na folha de papel colocada na horizontal, faça duas colunas. Nomeie as colunas de "Essenciais" e "Não Essenciais". Nos passos seguintes, você e seu filho criarão grupos de termos similares. Mantenha esses termos juntos nas colunas Essenciais e Não Essenciais.

Os passos a seguir pedem que seu filho remova e volte a acrescentar termos na frase para determinar o papel que eles exercem na frase para fazer que ela tenha sentido.

1. Remova todas as ocorrências de "o" pedindo ao seu filho para apagá-los da frase.

   *Cachorro preto latiu nervosamente para caminhão de lixo.*

   Peça para o seu filho ler a frase em voz alta.

   **Pergunte:** Isso soa bem? (Não.)

   **Pergunte:** Que palavras que poderiam ser colocadas na frase para fazê-la soar bem?

   Veja se ele consegue descobrir que existem duas: "um" e "o".

   Coloque-as na primeira coluna Essenciais.

   Agora volte a acrescentar os dois "o" na frase escrevendo-a na lousa.

2. Apague "preto" dessa vez. Leia a frase. Ela soa bem?

   *O cachorro latiu nervosamente para o caminhão de lixo.*

   Funciona! Coloque a palavra "preto" na segunda coluna de Não Essenciais.

   Volte a acrescentar "preto" de volta na frase original.

3. Agora, apague "latiu".

   *O cachorro preto nervosamente para o caminhão de lixo.*

   Como isso soa? Parece incompleta, não é? Que tipo de palavra está faltando?

   Seria possível colocar outras palavras no lugar de "latiu"?

   Experimente usar uma palavra que não seja um verbo com seu filho. Experimente a palavra "boca" e veja se ela serve no lugar de "latiu".

   *O cachorro preto boca nervosamente para o caminhão de lixo.*

   Como ele reagiu? Ele consegue ouvir que isso não funciona, não é? Você causou uma situação de "coceira para encaixar". A mente dele está ocupada, procurando por um termo que fará a frase funcionar. Ela quer saber: *O que o cachorro fez?* É isso o que está faltando — o que o cachorro fez.

   **Pergunte:** Que outras palavras similares poderiam substituir "latiu" para fazer a frase ter sentido? Ele pode pensar em um ou mais desses termos:

   - Gemeu
   - Ganiu
   - Rosnou
   - Ladrou
   - Uivou

   Cada um desses verbos pode substituir "latiu", e a frase ainda faria sentido. Porém, o significado mudaria um pouco, o que é digno de nota. Falem sobre isso.

   Outras perguntas a se fazer: Todas essas palavras funcionam bem com "nervosamente"? Uma é melhor do que outra? Coloque essas palavras juntas na primeira coluna Essenciais.

Volte a acrescentar "latiu" na frase escrevendo-a na lousa.

4. Agora remova "nervosamente".

   *O cachorro preto latiu para o caminhão de lixo.*

   A frase ainda funciona, não é? Podemos trocá-la por outras palavras que funcionariam no lugar de "nervosamente"? É claro, temos várias palavras que também terminam em "mente" e que poderiam ser colocadas no seu lugar: "demasiadamente", "felizmente", "intensamente", "timidamente". Insira várias delas em um grupo na segunda coluna de Não Essenciais.

5. Troque "nervosamente" de lugar na frase. Será que ela ainda funciona?

   *Nervosamente, o cachorro preto latiu.* Bom.

   *O cachorro preto latiu para o caminhão de lixo nervosamente.* Sim!

   *O nervosamente cachorro preto latiu.* Não!

   Faça perguntas:

   Por que "nervosamente" funciona em alguns lugares, mas não em outros?

   Com que palavras ela funciona (modifica, muda, altera, melhora)?

6. Então, remova "cachorro" e "caminhão".

   Elas são essenciais para a frase? Leia-a sem essas palavras primeiro.

   *O preto latiu nervosamente para o de lixo.*

   Nota: se tirássemos o "de" do termo "de lixo", ele se tornaria um item em vez de uma descrição ao removermos a palavra "caminhão"!

"Cachorro" e "caminhão" poderiam ser substituídas por alguma das seguintes palavras?

- Gato
- Tartaruga
- Bonito
- Muito
- Irmã
- Bicicleta
- Caminhou

Veja quais termos dessa lista "funcionam", mesmo que o significado não seja preciso. Se usássemos a palavra "gato" ou "irmã", a frase ficaria meio sem sentido, mas soaria bem. Não podemos substituir "cachorro" ou "caminhão" por "bonito", "muito" ou "caminhou". Essas palavras não fariam a frase funcionar. Você pode perguntar o que "gato", "tartaruga", "irmã" e "bicicleta" têm em comum com "cachorro" e "caminhão". (Elas são entidades ou coisas.) Então pergunte por que elas são diferentes de "bonito", "muito" e "caminhou".

O que mais podemos descobrir sobre as palavras dessa frase? As palavras "de lixo" descrevem o "caminhão" nessa frase, de modo que elas não são essenciais. Em outras frases, "lixo" será essencial porque será o item (substantivo). Tente brincar com outros substantivos para ver se eles podem se tornar palavras descritivas (adjetivos).

7. Identifique as classes gramaticais dos grupos de palavras em cada coluna.

   Isso não é uma prova, mas uma oportunidade de dar nome aos tipos de palavras que surgiram com essa exploração.

| Essenciais | | Não Essenciais | |
|---|---|---|---|
| um, o | artigos | preto<br>de lixo | adjetivos |
| latiu<br>gemeu<br>ganir<br>rosnou<br>ladrou<br>uivou | verbos | nervosamente<br>demasiadamente<br>felizmente<br>intensamente<br>timidamente | advérbios |
| cachorro<br>caminhão<br>gato<br>tartaruga<br>irmã<br>bicicleta | substantivos | | |

Agora você poderá começar a usar frases dos livros que seus filhos estão lendo e criar um dicionário de termos que podem ser catalogados segundo sua classe gramatical nas colunas Essenciais e Não Essenciais. Com o tempo, seus gramáticos poderão determinar que palavras mudam de forma — alternando entre duas categorias.

A gramática é uma matéria especialmente satisfatória para praticar habilidades de pensamento crítico, porque quase todo mundo acha os termos gramáticos pesados e difíceis de lembrar, mas todos nós confiamos na nossa fluência do português. Muitos de nós não receberam aulas de gramática de uma forma que a tornasse relevante para o nosso dia a dia. Aprender a examinar o que parece "certo" e por que é a base da autoconsciência. Às vezes somos levados a uma descoberta — por exemplo, passar a entender que "lixo" pode ser tanto um substantivo como pode ser usado para formar um adjetivo!

### *Para os Adolescentes (13 a 18): "Jaguadarte"*

Certa vez, meus filhos e eu lemos "Jaguadarte", de Lewis Carroll, e ficamos intrigados com cada um dos termos inventados. O estudo desse poema se tornou uma das lições de gramática mais poderosas que já tivemos. Atribuímos definições e classes gramaticais aos seus termos malucos. Você também pode trabalhar com o poema inteiro dessa forma. Como exemplo, vejamos os dois primeiros versos de abertura:

*Era briluz. As lesmolisas touvas*
*roldavam e relviam nos gramilvos.*

Na primeira estrofe do famoso poema, deparamo-nos com o vocabulário inteiramente novo criado por Carroll: "briluz", "lesmolisas touvas", "roldavam", "relviam" e "gramilvos". Essas palavras parecem portuguesas, mas não têm nenhuma definição identificável ou objetiva. Pude ver uma lição de gramática disfarçada diante dos meus olhos!

Quando meus filhos e eu examinamos esse trecho, fizemo-nos perguntas sobre essas palavras. O que você acha que "briluz" quer dizer? Por quê? Várias ideias saíam da boca deles: tanto "brilhante" quanto "obscuro" foram sugeridas. As palavras transmitiam um som ambíguo aos nossos ouvidos. Poderíamos apenas justificar cada um dos possíveis significados. Passamos rapidamente para os adjetivos, porque estávamos acostumados a ver "Era" levar a termos descritivos, como "ensolarado" ou "nublado". Mas uma mudança interessante aconteceu. Será que "briluz" não poderia ser uma estação ou um mês do ano ou um período do dia — como "primavera", "janeiro" ou "tarde"? E essas palavras não poderiam ser substantivos, em vez de adjetivos? Cacilda, era verdade! Tanto substantivos como adjetivos funcionavam nessa frase.

Ao seguirmos analisando o poema, chegamos a possíveis significados para cada palavra maluca, deixando os sons e as estruturas familiares das frases nos guiarem. Também tínhamos que ter em mente as escolhas anteriores que havíamos feito e como essas definições poderiam influenciar nossa próxima definição para criar um enredo consistente. Testamos nossas ideias para ver todas as possibilidades, não para acertar o significado.

Criamos um glossário de termos com nossas próprias definições (cada um dos meus filhos imprimiu sua versão do mesmo poema e, no final, sua própria versão do que o poema significava com base nas suas definições únicas do idioma inventado). Um dos agradáveis subprodutos desse processo foi a percepção de que o mesmo termo podia ser entendido como pertencendo a mais de uma classe gramatical dependendo de como a definíamos. Isso aconteceu no nosso caso, mas, em geral, nem nos lembramos disso na nossa fluência do idioma.

### *Agora é sua vez!*

1. Imprima uma cópia do poema "Jaguadarte" com espaço triplo para o seu filho. Analise o poema estrofe por estrofe, uma de cada vez.

2. Um livro ou site de gramática também pode lhe ser útil para esse projeto. Mantenha-o na sua mesa ou por perto, para consultá-lo à medida que analisa o poema.

3. Dê marcadores ao seu filho. Diga-lhe para marcar as palavras que não conhece. Ele pode marcar termos em português também. Mas tudo bem! As mesmas habilidades serão aplicadas às palavras em português e ao idioma inventado de Carroll.

4. Agora conversem sobre os possíveis significados das palavras que escolheram para definir. Ele pode querer definir "briluz" e "lesmolisas". Talvez seu filho ainda não saiba que termos gramaticais atribuir a essas palavras malucas, mas pode dizer por que acha que "roldavam" e "relviam" parecem "dançar", "pular", "agitar", "oscilar", "rastejar" e "escalar". Substitua o par de palavras do idioma inventado e descubra como esses significados afetam o poema.

*Era manhã. As felizes touvas*
*agitavam e oscilavam nos gramilvos.*

5. Depois de atribuir termos para uma estrofe, pergunte: esse termo é um verbo ou advérbio? Como você sabe qual é qual?

6. Então você pode perguntar: o que é um "gramilvo"? Surgem novas possibilidades. As definições de "roldavam" e "relviam" influenciam como veem um "gramilvo" e sua personalidade? Um "gramilvo" é uma pessoa, um lugar, uma coisa ou uma ideia? Todos esses podem ser substantivos. Seu filho consegue identificar que tipo de substantivo "gramilvo" deveria ser com base no contexto? A expressão "nos gramilvos" dá uma pista. Que outros substantivos podem vir depois de "nos"? Pode ser um item ou um local — "nos cestos" ou "nos bosques" são dois que me vêm à mente.

7. Pergunte: como os sons das palavras inventadas afetam as definições que você lhes deu? Eles o fazem lembrar de outras palavras em português? Quais?

8. Ao explorar cada termo, use sua fonte de referência gramatical para ajudá-lo. Compare o termo inventado com uma palavra conhecida em português e identifique sua classe gramatical. Até o fim deste exercício, seu filho terá atuado como gramático!

9. Depois de definir e classificar todas as palavras, pense em escrever uma estrofe ou duas como sequência usando algumas do idioma inventado tal como o aluno as definiu.

É interessante notar que Carroll criou um poema cheio de significado com um idioma que não entendemos, mas que, de alguma forma, *achamos* que entendemos. Atribuímos significado às palavras que lemos. Também achamos que as entendemos atribuindo palavras familiares a elas, como definições automáticas, sem fazer perguntas. Cair de cabeça em "Jaguadarte" é um excelente ponto de partida para descobrir que nossa subjetividade exerce um papel em como lemos qualquer coisa. Nossas impressões formam nossas interpretações.

No próximo capítulo, usaremos ainda mais esses poderes de análise. O que mais podemos descobrir sobre o que lemos, estudamos ou testemunhamos? Nossos filhos são mestres fantásticos em observar atentamente o mundo ao seu redor. Tudo o que precisamos fazer é indicar-lhes o caminho correto por meio de perguntas bem-feitas e dar-lhes as ferramentas para expressar o que encontrarem!

# CAPÍTULO 4

# Observação Cuidadosa: Através do Espelho

Em geral, enxergamos o que aprendemos a esperar ver.

—Betty Edwards, *Color* [Cor, em tradução livre]

Alice Liddell caiu pelo espelho e se viu em uma terra enigmática de lagartas falantes, um chapeleiro maluco e um coelho que podia dizer as horas. Dorothy Gale acabou indo parar em um mundo misterioso e colorido com bruxas boas, uma estrada de tijolos amarelos e macacos voadores. Tristan Strong abriu um buraco no céu e entrou em um universo com um mar de fogo, navios de ossos assombrados e um monstro de ferro. Toda vez que deixamos nossa zona de conforto, passamos a incluir uma nova maneira de entender e estar no mundo em nosso arsenal. A desorientação pode ser tão grande quanto a de Alice, Dorothy e Tristan, e a marca que ela deixa é indelével. Nunca mais veremos o mundo da mesma maneira. A habilidade de aceitar novos pontos de vista não apenas é alimentada por meio de boas perguntas, mas também exige que enxerguemos as coisas de modo diferente — mudar nosso campo de visão.

Quando eu tinha 21 anos, em 1983, fiz uma visita a Berlim. Depois da Segunda Guerra Mundial, a Alemanha se dividiu em duas: os Aliados controlavam a metade ocidental do país, chamada de Alemanha Ocidental, e a União Soviética controlava a metade oriental, chamada de Alemanha Oriental. Berlim, a capital da Alemanha, está localizada no que era então a Alemanha Oriental — 160 quilômetros da fronteira com a Alemanha Ocidental. Como o resto do país, Berlim estava dividida em duas metades, uma controlada pelos Aliados, e a outra, pela União Soviética. O lado ocidental de Berlim se tornou uma ilha de uma próspera democracia capitalista cercada pela Alemanha Oriental comunista. Para chegar até ela, os visitantes tinham que viajar de avião ou trem da Alemanha Ocidental.

Na minha mente, os países do Bloco Soviético (todos os estados comunistas sob controle soviético) eram lugares sombrios e cinzentos. Os políticos norte-americanos, as Olimpíadas, os jornais, as notícias na TV à noite, as conversas na hora do jantar com meu pai republicano, os sermões na igreja, os discursos do então presidente Ronald Reagan e as aulas da faculdade criaram uma profunda impressão em mim. Meu amigo Craig e eu compramos bilhetes de viagem noturna para a Berlim Ocidental. As janelas com blackout nos impediam de ver qualquer coisa da Alemanha Oriental ao viajarmos. Chegamos às 6h, vendo um nascer do sol rosado. A Berlim Ocidental nos impressionou com seu centro movimentado e cheio de pessoas logo pela manhã. Craig e eu decidimos visitar o lado comunista de Berlim naquele dia, o que incluiu uma passagem estressante pela alfândega do Ponto de Controle Charlie (o infame portão entre o Oeste e o Leste).

Apresentamos nossos passaportes e fomos levamos a uma Berlim Oriental ensolarada através de um túnel improvisado de tela retangular. Saímos 90 metros depois na Berlim Oriental e, para a minha surpresa, — o sol ainda brilhava. Quem diria?! Passamos por prédios com janelas cintilantes. Atravessamos uma linda ponte sobre o Rio Espreia, onde a luz era tão brilhante que tive que cobrir meus olhos. Tirei a tampa da lente da minha câmera para capturar essa linda visão, mas ela escorregou da minha mão e se perdeu para sempre nas águas calmas e cristalinas abaixo. Meus sentidos estavam maravilhados. Nunca imaginei países comunistas sob a luz do sol, e não sabia isso sobre mim até ficar desnorteada com a claridade de uma manhã de verão na Berlim Oriental. Eu havia entendido.

Como eu havia cultivado uma imagem mental da Berlim Oriental tão diferente da realidade — como se o clima fosse refletir uma interpretação norte-americana das duras condições do comunismo? Minha reação irracional à luz do sol era um indício de algo mais profundo. Na minha mente, não valia muito à pena visitar a Europa Oriental. Eu havia relacionado a cidade (seu povo, sua cultura, seu clima e sua geografia) com o sistema político opressivo, como se eles fossem uma única coisa. Havia criado um construto inconsciente negativo que podia ser ligado à retórica do "império maligno".

Trinta anos depois, minha mãe e eu fizemos um cruzeiro pelo que hoje é a Europa Oriental. Visitamos países que eram comunistas antes — lugares entre os quais poucos podiam transitar na década de 1980. Quando visitamos Bratislava, Eslováquia, aproveitamos a companhia de uma jovem eslovaca chamada Sophia, que recebeu vários de nós para tomar café no seu pequeno apartamento de blocos de concreto no 10º andar do seu prédio. Essas estruturas brutalistas, chamadas Paneláks, são famosas como exemplos de habitações comunistas básicas. Os moradores pintam os complexos de cores fortes para compensar o formato funcional e de caixa dos prédios. Nossa anfitriã havia crescido no seu prédio de apartamentos verde-limão, mas não debaixo do comunismo, e sim de seus pais (que eram da minha idade). Então perguntei-lhe o que me intrigava desde a época da minha visita à Berlim Oriental: "Os seus pais gostavam do comunismo? Eles estão felizes de estarem livres dele hoje?"

Sua resposta me pegou de surpresa. Primeiro, Sophia explicou que amava a liberdade que tinha de viajar, de falar o que tinha em mente, de ter acesso à internet e a programas de televisão norte-americanos. No entanto, ela disse que seus pais achavam difícil viver dessa nova maneira na idade deles — era difícil encontrar trabalhos decentes, e a aposentadoria era insegura. Durante os anos do comunismo, eles tinham trabalho suficiente, feriados, tradições de família e um lar que amavam. Sophia concluiu: "Eles eram felizes."

Eu não esperava ouvir que alguém que morava em um Panelák pudesse ser feliz. Minha mente não conseguia diferenciar a nostalgia da vida familiar das condições políticas opressivas da Checoslováquia. Eu me perguntava: *Os seres humanos precisam defender sua situação apesar dos abusos bem documentados do seu próprio governo? Quão difícil é pensar criticamente sobre sua própria cultura, país ou vida?* Meu desejo era ignorar o que Sophia disse (para minha surpresa). Queria que os pais dela reconhecessem a superioridade do nosso sistema e o fracasso do deles. Queria... O que eu queria...? O que eu esperava que ela dissesse e por quê? Essa era a pergunta irritante que permaneceu na minha cabeça.

## Filmes Mudos

Uma maneira pela qual nosso ponto de vista é formado é por meio do que chamo de "filmes mudos" — as imagens silenciosas (criadas de modo inconsciente) que vêm à nossa mente. Minha mente havia conjurado filmes mudos da vida sob o comunismo que era exibido no plano de fundo dos meus pensamentos. Quando a palavra "comunismo" era dita, era como se alguém tivesse apertado o botão de reproduzir e, de repente, imagens, rótulos e sentimentos espontâneos inundavam meu sistema nervoso. Eu automaticamente rejeitava a ideia de que a "felicidade" ou a "luz do sol" pudessem vir acompanhada da palavra "comunismo".

O que *sabemos* vem desse espaço imaginativo interior. Como essas imagens costumam ser impressões ou relances, fica fácil desvalorizar seu papel na criação dos nossos pensamentos. As imagens que involuntariamente criamos para abrigar nossas crenças causam sensações físicas no nosso corpo e várias emoções. A linguagem usada para descrever o comunismo sob o controle soviético influenciou minha imaginação. Um "império do mal" não existe em um cenário iluminado. A renomada erudita Alice Brand mencionou uma pesquisa que validou o que estava acontecendo comigo:

> O psicólogo Lev Vygotsky [...] afirmou que o pensamento linguístico se desenvolve, ao passo que o discurso social adentra. A sintaxe do discurso se torna consideravelmente abreviada. Os artigos e os adjetivos desaparecem, os pronomes somem e os predicados se tornam verbos — até que reste na nossa mente apenas uma palavra para rotular. Totalmente internalizada, essa palavra leva a maior parte da informação e chega mais perto do puro significado [...] Esse significado é carregado de imagens e conotações. É saturado de afeto.

Em outras palavras, o puro significado resulta em emoções fortes. Os filmes mudos que criamos para nós mesmos não são filmes de três horas com dilemas morais complexos. Eles vêm de uma voz monossilábica que criamos a partir das nossas impressões. Fazemos isso automaticamente. "O construto da memória é essencial para a cognição..., mas perceber um campo visual por inteiro ou recuperar todas as lembranças é humanamente impossível. Nós escolhemos." Em outras palavras: escolhemos a imagem que destaca a impressão que criamos a partir da linguagem. Nossa mente prefere um atalho visual aos pensamentos mais complicados e compostos por várias camadas que poderíamos ter se fôssemos mais pacientes ao pensar.

No entanto, o que poderia acontecer se gastássemos mais tempo tornando-nos cientes dessas impressões involuntárias que controlam nossas reações antes de ouvirmos as notícias, assistirmos uma palestra ou um filme, ou viajarmos para outro país? Essa é a verdadeira educação, e é a grade curricular oculta e criada por nós mesmos que exerce influência toda vez que lemos um livro para os nossos filhos, ensinamos história a eles ou assistimos um filme juntos. Essas impressões não detectadas são o sistema operacional que funciona em segundo plano e controla como nossos filhos entendem a política ou questões sociais, religião e história, o que constitui uma boa vida e como aprender matemática. Ainda assim, quão frequentemente as crianças têm a oportunidade de sacudir suas impressões como lençóis e pendurá-las no varal para observá-las e pensar nelas?

Um pensamento mais profundo exige a habilidade de expandir nosso campo de visão, de perceber nossa reatividade emocional e de avaliar os julgamentos que fizemos com base nisso. Agora, vamos praticar. Vamos começar com você, leitor. Acompanhe-me nessa jornada pelo olho da sua mente para ver como seu corpo relaxa ou tensiona com base na sugestão de experiências e nas imagens que imagina. Temos outras atividades para realizar com seus filhos, mas este exercício é para você. Ele lhe oferece uma maneira de nadar nas águas vulneráveis de como sua mente e sua imaginação geram reações instantâneas.

## ATIVIDADE: FILMES MUDOS

*Sente-se em silêncio e leia as seguintes orientações. Feche os olhos (se puder) para imaginar cada cena antes de passar para a próxima sugestão de cenário.*

### *Trilha*

1. Imagine-se caminhando sob a luz do sol de uma tarde quente em uma trilha de um parque estadual que você conheça. O que você vê? Tire tempo para dar detalhes: o céu, as árvores, a trilha, o lago, o riacho ou o oceano, as aves, os insetos... Agora preste atenção no seu corpo. O que você sentiu? Sentiu-se relaxado ou tenso? Com calor ou com frio? Dê atenção à superfície da sua pele, da sua mandíbula e do seu pescoço. Imagine seus pés pisando na trilha — o que você sente ou ouve? O que mais? Descreva a experiência como um todo: pacífica ou preocupante? Segura ou perigosa? Agradável ou inquietante?

2. Agora imagine que está caminhando na mesma trilha à noite sem uma lanterna. Sinta o seu corpo agora. O que você não consegue ver? O que você sente à noite? Como a escuridão afeta sua confiança em caminhar? Preocupa-se com um possível buraco? De tropeçar na raiz de uma árvore que se elevou acima da trilha? De se deparar com um gambá tarde demais? Com uma cobra no chão ou um morcego sobrevoando? De pisar em um cacto? Ficou maravilhado com o mar de estrelas no céu? Você se sentiu confortável ou preocupado na escuridão? Anote qual foi sua reação.

3. Agora imagine que está caminhando na mesma trilha à noite com uma lanterna. Como esse feixe de luz mudou a reação do seu corpo? Como isso é diferente de caminhar durante o dia?

4. Agora imagine que alguém que tem experiência em caminhadas o acompanha enquanto caminha sem uma lanterna no escuro. Você se sente mais ou menos confortável?

### *Beco na Cidade*

1. Vamos trocar de local. Imagine que está caminhando em um beco no qual você nunca entrou no centro de uma cidade grande. Imagine que está caminhando de dia. O que você vê? Dê detalhes: o nome da região, se souber. Descreva os prédios e o tipo do asfalto. O que está acontecendo com seu corpo agora? Como você se sente em comparação com caminhar durante o dia na trilha? Descreva a experiência como um todo: pacífica ou preocupante? Segura ou perigosa? Agradável ou inquietante?

2. Imagine-se caminhando no mesmo beco à meia-noite, sozinho. O que mudou no seu caso? Houve alguma mudança? O que o preocupou ou foi agradável? O que acontece se acrescentar um poste de luz à cena? Isso muda a forma como se sente? De que maneira?

3. Agora imagine que está andando pelo beco à noite com alguém que mora na área. Como esse companheirismo afeta as sensações do seu corpo? Faça uma pausa e pense em como sua respiração mudou ou nas imagens que sua mente criou.

Seu corpo reagiu de maneiras ligeiramente diferentes a cada local, a cada horário, se havia ou não iluminação ou companheiros? Nesse simples experimento mental, você conseguiu guiar seu corpo para ter reações espontâneas às cenas criadas na sua imaginação, na sua mente. Pare. Agora *vá caminhar nesses locais* de verdade nessas horas do dia e da noite, com e sem uma lanterna/poste de luz e companheiros. Essa instrução o surpreendeu? Imagine quanto mais você aprenderia se realmente *fizesse* essas caminhadas!

Os locais em que caminhou na sua mente são reais para você agora. Sua atitude sobre por que se sentiria seguro ou inseguro em cada cenário é o resultado de fatos que você conhece, medos do que poderia acontecer e de crenças que acumulou por meio de experiências, relatos de notícias e histórias contadas na sua família e na sua comunidade — assim como minhas impressões espontâneas da Europa Oriental. Suas reações corpóreas são verdade até o ponto em que acredita nelas — quer tenham se sido baseadas em fatos verificáveis ou do que você acha que *poderia* ser verdade. Por exemplo, talvez você *saiba* que a trilha é segura, mas a inclusão da noite muda a forma como você se sente sobre ela (porque a noite costuma ser associada com o perigo). Talvez você *queira* se sentir seguro em um beco do centro da cidade, mas seu corpo acha difícil superar a programação dos noticiários que mostram esse local como perigoso. Por outro lado, se mora no centro, você pode achar que a trilha é mais traiçoeira, e o beco, perfeitamente seguro, porque esse é seu lar.

Pense, por um momento, em Dorothy do Kansas chegando em Oz. Lembra-se de como os anõezinhos riram quando Dorothy ficou surpresa com o fato de Glinda ser uma bruxa *boa*? Dorothy se entregou aos seus preconceitos: bruxas são más; elas se vestem de preto; elas são malvadas. Sua programação lhe dizia isso. A imagem na sua mente não batia com a da bela mulher brilhante, de pele rosada, que chegou em uma bolha com uma varinha na mão e realizando atos de bondade.

Nossos esforços mentais e emocionais — como classificamos as informações que recebemos — devem ser identificados para que possamos nos tornar pensadores críticos autoconscientes. Uma maneira de começarmos é fazendo nossas imagens espontâneas emergirem para fazer-lhes perguntas e expô-las como vieses ocultos ou informações incompletas. Quando nos tornamos mais hábeis em realizar esse tipo de autoquestionamento, tornamo-nos melhores em orientar as crianças sob nossos cuidados também. Aprender a nos fazer essas perguntas (a educação problematizadora que abordamos no capítulo anterior) é uma das formas por meio das quais podemos fazer emergir e expor nossos pensamentos atuais incompletos. O emocionante é que as crianças são naturalmente curiosas e estão muito mais dispostas a abrir mão dos seus preconceitos — e quando são bem jovens, elas nem sequer têm preconceitos! Esse é um dos motivos pelos quais sempre ficamos encantados com bebês e criancinhas. Elas trazem uma nova perspectiva do que vemos como velho e rotineiro.

Como bons detetives, as crianças devem posicionar suas lupas bem em cima do item sob avaliação — o que eu chamo de "observação cuidadosa". Observar cuidadosamente significa prestar bastante atenção às nossas percepções (sem ter pressa em julgar). Quando nossos filhos são pequenos (felizes e cheios de energia), os ajudamos a ajustar suas experiências sensoriais primeiro. Damos-lhes brinquedos, ferramentas e sabores que os auxiliam a ajustar como veem, ouvem, tocam, cheiram e sentem o gosto. Damos nomes ao que vivenciam, como "brilhante", "alto", "macio", "fragrante" e "azedo". À medida que as crianças se tornam mais velhas, elas aprendem a interpretar essas percepções com mais habilidade e atribuição de significado pessoal. "Brilhante" talvez queira dizer que as luzes estão machucando seus olhos ou talvez indique que um local que estava escuro está bem iluminado agora. A criança decide.

As crianças aprendem a associar um cheiro "fragrante" a um perfume e um sabor "azedo" com limões. À medida que as crianças se tornam adolescentes, suas percepções sensoriais as levam a fazer mais interpretações pessoais. Elas podem relacionar o perfume fragrante a uma pessoa — e essa fragrância pode ser encarada como uma ameaça se a pessoa que a usa foi cruel. Porém, o azedume de um limão pode ser visto como agradável, lembrando um adolescente das suas visitas à casa da sua avó, que plantava limoeiros no seu jardim. A observação, combinada à experiência pessoal, resulta em interpretação.

## ATIVIDADE: OBSERVAÇÕES CUIDADOSAS

As três atividades de observação cuidadosa a seguir são muito divertidas! Veja-as como processos sem uma resposta certa. Ah, assim é melhor, não é? Não estamos aqui para nos prendermos a visões limitadas do mundo. Estamos aqui para encontrar mais riquezas e beleza. Vamos começar com nossos magníficos cinco sentidos. Vamos "perder tempo" de forma agradável (e produtiva!) observando, familiarizando-nos com uma matéria de estudo. Afinal, a base do pensamento crítico é aprender a notar, nomear, identificar e interpretar.

Use N ao quadrado e I ao quadrado ($N^2I^2$) para se lembrar dessas quatro habilidades da observação cuidadosa.

**Notar:** Estar alerta à impressão ou reação pessoal.

**Nomear:** Que impressão foi criada?

**Identificar:** Explorar a fonte dessa impressão.

**Interpretar:** Atribuir um significado preliminar às suas impressões.

Ao realizar essas atividades, lembre-se de que essas atribuições de significado pessoais se baseiam no que cada criança notou, nomeou, identificou e interpretou. Em outras palavras, se você acha que um perfume tem uma fragrância doce e seu filho achar que ele tem um cheiro terrível e forte, isso é totalmente aceitável.

### *Para os Pequeninos (5 a 9): Caça ao Tesouro Sensorial*

A forma como entendemos nossas percepções sensoriais detalhadas é a base de como interpretamos o mundo ao nosso redor. "O cérebro é o maior dos reducionistas. Ele reduz o mundo às suas partes elementares: fótons de luz, moléculas de cheiro, ondas sonoras, vibrações do toque — que enviam sinais eletroquímicos aos neurônios do indivíduo que armazenam informações sobre as linhas, os movimentos, as cores, os cheiros e outras informações sensoriais." Coletamos essas informações pelos nossos sentidos e as fazemos fazer, bem, sentido (rá!). Essas experiências sensoriais criam os filmes mudos que vivem na nossa mente e guiam nossas reações. As informações sensoriais também são ricas fontes de material para escrita e reflexão pessoais. Vamos começar!

### *Toque*

Mande seu filho encontrar de cinco a dez itens na casa que tenham textura, peso, odores ou fragrâncias e cores diferentes. Coloque esses itens na mesa da cozinha. Faça anotações enquanto seu filho faz observações (usando as perguntas a seguir).

*Notar*

- Que item você gostou de segurar ou tocar?
- Que item você precisou segurar com cuidado?
- Qual pareceu estranho na sua mão?
- Algum dos itens faz a temperatura mudar (faz sua mão ficar mais fria ou mais quente)? Quais fazem isso e quais não fazem?
- Organize os itens por peso (erga dois ao mesmo tempo — se possível —, compare os pesos e os coloque em sequência). Qual sequência você escolheu (do mais leve para o mais pesado ou do mais pesado para o mais leve)? Por quê? Experimente colocá-los em outra sequência. O que acha dela? Alguns dos itens mais pesados são menores em tamanho do que os itens mais leves? Alguns desses itens têm um peso parecido? Os objetos mais pesados e mais leves têm alguma grande diferença? Anote as sequências. Tire uma foto!
- Agora os coloque em ordem de tamanho. Você começou com o menor ou com o maior? Tire uma foto. Você está medindo por altura ou largura ao comparar os tamanhos? Experimente organizá-los de outra maneira. Como isso muda o arranjo? Como esses arranjos são diferentes em

comparação com aqueles baseados no peso? Compare as fotos.

## *Nomear*

- Nomeie as texturas de cada item: áspera, macia, pontuda, peluda...
- Que cheiros você detectou em cada item? Odor ou fragrância? Doce ou pungente?
- Que cores? Conte-as.
- Que cor ele tem na luz? Na sombra? Por cima e por baixo?
- Quantos tons de amarelo ou verde você consegue detectar em um item monocromático?
- Compare as cores com uma caixa de lápis de cor e veja se consegue dar outro nome às cores dos seus itens.
- Quantas outras você conseguiu encontrar depois de uma observação cuidadosa?

## *Identificar*

- Junte os itens em grupos que façam sentido para você (cores, texturas, formatos, cheiros).
- Conte quantos itens há em cada grupo.
- Organize-os na ordem daqueles que você gosta mais de segurar.
- Organize-os na ordem daqueles que você gosta mais de admirar.
- O que esses itens têm em comum? O que os torna diferentes dos outros?
- Identifique aqueles que são mais parecidos e mais diferentes.

### *Interpretar*

- O que o atraiu a esses itens ao percorrer a casa? Teve algum item que você pensou em trazer para a mesa, mas decidiu não fazer isso? Por quê?
- O que faz um item pesado ser pesado? Por que o outro item é leve? Poderia me dizer?
- Pense nas cores de novo. Por que você acha que vemos "uma" cor quando olhamos para um item rapidamente e mais cores quando o observamos de perto?
- Qual é a diferença entre uma fragrância e um odor?
- O que mais gostaria de dizer sobre esses itens e sobre sua experiência ao explorá-los?

Acrescente as perguntas do seu filho a essas e peça que ele *lhe* faça essas perguntas também. Compare suas respostas. O objetivo é reconhecer como fazer perguntas que resultam em maior percepção dos detalhes que podem ser descobertos sobre cada item.

## *Para os Jovens (10 a 12): Saco de Toque*

Betty Edwards, autora de *Desenhando com o lado direito do cérebro*, explica que o motivo de muitos de nós acharmos que não conseguimos desenhar é porque não fomos ensinados a ver. Quando colocamos nossos lápis no papel, *achamos* que sabemos o que estamos vendo e tentamos desenhar *essa* imagem. Por exemplo, visto que olhamos as pessoas nos olhos, e não suas testas, no dia a dia, nossa mente imagina os olhos ocupando mais espaço no rosto do que realmente ocupam. Em geral, quando uma criança desenha um rosto, os olhos são bem grandes e ficam bem na parte de cima da cabeça. Quando nos afastamos para analisar nosso desenho, algo não parece certo, mas temos dificuldade de saber como corrigir o erro.

O que aconteceria se usássemos uma ferramenta objetiva, como uma régua, para descobrir onde erramos? Veríamos que os olhos ficam no meio da cabeça em relação ao topo dela e à parte de baixo do queixo. A testa é muito maior do que esperávamos, e os olhos são proporcionalmente muito menores. Para desenhar corretamente, precisamos "esquecer" nossas suposições e permitir que os dados corretos subvertam o que sabemos. Precisamos enganar nossa mente — nossos olhos — para enxergar as relações e proporções (não as que achamos que enxergamos). No livro de Edwards, ela instrui os alunos a virar a imagem que estão desenhando de ponta-cabeça para frustrar as suposições do artista.

De modo similar, o pensamento crítico depende de uma nova visão da mente. Deixamos de lado o que supomos que sejam informações corretas e nos abrimos a novos pensamentos ou pontos de vista para a possibilidade de que interpretamos mal alguma informação. Adotamos essa atitude aberta por deliberadamente subverter nossas expectativas. Como o que vemos com nossos olhos representa grande parte dos dados que consideramos fatuais, essa primeira atividade remove o poder da visão.

## *Instruções*

Junte alguns itens da sua casa, como estes:

- Frasco de perfume
- Pinha
- Flauta
- Carambola
- Boneco
- Escova de garrafa
- Concha
- Pena
- Cano
- Travesseiro de veludo

- Pedra de rio

...e assim por diante. Sinta-se à vontade para incluir itens que tenham vários tamanhos.

- Então, coloque cada item dentro de um saco de papel (o saco deve ser opaco — não transparente).
- Coloque os sacos em "estações" na mesa da sua cozinha ou em uma mesa de café.
- Coloque uma venda no seu filho (pode ser uma máscara de dormir ou amarre uma bandana na cabeça cobrindo os olhos).
- Seu filho trabalhará com um saco de cada vez, mas sinta-se à vontade para fazer o mesmo com todos os sacos. (Essa atividade é divertida.)
- Faça as seguintes perguntas e anote as respostas do seu filho em uma prancheta ao investigar o item. Diga-lhe com antecedência que, mesmo que *saiba* qual é o item, ele deve evitar chamá-lo pelo nome até que tenham terminado de "notá-lo".

### *Perguntas*

Leia estas perguntas em voz alta para o seu filho de modo descontraído. É perfeitamente normal que a conversa comece a fluir.

*Notar*

- Abra o saco e toque o item. Qual é a primeira observação sensorial que consegue fazer?
- Manuseio-o. Poderia dar sua impressão de como ele o faz se sentir agora? Segurá-lo faz com que você sinta prazer, incômodo, desconforto, conforto, irritação, calor, frio?
- Quanto ele pesa? Qual é o tamanho dele? Quantas partes ele tem? Que tipo de bordas ele tem (suaves, duras, angulares, curvas)?

- Tire o item do saco e cheire-o. O cheiro é prazeroso? Ou incômodo? Ou talvez neutro?
- Ele pode ser chacoalhado para produzir som? Que som? Ele é agradável?
- Informe seu filho se o item pode ser provado. Se sim: qual é o sabor dele?

## Nomear

- Qual é sua textura? Como a descreveria?
- Qual é seu formato?
- Quantos lados ou dimensões ele tem?
- Com que forma geométrica ele mais se parece?
- Dê nome ao cheiro e sabor (se puder ser comido). Consegue fazer alguma comparação com outros cheiros e sabores?

## Identificar

- Consegue identificar o que define sua textura, seu peso e formato?
- Consegue dar nome as suas partes? Quais são elas?
- Consegue imaginar para que esse item é usado (é comestível, uma ferramenta, decorativo, faz parte da natureza...)?
- Consegue adivinhar que item é esse?

## Interpretar

- Tire a venda. Examine o item com seus olhos.
- Analisando suas respostas anteriores, o que você deixou passar quando não podia usar a visão como ferramenta

de observação? Que novos aspectos do item você pode observar agora (por exemplo, a cor)?

- Suas observações batem com o propósito desse item (por exemplo, se você disse que o cheiro era ruim, mas, no fim das contas, o item era um perfume, seu objetivo não foi atingido)?
- Consegue falar mais sobre o objetivo desse item: como seu peso, formato, textura, fragrância, cor ou sabor ajudam o item a atingir seu objetivo? O que o atrapalha?
- Você ficou surpreso com alguma das suas observações? Quais e por quê?

Lembre-se: não há respostas certas. Todas as observações são igualmente significativas, mesmo que não sejam igualmente elaboradas ou articuladas. A investigação detalhada sem um conjunto de respostas certas preconcebidas é a base do exame crítico de qualidade e agradável.

### *Para os Adolescentes (13 a 18): Observação Cuidadosa de Imagens*

Para os adolescentes da sua família, vamos ver algumas imagens associadas a questões sociais. Essas observações se concentrarão em tópicos abstratos, em vez de em objetos concretos. Lembre-se: imagens mentais influenciam a interpretação. Lembre-se da minha viagem para a Europa Oriental. Eu nem sequer estava ciente do filme mudo que estava passando em segundo plano. Foi só quando tive a oportunidade de comparar minha realidade com esse filme mudo que vi o que havia criado na minha própria mente. Esse exercício convida os adolescentes a responder as perguntas sobre as imagens na mente deles relacionadas a uma das questões sociais listadas aqui (ou o adolescente pode escolher uma de sua preferência).

Dica: pode ser útil repetir esse processo algumas vezes durante algumas semanas. Na primeira vez, escolha um assunto que cause uma reação forte. Na segunda vez, escolha um assunto que não mexa com uma crença ou opinião forte. Compare e contraste as experiências.

- Atletas universitários: eles deveriam ser pagos?
- Edição de fotos e filtros: seria ético alterar o rostos e o corpo de modelos em publicidades?
- Regulamentos de ensino domiciliar: os pais deveriam receber permissão para ensinar seus filhos sem a supervisão do governo?
- Jogos eletrônicos violentos: eles exercem um papel no comportamento agressivo daqueles que os jogam?
- Brinquedos específicos para cada gênero: os brinquedos deveriam ser vendidos para atender a gêneros específicos?
- Direitos dos animais: seria ético usar animais em testes médicos ou cosméticos?
- Redes sociais: as redes sociais suprimem a liberdade de expressão?
- Celulares: as leis que proíbem o uso de celulares ao dirigir são apropriadas?
- Música e filmes: seria ético baixar músicas e filmes de graça?
- Cruzar a fronteira entre os EUA e o México de forma ilegal: seria essa uma estratégia de imigração eficaz?

Escreva na parte superior de uma folha de papel o assunto selecionado. Faça as perguntas e digite ou escreva as respostas orais dadas pelo seu filho adolescente. (Alguns alunos gostam de trabalhar sozinhos, e tudo bem.) Diga ao seu aluno que ele pode demorar o tempo que for necessário. Recomende que seu filho feche os olhos e mova a lente da câmera da sua imaginação para enxergar os cantos, além do óbvio, para considerar todas as informações que sua visão lhe dá. Nem todas as perguntas a seguir são relevantes para os assuntos sugeridos. Pule aquelas que não forem.

### *Perguntas*

- Quando pensa no assunto, que cenas vêm à sua mente? Descreva-as com o máximo de detalhes possível. Então, passe para as perguntas a seguir, para acrescentar mais detalhes.
- Você vê pessoas? Qual é a cor da pele delas? Consegue identificar gêneros? Pense em um grande conjunto de pessoas, e não apenas naquelas que você já está acostumado a ver. Elas são pobres, de classe média ou ricas? Que tipo de roupas estão usando? São adultas ou crianças? São de algum grupo religioso — qual? De que alimentos elas gostam? Se fosse lhes oferecer uma bebida quente, qual seria?
- Onde elas moram? Em uma casa? Em um apartamento? Em um condomínio? Em um yurt? Em uma tenda? Na área rural, urbana ou suburbana? O que essas pessoas estão fazendo? Elas estão sentadas, de pé, cozinhando, limpando, assistindo televisão, praticando um hobby, trabalhando em casa, fazendo uma refeição, estudando, orando? Qual é a proporção de crianças para adultos? Quem está no comando? Quem gosta de estar lá? Quem não gosta? Como você sabe?
- O que elas estão fazendo? Qual é sua atividade primária? Onde ela é realizada? Em um laboratório? Em uma cabine de fotos? Com um controle de jogos? Em uma diretoria? Em casa?
- Consegue perceber qual é o estado emocional dessas pessoas? Considere alguma dessas possibilidades: contentamento, preocupação, medo, raiva, ferocidade, indiferença, excitação, objetividade, curiosidade, convencimento...
- Onde se passam essas cenas? Na sua cidade? Em outro estado ou país? Na sua sala de estar? Em ambiente interno ou externo?

- Como está o clima? Qual é a estação do ano? Que cores estão presentes ou ausentes? Está quente ou frio? Acontece em mais de uma estação?
- O que você vê na sala, no jardim, *campus* ou laboratório? Novas cenas estão se juntando à original ao pensar mais sobre o assunto? Quais? O que acha delas?
- Se o assunto estivesse em um outdoor, o que estaria nele?
- Se seu assunto fosse uma foto sem palavras, o que você colocaria nela?
- Se seu assunto fosse um meme nas redes sociais, que imagem e mensagem ele usaria?
- Se seu assunto depende de um equipamento, de que tipo ele é? Qual é o equipamento ideal para esse assunto? Ele é seguro ou perigoso?
- Se seu assunto fosse um anúncio, ele seria a favor ou contra? Que imagens ou história refletiria esse ponto de vista? Alguma marca promove seu ponto de vista hoje em dia com seus próprios anúncios? Imagine-o na sua mente agora. Qual seria?

Compartilhe o seguinte com seu aluno:

*As imagens que trouxe à sua mente influenciam como você lê artigos e livros sobre o assunto. Elas afetam como escuta as notícias e o que sente quando se encontra com pessoas que formam esses grupos. Seus filmes mudos moldam o vocabulário que você usa para conversar sobre o assunto. Você nomeou, notou e identificou essas impressões. Agora é hora de interpretar.*

- O que descobriu que o surpreendeu sobre as imagens que viu com o seu olho mental?
- Alguma das perguntas afetou a forma como você enxergou o assunto? Por exemplo, se pensou sobre a educação domiciliar, talvez você só a tenha imaginado em uma casa, mas a pergunta sobre apartamentos o fez pensar que, sim, algumas famílias podem realizar a

educação domiciliar em apartamentos. Talvez você tenha lido a pergunta sobre de onde as pessoas do seu assunto moravam só para perceber pela primeira vez que há pessoas morando em tendas na fronteira.

- Como a visão geral que você criou influencia a forma como pensa sobre o assunto? Por exemplo, minha noção equivocada de que o sol não brilhava em países comunistas me fez pensar que as pessoas que moravam nesses lugares eram infelizes.
- Ao pensar sobre o assunto agora, após essa análise, dê um nome a sua impressão/disposição geral em relação ao assunto — positiva ou negativa? Algo mudou desde o início do exercício? Que novas informações você não havia considerado?

Ao revisar as atividades com seu filho, você pode compartilhar este resumo que vem com as atividades.

*O objetivo da observação cuidadosa é colocar você, o observador, em contato com a história que conta a si mesmo sobre qualquer item ou assunto. O narrador, nesse caso, é você! Talvez não conseguisse enxergar seu próprio ponto de vista, visto que essa é a maneira que sua mente direciona a atenção ou cria as impressões que você carrega o tempo todo. Por diminuir a velocidade e olhar cada aspecto de um item ou assunto, você descobriu como essas suposições moldam como se sente sobre o assunto ou item. Os próximos passos na sua jornada do pensamento crítico aprofundarão seu entendimento de como você cria impressões.*

Depois de realizar essas atividades com seu filho (e sinta-se à vontade para fazer isso mais de uma vez!), passe para o próximo capítulo. Qual é o objetivo de toda essa observação? Aonde ela nos leva?

# CAPÍTULO 5

# Importar-se É o Início do Pensamento Crítico

Em resumo, o pensador crítico ideal está disposto a se importar.

—Robert Ennis

Antes de nos adiantarmos demais, seria bom pensarmos sobre o objetivo de toda essa "educação"! "Passar matéria" e "concluir" — seriam essas medidas adequadas para a aprendizagem? Ou haveria uma medida mais pessoal que poderíamos usar? A criação de pensadores críticos deve ser realizada com um objetivo. Senão, por que se importar? Ao pensar sobre o objetivo da educação, me deparei com um comentário que Toni Morrison, ganhadora do Prêmio Nobel, fez no documentário sobre sua vida, *Toni Morrison: As Muitas que Sou*, que foi bem preciso. Durante o movimento dos direitos civis dos EUA da década de 1960, quando muitos dos amigos de Morrison estavam indo às ruas para se manifestar, Morrison estava criando dois filhos como mãe solo. Ela trabalhou como editora sênior da Random House, uma editora da cidade de Nova York.

Seu senso de responsabilidade a impedia de viajar e arriscar ser presa. Mesmo assim, ela queria mostrar que apoiava os manifestantes.

Assim, ela se fez uma pergunta esclarecedora: "O que eu posso fazer onde estou?"

O *que* eu posso fazer onde estou?

O que *eu* posso fazer onde estou?

O que eu *posso* fazer onde estou?

O que eu posso *fazer* onde estou?

O que eu posso fazer *onde* estou?

Cada uma dessas palavras estava carregada de potencial. Morrison percebeu que podia usar seus talentos e sua posição como editora para fazer a diferença. Ela solicitou a emissão de contratos para as biografias de ativistas dos direitos civis Angela Davis e Muhammad Ali, fazendo avanço na mudança social que importava para ela — usar sua educação e sua posição singular. "O que eu posso fazer onde estou?" de fato.

## Importar-se Faz Diferença

No contexto da educação formal, costumam me fazer essa pergunta da seguinte forma: como posso, a pessoa que sou, no lugar que estou, usar as ferramentas, pesquisas e ideias do meu campo para melhorar a humanidade — aqui, agora? No contexto das crianças, ela costuma ser colocada assim: "Como essa matéria se relaciona com quem meu filho é e pode ser por si mesmo e para outros?" Esta é uma pergunta poderosa para a educação, não acha? Permita-me ser mais dramática. Na minha opinião, aprendemos que podemos participar na transformação do mundo, mesmo que essa contribuição signifique usar nossa graduação em química para melhorar a qualidade de um shampoo. Todas as nossas ações contribuem para uma vida melhor (ou, pelo menos, deveriam, não é?). Não foi isso o que Morrison quis dizer com a pergunta provocativa que fez a si mesma?

Pessoas de todas as idades recebem a seguinte missão: desenvolver o melhor e mais atualizado conhecimento de um campo de estudo e, então, desenvolver as manifestações mais libertadoras, eficazes e humanizadoras em prol de outros (o grande projeto de relações). O principal objetivo do aprendizado não é ganhar dinheiro ou poder, mas ganhar sabedoria e colocar esse conhecimento em prática para melhorar a vida de todos. Fico maravilhada em poder viver nesta era. Posso voar até o outro lado do mundo dentro de 24 horas. Posso conversar por videoconferência por um número ilimitado de minutos com meu filho em Bangkok pelo preço do serviço da internet. Posso tocar em "buscar" em um iPad e encontrar as estatísticas que quero saber em segundos. As tarefas da minha casa são realizadas por máquinas. Sim, essas maravilhas tecnológicas são o resultado de bilhões de seres humanos educados ao redor do globo juntando seus talentos para melhorar a vida de todo mundo, em todo lugar.

A tarefa acadêmica tem a ver com o serviço — cada um de nós contribuindo para as grandes conversas de séculos de duração dos nossos campos de estudo, usando nossas vozes para expandir a sinfonia de ideias, para o crescimento de todos os povos (meu povo, seu povo), em toda parte. "O que eu posso fazer onde estou?" *é* o objetivo esclarecedor de uma educação robusta e significativa. Frequentemente, a educação se parece mais com isto: "Preciso passar na prova de matemática para fazer outra prova de matemática."

Como exemplo, a matemática é importante porque ela permite que as pessoas se importem com mais precisão. E se seu filho encarasse a matemática como valiosa — como a melhor ferramenta para medir o que importa? Por exemplo: xícaras de farinha para uma receita de bolo, o índice de compostos no solo para uma horta, a temperatura de uma febre causada por catapora, os ângulos para formar a ponta de uma colcha, a porcentagem de vida que resta em um jogo eletrônico? E se enxergássemos a matemática como uma ferramenta de pensamento crítico? A matemática nos ajuda a entender todos os dados que são postados na internet, inseridos em livros e informados durante conferências de imprensa. E se a fluência em números nos desse um sentido maior de escala ao estudarmos história, tornando certas datas e o passar dos séculos em algo significativo?

Um dos meus filhos ficou fascinado com matemática por causa das distâncias massivas (leia-se: números muito grandes) entre os planetas e as estrelas. Quando meus filhos estavam no ensino fundamental, convidamos várias famílias vizinhas para nos ajudar a recriar o sistema solar. Mantivemos uma distância baseada em um modelo em escala reduzido por um fator de 1 bilhão (!). As crianças se posicionaram em distâncias mensuráveis do sol no fim da rua, acrescentando os planetas em distâncias corretas, até chegarmos nos planetas externos (incluindo Plutão, que recentemente perdeu seu status como planeta). Descobrimos que nosso representante de Plutão teria de ficar a 5km de distância do resto de nós. Nossos filhos ficaram chocados ao entender a vastidão do nosso sistema solar.

A matemática não precisa ser uma matéria abstrata em planilhas. Ela é um mecanismo de pensamento crítico que torna possível nos importarmos com precisão. Se um aluno aprecia o *valor* da matemática, ele provavelmente reagirá com uma proporção precisa de indignação ou valorização ao que quer que seja que os números estejam dizendo. Se ninguém se importa, a educação é apenas outra "compra". As habilidades matemáticas se tornam uma chave para um clube melhor de graduados. Podemos nos fazer a mesma pergunta sobre leitura, história ou aprender outro idioma: *Por que isso importa?* Assim, dominar informações não é tão importante quanto perguntar-nos por que determinada matéria faz com que nos importemos: importar-nos mais com a matéria em si, uns com os outros e por que essa matéria é importante para todos nós.

Importar-se é o início do pensamento crítico.

## Importar-se para Pensar Bem

Pensar bem significa importar-nos o suficiente para aperfeiçoar nosso pensamento. Surpreendentemente, nossos filhos usam uma das ferramentas mais poderosas para aprimorar a forma como pensam: jogos.

De todos os tipos — de tabuleiro, eletrônicos, com dados, de cartas. O autor Bernard Suits fez a minha definição favorita de jogos: "Jogar é uma tentativa voluntária de superar obstáculos desnecessários." Gostaria de destacar dois termos desta definição: "voluntária" e "superar". Os jogos são únicos na vida dos nossos filhos porque eles escolhem fazer isso e se sentem motivados a superar os desafios desnecessários que os jogos impõem. Essas são ótimas condições para *importar-se para pensar bem.* Nossos filhos se importam em jogar corretamente, jogando para vencer e aprimorando suas habilidades. Os jogos resultam em grandes habilidades de reflexão: flexibilidade mental, persistência, questionamento, busca por exatidão, imaginar e inovar e pensar com clareza e precisão. Além disso, os jogos são divertidos. Às vezes nos esquecemos do quão importante é o prazer para a habilidade de pensar bem. Uma mente tranquila (em busca do prazer e do risco significativo) fica relaxada e alerta.

Os jogos também fornecem as condições de alto desafio e baixo risco perfeitas para o aprendizado. Os neurocientistas Renate e Geoffrey Caine identificaram um dos fatores-chave do estado de relaxamento alerta: o que eles chamam de "atratores temáticos". Esses são pontos focais "em torno dos quais organizamos nossos pensamentos e ideias". Atividades que são atratores temáticos (como praticar esportes, ler histórias em quadrinhos ou participar de uma competição da 4-H1) dão às crianças a experiência de poder pessoal e direção. "Elas fornecem um ponto focal personalizado e uma estrutura em torno dos quais padrões podem ser formados. Dessa forma, esses atratores 'semeiam' o significado sentido, assim como as ostras formam uma pérola ao redor de um grão de areia." O significado pessoal que um jogador atribui por si mesmo por meio do jogo alimenta sua vontade de resolver os problemas e encarar desafios maiores. Ele aprende a "pensar de forma criativa, tolerar a ambiguidade e retardar a gratificação, coisas essenciais para a genuína expansão do conhecimento".

1 Organização focada em ajudar jovens a atingir seu mais pleno potencial por meio de experiências pelas quais eles podem aprender na prática. [N. do T.]

Meu filho mais velho, Noah, agora um adulto, é apaixonado por jogos. Ele tem centenas de jogos, é o designer-chefe de um jogo online de código aberto, e seu porão está cheio de jogos de tabuleiro, de cartas e de RPG. Sempre que joga um jogo novo, ele perde de propósito, experimentando todas as possíveis iterações do jogo para descobrir seus limites e suas oportunidades. Depois de ver todas as maneiras em que um jogador pode perder o jogo, ele se torna um oponente formidável. Com seus mais de 30 anos, ele já jogou centenas de jogos de todos os tipos: online, de console, de mesa, de cartas, de RPG e de dados.

Quando Noah abre um jogo de tabuleiro, ele *explora* todos os seus componentes, analisando as peças, colocando as cartas dentro de plásticos protetores, lendo as instruções, passando os dedos nas fichas e abrindo o tabuleiro. Essa exploração é uma etapa importante. Ela permite que sua mente se prepare para a experiência que vem em seguida.

Então, ele *faz experimentos*, imaginando um oponente, testando como o jogo deveria funcionar e visualizando possíveis resultados, consultando as instruções vez após vez.

Por fim, ele *explica* o jogo da melhor forma possível a novos jogadores. A fase da explicação consolida tudo o que ele entendeu sobre o jogo até então.

Independentemente do quão bem nós, os novos jogadores, entendemos suas instruções, começamos a jogar — ele, o novo especialista, e o restante de nós, os ansiosos aprendizes. À medida que o jogo avança, as perguntas surgem velozes e furiosas:

- E se eu jogasse esta carta agora?
- E se ela quiser me impedir? Como faria isso?
- Posso pedir *X*?
- E se eu ficar sem fichas?
- Quanto vale esse movimento?
- O que seria necessário para fazer esse movimento?

Todos nós exploramos o jogo, experimentamos vários movimentos e explicamos uns aos outros como ele deveria funcionar ou qual achamos que deveria ser o resultado. As perguntas estão relacionadas com ações específicas realizadas no contexto do jogo. Descobrimos estratégias que funcionam e as que não dão nem um pouco certo (em geral, para a felicidade dos jogadores que escaparam por um triz!). Todos os jogadores têm o mesmo objetivo: vencer o jogo. No caso de alguns jogos, apenas um jogador vence. Em outros, um time vence. Hoje em dia, alguns jogos colocam todos os jogadores contra o jogo em si; o objetivo do jogo é que *todos* vençam! Como as crianças querem vencer, o crescimento das suas habilidades de pensar de forma crítica parece acontecer sem esforço.

É raro que um pai se preocupe com jogos de tabuleiro. Esses jogos me trazem lembranças felizes da minha infância. Eles ficam expostos na mesa, onde os adultos podem supervisionar e ouvir seus filhos. No caso dos videogames, porém, o resultado é muita ansiedade. Embora os videogames ofereçam benefícios similares aos dos jogos de tabuleiro, o fato de que todo esse aprendizado acontece entre uma mente e uma máquina sem supervisão preocupa os adultos. Para ser justa, a pesquisa sobre isso é confusa e, muitas vezes, alarmista. No entanto, estudos longitudinais recentes vêm se mostrando promissores nesse sentido. Uma coleta minuciosa dos dados atuais chegou a esta conclusão provisória:

> A discussão sobre videogames se concentrou nos medos de grande parte dos jogadores se tornarem viciados. Dada sua grande popularidade, muitos formuladores de políticas se preocupam com os efeitos negativos da jogatina no bem-estar. Nossos resultados questionam essa posição. A relação entre a jogatina e o bem-estar foi positiva em duas grandes amostras. Portanto, nossos estudos são contra a necessidade imediata de regularizar os videogames como uma medida preventiva de limitar o vício neles. Na verdade, nossos resultados sugerem que jogar pode ser uma atividade que se relaciona de forma positiva com a saúde mental das pessoas — e regularizar os jogos eletrônicos poderia ser uma maneira de impedir que os jogadores obtenham esses benefícios.

Ironicamente, estudos adicionais mostram que as crianças que não jogam correm mais risco de exibir emoções irregulares e baixos níveis de bem-estar. "Descobriu-se que deixar de jogar aumenta a possibilidade de meninos, em especial, apresentarem problemas", ao passo que "jogar resultou em benefícios criativos, sociais e emocionais" em jogadores. Hoje em dia, existem estudos que relacionam resultados igualmente positivos até quando os jogadores jogam jogos violentos, como *Grand Theft Auto*, *Resident Evil*, *Mortal Kombat* e *Prince of Persia*. Embora se deva considerar a questão da luz azul para os olhos, a dor no pescoço durante longas sessões olhando para a tela e preocupações sobre o Velho Oeste da vida online em si (desde os anúncios do YouTube aos aplicativos das redes sociais), a jogatina em si vem mostrando ser de valor para o bem-estar mental, para a regulagem emocional e para o senso de autonomia da criança.

Crianças que jogam de sete a dez horas por semana se sentem menos solitárias e vivenciam profunda absorção, satisfação e concentração saudável. Essa pesquisa confirma o que o casal Caine vem nos dizendo há décadas: "O estresse positivo ajuda os jogadores a 'fluírem' e terem a experiência de entrarem na 'zona de concentração', ao passo que são incentivados pelas tarefas e desafios do jogo, onde existe a probabilidade de sucesso." Os benefícios dos jogos vão além do entretenimento e da saúde emocional. O jogo é importante para as crianças. Quando se importam, elas se aplicam e sentem uma onda de competência e autoestima. Quando se importam, elas persistem apesar dos reveses por meio de soluções inovadoras, por pensar com precisão e superar obstáculos.

Há alguns anos, minha família viajou para a Itália. Meu marido, Jon, e eu abrimos um grande e desajeitado mapa para encontrar nosso caminho em um museu obscuro. Orientar-nos foi um primeiro passo bem trabalhoso. Depois de um ou dois minutos frustrantes, nossos três filhos se aproximaram, olharam por cima do ombro de Jon e disseram: "Vamos por aqui." Como um trio, eles apontaram na mesma direção e seguiram em frente com confiança. Jon e eu ficamos perplexos — e não acreditamos realmente que eles conseguiam ler um mapa tão rápido.

Para nossa surpresa, os meninos nos guiaram por todo o caminho sem errar. Quando lhes perguntei mais tarde como eles descobriram tão rápido qual caminho seguir, Jacob disse em nome de todos: "Mãe, jogamos jogos online com mapas todos os dias. Mapas são fáceis de ler." Na verdade, os jogos não são adjacentes à vida. São uma senha para ela. Quando as crianças se importam, elas têm mais chances de pensar bem. Naturalmente, no espírito de todo este livro, certifique-se de fazer sua própria pesquisa sobre jogos eletrônicos. Sua quilometragem pode variar, e a pesquisa continua a receber atualizações. O restante deste capítulo o ajudará a analisar a veracidade dessa pesquisa também.

Uma das críticas a respeito dos jogos eletrônicos é que as crianças jogam demais. Assim como os ajudamos a regular seus hábitos alimentares ou rotinas de banho, podemos orientar nossos filhos a usar seus aparelhos digitais em momentos que consideramos apropriados. Uma especialista de mídias digitais e educadora que entrevistei fez a seguinte observação, a qual achei incrivelmente útil. Ash Brandin explica que um dos motivos pelos quais seus filhos gostam tanto de jogar é que o mundo do jogo vem com um conjunto fixo de regras que nunca mudam. Eles se baseiam nesses protocolos claramente delineados toda vez que jogam. Achariam terrível se tivessem que usar o botão B para pular em um dia e, no dia seguinte, descobrissem que o botão B não faz mais o personagem pular. As regras dão a estrutura para a diversão e para o aumento de habilidade. Ao regular a jogatina com seus filhos, estabeleça expectativas da mesma maneira. Ash me disse: "As crianças não conseguem regular praticamente nada sozinhas quando são jovens — é nosso trabalho como adultos ajudá-las a regular e descobrir como ter uma relação saudável como todos os tipos de estímulos." Podemos falar sobre esses limites como a estrutura para termos uma vida melhor juntos em casa ou na escola, assim como existem regras que as ajudam a serem bem-sucedidos em *SimCity* ou *Animal Crossing*. A chave é não enxergar esses limites como uma punição ou impor-lhes com base no medo. Aproveite o fato de que eles gostam de jogar, observe como isso inspira uma excelente atividade cerebral e, então, inclua de forma ativa outras atividades na vida do seu filho que sejam "atratores temáticos" similares. Pensar bem será um dos seus agradáveis benefícios.

Independentemente de como você encara essa questão, os jogos em si (de todos os tipos) são poderosas ferramentas para trabalhar o pensamento crítico por vários motivos:

1. Durante o jogo, suas regras agem como uma estrutura confiável. Os jogadores sabem o que esperar e como se comportar dentro dos confins desse sistema. Eles aprendem a respeitar limites.
2. Cada ação tomada altera o curso do jogo. Nenhum jogador é igual a outro. As oportunidades de inovar e criar são apresentadas regularmente.
3. As estratégias variam dependendo da força ou fragilidade da posição de um jogador em determinado ponto do jogo. Todos querem estar na posição forte eventualmente, de modo que continuam jogando.
4. A maioria dos jogos usa matemática básica — contas, combinações, multiplicação, divisão, percepção espacial, ofertas, administração de recursos, lógica, estratégias e até leitura de mapas.
5. Os jogos incentivam a autonomia: assumir responsabilidade pelas suas ações e sentir as consequências de imediato quando elas dão certo ou errado. Na verdade, as pesquisas mostram que os alunos *gostam* da experiência de exercer o controle (autonomia) ao enfrentarem desafios de jogos.

## Importando-se com a Precisão

O mundo de hoje oferece às crianças uma infinidade de opções de estudo, jogos, informações e entretenimento. Porém, os enganos aumentam na mesma medida que esses encantos — estatísticas falsas, propaganda, viés, ganância, teorias da conspiração, racismo, misoginia e aqueles que fazem uso da tecnologia para ganhos egoístas ou perversão. Nossos filhos são convidados a subir nessa esteira das informações em alta velocidade para julgar instantaneamente os fatos, as opiniões, a ética, a segurança pessoal e a validade das pesquisas — às vezes em segundos!

Nossos filhos adolescentes querem saber: "Essa plataforma de redes sociais é uma fonte confiável de dados? Como posso descobrir isso?" Ou pior, eles talvez nem saibam ainda que deveriam querer descobrir isso.

Uma mãe me escreveu dizendo que sua filha, Yazmin, queria aprender a fumar cigarros eletrônicos. Yazmin explicou que ela sabia que os cigarros eletrônicos eram seguros por causa de um vídeo que assistiu nas redes sociais. Sua mãe, preocupada, estava se perguntando como equipar sua filha para verificar a veracidade do que seu telefone lhe dizia. Boa pergunta. Onde obter informações confiáveis? Como julgar a credibilidade de uma fonte? Ainda assim, por trás dessa pergunta (Como saber em que fontes confiar?) existe uma disposição ainda mais importante: importar-se em saber. Se nossos filhos forem consumidores passivos de informações e dados, confiando neles porque uma celebridade de uma plataforma de mídia fez uma afirmação ousada, é possível que eles concluam: deve ser verdade! Por outro lado, eles podem escolher desconfiar das informações que lhes damos porque não querem que estejamos certos.

A grande quantidade de desinformação de hoje em dia se deve à ausência de *importar-se com a precisão.* O antídoto? Aprender a verificar a veracidade das informações — tanto dos dados como das fontes. Joel Best, um sociólogo renomado pelo seu trabalho no campo da análise estatística, vai ao âmago desse desafio. Ele explica que, no caso de muitos de nós, existe uma aura ao redor dos números. Quando os lemos, ficamos hipnotizados: *Essa estatística deve estar certa. Um número importante está ligado a essa ideia.* Com frequência, devido à nossa experiência escolar, impressionamo-nos facilmente quando números são acrescentados a uma história, porque quantidades e medidas refletem autoridade. Se algum famoso é mencionado ou se suas palavras são citadas, esse deve ser um fato importante. De modo similar, os teóricos da conspiração usam números para aumentar sua credibilidade. Eles citam dados que acreditam terem sido suprimidos ou ignorados pelas fontes principais. Como podemos diferenciá-los? Quando ensinamos nossos filhos a se importarem o suficiente para avaliarem a veracidade das informações, precisamos lhes dar as ferramentas de pensamento crítico das quais necessitam para fazer isso! Vejamos dois passos importantes que os alunos podem dar para verificar a confiabilidade de qualquer dado com o qual se depararem.

## IDENTIFICANDO MEDIDAS E BENCHMARKS

Nem toda estatística é verdadeira. Segundo Best, na era da internet, "é mais fácil matar um vampiro do que uma estatística ruim". Quando essas estatísticas são chocantes, inseridas em sites impressionantes ou exibidas em um gráfico de quatro cores, temos a tendência de acreditar nelas. Para avaliar estatísticas, Best explica que precisamos satisfazer dois requisitos. Primeiro, precisamos entender como o dado é medido. Segundo, precisamos conhecer seus benchmarks, que são as medidas fundamentais no campo.

Por exemplo, nos esportes, a velocidade da bola costuma ser medida para comparar as habilidades atléticas de um jogador com as de outro. Uma tenista profissional pode sacar bolas de tênis a cerca de 108mi/h facilmente. O saque mais rápido já registrado foi feito por um jogador — John Isner —, registrado a 157,2mi/h. Sem saber desses benchmarks, eu acidentalmente disse que a melhor tenista de 2001, Naomi Osaka, havia feito um saque que chegou a 193mi/h. Um fã de tênis questionou minha afirmação — "Não é possível que isso esteja certo!" No fim das contas, a estatística que li havia sido registrada em quilômetros por hora (medida durante o Aberto de Austrália). Eu simplesmente não havia lido o km/h depois dos números. Sem estabelecer a métrica de medida ou conhecer o benchmark das velocidades típicas dos saques, nem sequer questionei o que achei que li. Estava ocupada demais passando a desinformação para a frente. É isso o que acontece. Armado com os benchmarks corretos, um leitor sagaz consegue identificar afirmações exageradas ou mentiras descaradas.

Ensine seu filho a se fazer essas duas perguntas:

- Como o dado foi medido?
- Quais são seus benchmarks?

## Importando-se com a Credibilidade

Naturalmente, embora as estatísticas deem um ar de credibilidade a um argumento, seria inteligente descobrir quem está fornecendo a informação antes de confiar nela. Como avaliamos as afirmações feitas na mídia, em uma apostila ou na internet? Como podemos saber se uma fonte é confiável ou não? Os pensadores que se importam avaliam a veracidade das suas fontes. Eles fazem isso em especial antes de passar para a frente as informações que leram (diferentemente de mim, que passei para a frente informações erradas sobre os incríveis saques de Osaka). Além disso, não é só porque uma fonte diz ser confiável que ela realmente é. Por outro lado, não é só porque uma fonte é enviesada que ela é incapaz de transmitir fatos.

Os pesquisadores de Stanford recomendam uma prática para avaliar a confiabilidade de sites. Eles a chamam de "leitura lateral". Em vez de permitirmos que sejamos puxados pela toca de coelho de uma única página dando toda nossa atenção ao argumento do escritor, devemos começar coletando informações sobre o escritor ou sobre a organização primeiro. Ler lateralmente significa abrir várias abas no navegador para verificar a fonte antes de permitirmos que esse site lance seu feitiço da credibilidade em nós. Os pesquisadores mais eficazes em separar os fatos da desinformação são, como seu nome diz, verificadores de fatos. Eles usam uma prática que chamam de "localização". Ela me lembra o ato de analisar os benchmarks nas estatísticas.

Os pesquisadores de Stanford explicaram essa prática no seu artigo "Leitura lateral: lendo menos e aprendendo mais ao avaliar informações digitais":

> Aqueles que têm experiência com caminhadas sabem quão fácil é se perder ao explorar uma floresta desconhecida. Apenas os imprudentes confiam nos seus instintos e saem perambulando por aí. Em vez disso, eles giram a borda da sua bússola para se localizarem — o ângulo, medido em graus, entre o norte e seu destino. Obviamente, nos

localizarmos na internet não é tão preciso quanto medir um ângulo em graus. No entanto, tudo começa com uma premissa similar: ao navegarmos em terreno desconhecido, precisamos obter um senso de direção primeiro.

## *LOCALIZANDO-SE*

Assim como queremos comparar as estatísticas com dados confiáveis e comuns em uma área, localizar-nos significa ter uma ideia clara de quem está fornecendo a interpretação para as pesquisas que consumimos. Em um estudo realizado pela equipe de pesquisa de Stanford, eles descobriram que seus impressionantemente talentosos alunos nota 10 eram mais atraídos pela estética de um site, por exemplo — o logotipo, o endereço .org, um resumo, a lista de pós-graduados —, do que os verificadores de fatos. Os alunos tinham dificuldade de diferenciar uma organização histórica médica com décadas de artigos revisados por pares disponíveis e um site muito mais novo que imitava o nome da organização oficial, criava um logotipo que parecia oficial e afirmava ter suas próprias credenciais acadêmicas. O segundo site parecia apresentar dados confiáveis, mas uma investigação mais profunda nos ajudava a ver que cada item promovia uma agenda política específica criada para influenciar a política pública. A similaridade entre os dois sites foi uma escolha deliberada de design por parte do site político para se aproximar da credibilidade da organização histórica a fim de enganar o público.

No estudo, os verificadores de fatos sempre conseguíam descobrir qual site tinha informações mais imparciais e credenciais superiores. Como eles conseguiam fazer isso? Em vez de comparar a aparência dos dois sites e só depois ler os artigos, os verificadores de fatos se localizavam. Eles saíam quase que de imediato do site para fazer uma pesquisa sobre a organização. Obtinham um senso da história da organização corroborando-a com outros sites de respeito. Na verdade, a Wikipédia mostra ser um verdadeiro atalho nesse sentido. Ela permite que todos tenham uma visão geral das organizações estabelecidas e oferece fontes adicionais nas notas de rodapé da página para que possamos verificar as informações, embora a entrada em si não possa ser citada como autoridade em textos acadêmicos. Os verificadores de fatos também analisaram a veracidade da lista de especialistas das páginas "Sobre" pesquisando seus nomes no Google e lendo sobre eles em contextos adicionais. Assim, os verificadores de fatos não demoravam muito para identificar qual site era mais confiável.

## *LEITURA LATERAL*

Dessa forma, um hábito que podemos cultivar com nossos filhos é o da *leitura lateral.* Sempre que seu filho mencionar um livro ou um site, pergunte-lhe:

- O que mais você sabe sobre essa organização?
- Quem são seus especialistas?
- Qual é a posição do escritor no campo que atua?

Um dos desafios das conversas pela internet é que as pessoas supõem que, se conseguem encontrar um link para um site, então tal relatório ou dado foi verificado por alguém como fatual. Mas isso nem sempre acontece. Todo mundo pode criar um site e dizer o que bem entende!

Assim, o que é uma fonte confiável e com credibilidade? Em geral, queremos que o texto satisfaça os seguintes critérios:

- Ser atual (para pesquisa) ou atual para a era (se uma fonte primária for usada como evidência histórica).
- Incluir informações exatas que possam ser verificadas.
- Fornecer bons detalhes sobre o assunto.
- Originar-se de um especialista no campo.
- Procurar expressar uma visão equilibrada sobre o tema (incluindo ressalvas ou respondendo a uma alegação).

As fontes mais confiáveis não são abertamente enviesadas. Isso significa que a evidência vem de especialistas de confiança — pesquisadores, estatísticos, doutores, professores, agências do governo, especialistas sobre o tema-área, praticantes da área com um longo período de estabilidade no emprego. Também é útil que a informação tenha sido devidamente investigada por outros colegas no campo (o que chamamos de "revisão por pares"). Bloggers, colunistas e escritores podem relatar essa pesquisa e dar suas opiniões, mas eles não são necessariamente considerados especialistas no tema-área. Um dos meus alunos citou o ponto de vista de um senador sobre a mudança climática como uma "opinião de especialista" no seu ensaio. Indiquei-lhe que, embora o senador fosse um político bem conhecido, ele não era um especialista no tema-matéria sobre mudança climática e nem um cientista. O ponto de vista do senador foi uma conclusão que ele tirou por conta própria, mas ele não tinha a credibilidade de alguém que dedicou sua carreira à pesquisa do clima. É por isso que é importante saber de quem são as estatísticas e opiniões que citamos. Ao decidir se a informação em um artigo ou em um site tem credibilidade, podemos ajudar nossos filhos a procurar por certas *pistas* ou alertas. Esses são alguns que podemos manter em mente:

**Tom e linguagem:** Perceba se o autor está "desabafando", em vez de escrevendo. Perceberemos uma linguagem inflamatória cujo objetivo é causar uma forte reação emocional. Por exemplo, uma das manchetes no site da *People for Ethical Treatment of Animals* dizia: "PETA expõe uma fábrica de chinchilas que abastecia laboratórios e lojas de animais." Perceba que as palavras "expõe" e "fábrica" foram usadas para provocar uma reação de fúria e preocupação.

**Suposições e generalizações:** O escritor dá muitas opiniões sem citar fontes ou creditar a pesquisa nessas suposições. Seu filho adolescente pode achar que um vídeo que explica por que os cigarros eletrônicos são seguros é legítimo só porque se trata de um vídeo, embora não houvesse referências a estudos clínicos.

**Informações obtidas por crowdsourcing:** Outro perigo da internet é que muitas informações são obtidas por crowdsourcing. É fácil entrar na toca do coelho de experiências coletadas em fóruns de discussão ou em comunidades de redes sociais. Lembre-se: as páginas da Wikipédia são boas para obtermos uma visão geral de um assunto e para encontrar fontes confiáveis que podemos examinar, mas não é uma fonte confiável de testemunho de especialistas.

**Artigos de opinião:** Um texto opinativo pode ser encarado como um alerta se o aluno se baseia demais em uma única fonte com apenas um ponto de vista. Ironicamente, quando as escolas usam apenas um conjunto de apostilas, elas geram um efeito similar. É fácil nos enviesarmos para determinada opinião que já temos para obter reforços. Dito isso, os artigos de opinião escritos por jornalistas ou pesquisadores costumam ser uma grande fonte de argumentos a favor ou contra um assunto. Um artigo de opinião pode nos ajudar a entender o que está em jogo na discussão do assunto. Essa é uma das melhores maneiras de utilizá-los. Certifique-se de incluir mais de um ponto de vista para ouvir os bons argumentos a favor e contra. Um dos perigos dos artigos de opinião ou notícias que escolhem abertamente uma inclinação política é que os méritos dos argumentos contrários são menosprezados ou ignorados. Procurar deliberadamente ler argumentos fortes de mais de um ponto de vista é uma maneira de usar as opiniões de forma eficaz nos estudos de um aluno. Também descobri que os artigos de opinião resultam em mais conversas proveitosas do que dados fatuais de, digamos, um site do governo que cataloga pesquisas e estatísticas. Porém, usar a coleta de dados de um site do governo é uma maneira de fazer um benchmark e aplicá-lo aos dados do artigo de opinião.

Depois de analisar os alertas, podemos cavar mais fundo na fonte em si. Na Brave Writer, usamos uma sigla útil nas nossas aulas de redação online para ajudar os alunos a lembrar o que procurar ao analisar uma fonte: CACAO. Essa sigla que nos lembra o ingrediente principal dos nossos chocolates favoritos também nos ajuda a avaliar nossas fontes com um olho crítico. Os textos que não apresentam nenhum alerta, mas têm CACAO — sigla em inglês para atualidade (*currency*), exatidão (*accuracy*), abrangência (*coverage*), autoridade (*authority*) e objetividade (*objectivity*) — indicam que estamos usando nossas habilidades de pensamento crítico em alto nível na nossa leitura e pesquisa.

***Atualidade***

A informação foi atualizada ou publicada recentemente? Um artigo confiável incluirá a informação sobre as datas de publicação. Se o artigo ou fonte tiver entre cinco e dez anos, é importante verificar se a informação foi atualizada desde a época da sua publicação. Informações baseadas na população devem ser atualizadas a cada dez anos com o censo, por exemplo.

***Exatidão***

A informação fornecida é fatual e bem documentada (várias fontes de várias disciplinas, se possível)? As fontes da informação são fornecidas, quer através de links no artigo ou em uma lista de fontes no final? O leitor pode verificar essa informação encontrando outras fontes que confirmam o que foi dito no artigo? Se uma estatística ou relatório discorda do entendimento convencional de um campo, é importante obter confirmação. Em círculos que questionam o consenso mais amplo de um campo específico (ciências, história, medicina, sociologia), pergunte-se: o que resultou nesse questionamento? Algumas considerações de alerta devem ser consideradas se o escritor se basear em dados menos utilizados para fazer o seguinte:

- Explicar uma experiência pessoal negativa.
- Provar uma posição teológica.
- Apoiar um objetivo político.
- Proteger lucros sociais.
- Lançar uma marca pessoal.

Questionar o status quo exige um ônus de prova maior, e essa informação e pesquisa deve resultar de uma seção cruzada de fontes.

***Abrangência***

O artigo fornece detalhes suficientes sobre o assunto? Tudo no artigo é citado corretamente, ou as informações sobre as fontes citadas estão faltando? O leitor deveria poder seguir a fonte de informações para verificá-la. Por exemplo, se um escritor se basear em pesquisas do governo, o link nos leva a um site do governo? Se o escritor discutir um estudo, o leitor consegue encontrar esse estudo?

***Autoridade***

As credenciais e informações de contato do autor são mencionadas? Se nenhum autor for listado, essa informação vem de uma organização com uma reputação bem estabelecida? Instituições educacionais e agências do governo têm mais credibilidade do que grupos de advocacia ou sites comerciais que querem apenas lhe vender alguma coisa.

***Objetividade***

Ao apresentar informações, em especial na internet, a objetividade é elusiva. Todo web designer sabe que cor, layout, escolha de fontes e priorização de informação geram mais impacto no leitor. Até a tentativa de dar a impressão de objetividade é um reconhecimento tácito de que o design pode influenciar como lemos e no que acreditamos. Adicionalmente, os escritores decidem que informação incluir e que informação omitir. Nosso objetivo é procurar fontes que limitam essa subjetividade da melhor maneira possível.

Ao procurar por informações, podemos nos perguntar: qual é o objetivo desse artigo, site, blog ou livro? É principalmente fornecer dados precisos? Ele tenta me convencer? Fornece um ponto de vista justo e equilibrado sobre o assunto — ou seja, reconhece as considerações de mais de um ponto de vista? O texto tem outro objetivo além de fornecer informações?

Aprender a arte de avaliar uma fonte leva tempo. Várias crianças talvez só consigam dominar essa habilidade na faculdade! Ouso dizer que nós, os adultos, precisamos readquirir essas habilidades também. A vida online fez com que todos nós nos tornássemos um pouco preguiçosos, mas ela nos fornece as ferramentas e os recursos para praticar essas habilidades de pesquisa regularmente. Adote a atitude de que a "prática leva à perfeição".

## Um Exemplo: Parto

Consideremos o parto, algo pelo qual todos já passaram, mesmo que não nos lembremos dele. O parto pode ser entendido biologicamente — de como engravidar até como o bebê cresce no útero, desce pelo canal de parto até que entre no mundo e dê seus primeiros fôlegos. Existem perigos associados ao parto. Durante séculos, incontáveis mães e bebês morreram devido a infecções ou partos traumáticos. As intervenções médicas e as cesarianas, no último século em especial, resultaram em uma diminuição notável de natimortos e morbidades maternas. O parto é um processo natural cheio de perigos para a mãe e para o bebê. Esses são fatos.

Mas o parto é mais do que esses fatos. É uma história cultural. Alguns narradores explicam que o parto é doloroso, deve ser medicado e exige a ajuda de profissionais médicos para garantir sua segurança. O parto também é uma história contada para provocar risos em comédias que mostram mulheres pedindo drogas. Outros narradores enfatizam que o parto é um processo natural que exige o suporte de companheiros experientes, em vez da intervenção médica. Parteiras e doulas reconhecem as práticas consagradas pelo tempo que garantem um parto não medicado. O fato de a pessoa que está grávida decidir dar à luz em um hospital ou em casa terá muito a ver com o que os narradores enxergam como mais confiável. Como alguém poderia decidir escolher dar à luz em casa, em vez de no hospital?

Para examinar o parto, estabelecemos alguns benchmarks primeiro. Quantas pessoas nasceram nos Estados Unidos? Que sites fornecem estatísticas confiáveis? Então, examinamos quantos partos aconteceram em hospitais em comparação com quantos aconteceram em casa. Uma pergunta relacionada: o que constitui um parto domiciliar? Os partos que acontecem em carros ou nas salas de estar por acidente também contam? Então, identificamos quem pode dar à luz com sucesso em casa. Quem deveria fazer isso no hospital? Que condições levam a um parto saudável? Que condições não contribuem para isso?

A escolha de dar à luz em casa significa fazer muito mais pesquisa e assumir a responsabilidade pelas escassas informações disponíveis. Os dados para o parto domiciliar são mais limitados. Durante esses momentos é que *importar-se em saber* se torna essencial. Precisamos nos basear em tipos adicionais de fonte de informação, como experiências de primeira mão e profissionais fora da medicina convencional, como parteiras. Uma pessoa que está pensando em dar à luz em casa deve se informar mais sobre o processo e os riscos do parto e sobre como se preparar para emergências do que aquelas que dão à luz no hospital. As pessoas não formam opiniões ou escolhem assumir riscos apenas com base em dados. No fim das contas, o que dizemos sobre o parto molda como entendemos o que são informações fatuais.

Importar-se significa se esforçar para obter um entendimento maior de qualquer assunto para fazer um julgamento informado que inclui nuances, não apenas uma reação de aprovação ou reprovação. Nossos valores não são moldados apenas por dados técnicos, mas também pelas histórias que chamam nossa atenção. A educação deveria fornecer um método para examinar tudo isso para que nossos alunos (que se tornarão funcionários e donos de empresas, profissionais e acadêmicos, pesquisadores e políticos) pudessem tomar decisões de alta qualidade e eticamente boas para si mesmos e nas suas futuras carreiras e famílias.

## ATIVIDADE: IMPORTAR-SE BEM

Crianças de todas as idades podem aprender os hábitos de se importar a pensar bem e confirmar a veracidade das informações. Seguem-se três atividades que ajudam nesse desenvolvimento.

### *Para os Pequeninos (5 a 9): Bons Hábitos*

Ajude seu filho a cultivar o hábito de se importar desde cedo.

1. Leia o nome do autor e do ilustrador ao ler livros infantis em voz alta para o seu filho.

2. Localize-se. Que outros tipos de livros esse autor ou ilustrador fez? Quem são os editores? Mostre onde o editor é listado. Observe as datas de publicação. Consegue colocar os livros desse autor na ordem em que foram escritos, caso tenha mais de um?

3. Faça um benchmark. Veja quantas páginas o livro tem. Compare um livro com outro. Sinta o número de páginas dos livros que esse autor escreveu. Há alguma exceção? Há algum livro mais curto ou mais longo que não se encaixa no padrão? Poderia dizer por quê? (Dica: talvez o livro seja de um estilo diferente.)

### *Para os Jovens (10 a 12): Atribua o Crédito*

Atribuir crédito a uma fonte é como enviar um bilhete de agradecimento depois de receber um presente. Quando alguém finge que o trabalho de outra pessoa é seu, isso não aumenta sua credibilidade como autor. Pelo contrário, prejudica-a. Ainda assim, neste mundo de blogs e tweets, é fácil esquecer-se de citar uma fonte. Experimente essas ideias para desenvolver esse bom hábito.

1. Reúna uma coleção de citações sobre determinado assunto. Escreva o nome do autor, o título do livro e o número da página após cada citação durante essa semana.

2. Digite citações de várias fontes (um artigo, um conto, um poema, um registro ou documento histórico). Então, em outra página, digite os nomes dos autores. Em uma terceira página, digite a localização da fonte (artigo, conto, poema, registro ou documento histórico). Com uma tesoura, separe as citações, os nomes e as localizações em recortes individuais. Organize-os em três grupos sobre uma mesa e faça um jogo de combinação. Qual vai com qual? Deixe que seus alunos pesquisem, se necessário, para identificar quais citações pertencem a quem.

3. Pratiquem citar a si mesmos como se tivessem escrito um conto ou um livro de não ficção! Como um repórter especializado citaria seu aluno em um artigo? Como seu aluno gostaria de ser citado? Em que tipo de fonte imaginária eles foram citados (entrevista de um documentário, em uma notícia, com uma citação de um conto ou obra de não ficção que o aluno "escreveu")? Pesquise para saber qual seria o método apropriado de escrever essa citação. Experimente fazer isso outra vez!

### *Para os Adolescentes (13 a 18): Coleta de Pesquisa*

Os adolescentes podem receber a tarefa de fazer mais pesquisas na internet. Para cada fonte, será que podem encontrar mais duas? Conseguem confirmar a veracidade das fontes e identificar os benchmarks de cada uma? O objetivo é identificar fontes de boa reputação, mesmo que seus pontos de vista sejam opostos!

1. Identifique um tema controverso. Digite o tema mais a palavra "controvérsia" em um motor de busca online. Ao identificar uma controvérsia com o tema, passe para a etapa 2.

2. Encontre três ou quatro artigos sobre o tema. Esses artigos devem representar mais de um ponto de vista.

3. Faça a leitura lateral de cada um deles. Confirme a veracidade dos escritores e/ou organização.

4. Identifique um benchmark para comparar as estatísticas de cada artigo.

5. Faça uma lista que resuma o seguinte:
   (a) A confiabilidade de cada fonte.
   (b) A validade de uma grande estatística.
   (c) O objetivo de cada artigo.

6. Os artigos deram suporte às suas afirmações? Por quê?

Considere uma grande conquista ensinar seu filho pequeno ou adolescente a se importar. Importar-se é a base do crescimento acadêmico e fornece a estrutura ética para desenvolver valores e crenças bem analisados. Dito isso, pode ser difícil manter uma disposição equilibrada ao se fazer pesquisa. Nossas identidades e comunidades influenciam como nossos filhos leem, pensam, avaliam e raciocinam. No próximo capítulo, veremos maneiras de honrar esses aspectos significativos de quem eles são, ao passo que ajudamos nossos alunos a aprender a pensar de modo crítico sobre os muitos assuntos que talvez precisem estudar.

# CAPÍTULO 6

# Identidade: A Força que Deve Ser Levada em Conta

E todos os mundos que é... reúna-os em um mundo chamado Você.

—Jacqueline Woodson, *Brown Girl Dreaming*

[O sonho de uma garota morena, em tradução livre]

Nesse ponto, ficou óbvio que onde moramos, quem somos e como entendemos nosso mundo afetam bastante a forma como pensamos. Nosso histórico e nossas experiências criam os filmes mudos invisíveis que são reproduzidos com facilidade no nosso olho mental ao nos depararmos com novas informações. Mal percebemos que nossas respostas são ajustadas, corrigidas e distorcidas para se enquadrar naquilo que queremos que seja verdade, o que esperamos que seja verdade e o que fomos condicionados a ver como natural. A lente que controla esses filmes mudos se origina da nossa identidade. Assim, quando falamos sobre o pensamento crítico autoconsciente, estamos falando sobre identificar primeiro as principais características que nos fazem ser quem somos.

À medida que crescemos, aprendemos desde cedo — como ser, que ponto de vista ter, em quem confiar e quem evitar. Marcus Mescher, teólogo católico e professor na minha alma mater, a Universidade Xavier, menciona como formamos esses hábitos de pensamento no seu maravilho livro *The Ethics of Encounter* [A ética do encontro, em tradução livre]:

> A imitação faz parte do padrão que aprendemos através das disposições e ações que vemos no *habitus*, um termo usado pelo sociólogo Pierre Bourdieu para descrever as estruturas que definem o que temos em comum (ou seja, o que se torna o "senso comum"). O *habitus* regula e reproduz regras não escritas. Ele não instrui de forma explícita como vemos o mundo ou o que achamos sobre nós mesmos e outros, mas é o lar do aprendizado incorporado que encaramos como natural: é assim que cumprimentamos outros — ou os ignoramos —, porque esse é o comportamento que percebo naqueles ao meu redor, por exemplo.

Nossos hábitos de ser e pensar vêm das identidades que absorvemos de modo inconsciente nas nossas famílias e comunidades. "As crianças imitam os pais, os adultos emulam aqueles que admiram, e as crenças e valores são passados para a frente."

Em outras palavras, somos um conjunto das necessidades e uma coleção das peculiaridades que aprendemos com as pessoas de quem mais gostamos! Essa mistura de coisas vive no nosso corpo e nos leva a reações instantâneas e espontâneas. Filtramos o que lemos e aprendemos através dessas experiências diretas e pelo ponto de vista que criamos por causa delas. Julie (a garota californiana; ex-aluna da UCLA; mãe que deu à luz e educou seus cinco filhos em casa; que falava árabe; divorciada; e é uma mulher branca de descendência católica irlandesa) é uma amálgama de todas essas influências. Todos nós somos um composto — uma pessoa composta. O renomado jornalista Ezra Klein expressou isso muito bem no livro *Why We're Polarized* [Por que estamos polarizados, em tradução livre]: "Nunca saberemos até que ponto fomos moldados pelos nossos contextos. Quem somos, onde crescemos, em quem aprendemos a confiar e temer, amar e odiar, respeitar e ignorar — isso vai além do pensamento consciente. A tela dos processos mentais construída no milissegundo que leva para uma identidade ser ativada não é algo do qual podemos simplesmente nos livrar." É por isso que é importante identificar as características das coisas que nos compõem, para que possamos nos tornar mais conscientes de quando elas são ativadas ao ensinarmos, aprendermos, lermos e cuidarmos dos nossos filhos. De modo similar, nossos alunos e filhos farão bem em manter suas identidades em mente ao aprenderem.

Nossas identidades têm muito a ver com o modo que imaginamos que seremos tratados em diversos contextos, os quais ajustamos e adaptamos ao decidir a quais características dar destaque e quais ocultar, o que nos dá orgulho e o que nos causa vergonha. A socióloga Jessica Calarco menciona que o colega "sociólogo, C. Wright Mills... descreveu usando uma 'imaginação sociólogа' [para ver] como vidas humanas individuais são moldadas pela 'história e biografia'." Ela explica: "Isso significa reconhecer que as experiências, decisões e resultados das pessoas são moldados pelos contextos sociais maiores nos quais elas vivem e pelo seu status dentro desses contextos sociais..." Peggy McIntosh, colega da Wellesley College, uma pioneira do trabalho antirracista e uma mulher que faz aniversário no mesmo dia que eu (passei a gostar mais dela instantaneamente!), escreveu um ensaio intitulado "Abrindo a mochila invisível do privilégio" para destacar como a identidade branca é apresentada e celebrada em muitos contextos nos quais a identidade não branca foi ativamente suprimida. "Acabei encarando o privilégio branco como um pacote invisível de ganhos não merecidos que posso descontar todos os dias, mas que 'deveria' esquecer que existem. O privilégio branco é como uma mochila invisível e sem peso de provisões especiais, mapas, passaportes, livros de códigos, vistos, roupas, ferramentas e cheques em branco."

Quando falamos sobre privilégio, é isso o que queremos dizer. É a facilidade da identidade *versus* a luta de ser visto e valorizado por quem somos. Cada um de nós existe nesse contínuo de formas diferentes. Economia, sexo, raça, religião, localização, profissão, educação — esses fatores se somam para nos apresentar perspectivas ou obstáculos a participação. Nossas expectativas de justiça, oportunidade e eventual sucesso e felicidade estão profundamente conectadas a como vemos a nós mesmos em relação a outros. Esse autoentendimento, por sua vez, influencia como interagimos com as questões do dia e com as ideias oferecidas por críticos sociais, líderes religiosos, professores de escolas e especialistas políticos. O mesmo eu (e o mesmo você) muda e se adapta, sempre criando uma história de como vemos o mundo e como o entendemos. Então, passamos essas histórias e expectativas aos nossos filhos, formando sua identidade. Pais e educadores contam às crianças sob sua responsabilidade as narrativas sobre seus antepassados, suas comunidades, seu Estado-nação, sua religião (ou ausência dela) e sua família de origem. Nossos filhos não pensam no vácuo. Ser um pensador crítico autoconsciente significa estocar todas as partes dessa identidade.

Cedo na vida da criança, a identidade é a suposição inconsciente de que a forma como cada um de nós vê o mundo é universal. Cada uma das nossas identidades parece natural ou verdadeira. Trazemos essas percepções do eu conosco ao aprendermos. Uma educação saudável expande como a criança enxerga sua identidade como uma entre muitas do mundo multifacetado em que ela habita. Nossa identidade influencia as perguntas que fazemos, as avaliações que realizamos, nossa disposição emocional ao lermos, o crédito que atribuímos a uma fonte ou por que podemos deixar de fazer isso. A identidade é o fator principal que deve ser levado em conta para nos tornarmos pensadores flexíveis, que resolvem problemas, empáticos e estratégicos! Mas talvez você esteja se perguntando: como nossa identidade se desenvolve?

## Lentes e Filtros

Criar filhos é como uma dança com vários passos complicados. Começa razoavelmente bem quando nossos filhos nos admiram e acham que somos hilários. De uma hora para outra, porém, eles param de rir conosco e começam a rir de nós. É então que eles se deparam com uma montanha de ideias que não conseguem explicar e consideram nossa visão do mundo frágil e atrasada. De repente, nossa lógica razoável parece desatualizada e irrelevante. Se pararmos por um momento, nos lembraremos de quando isso aconteceu na nossa vida — o dia em que questionamos a razoabilidade de uma crença dos nossos pais tida como "verdade". Isso pode ter resultado em uma disputa de quem fala mais alto. Não se preocupe. Questionar suposições é um marco do desenvolvimento e uma evidência sólida de uma mente em crescimento.

Ao pesquisar e pensar sobre o pensamento crítico, pude identificar quatro influências-chave que moldam como cada um de nós enxerga o mundo. Elas são as lentes e os filtros que criam nossa visão do mundo. Cada um de nós classifica esses fatores de forma diferente, o que contribui para compor a rica variedade de pessoas que habitam nosso grande, ousado e belo mundo.

### *LENTES*

São os prismas através dos quais vemos o mundo:

- Como *indivíduos* (na minha pele, em meu nome).
- Em uma *comunidade* (a visão que compartilho com meu "povo", que molda nossos valores coletivos).

### *FILTROS*

Os filtros ajustam as lentes:

- Através da *percepção* (como meu corpo, minhas emoções e minha mente geram significado).

- Usando a *razão* (como minha comunidade interpreta os fatos e os transforma em uma história que possui uma lógica que aceito).

| | | |
|---|---|---|
| LENTES | 1<br>Individual | 3<br>Comunidade |
| FILTROS | 2<br>Percepção | 4<br>Razão |

Processamos as informações ao passo que chegam até nós através de duas lentes primárias (a primeira linha da tabela): como indivíduos e como membros de uma estimada comunidade. Então, encontramos uma maneira de expressar e explicar (justificar) como interpretamos o mundo usando uma mistura dos dois filtros da segunda linha da tabela: a percepção e a razão. A tabela vai da esquerda para a direita e de cima para baixo em abstração e complexidade.

## Individual + Percepção

Vamos começar com a coluna da esquerda. Como indivíduos, grande parte das nossas escolhas diárias será guiada pelas nossas percepções do que precisamos e queremos. Se depender de nós, seguiremos esses impulsos internos de confiar ou desconfiar, de satisfazer ou não uma necessidade. Se percebemos algum perigo, tomamos cuidado. Se precisamos dormir, tiramos uma soneca. Se estamos com fome, desejamos comidas cujo gosto conhecemos e que nos satisfazem. As percepções são pessoais — únicas para cada um de nós — e sujeitas a mudanças. Elas respondem ao último estímulo recém-disponível.

## Comunidade + Razão

Analisando a coluna da direita, como membros de uma comunidade, aprendemos os parâmetros da associação. Nossa comunidade nos apresentará um relato razoável (uma história lógica) para explicar suas crenças. Por exemplo, digamos que somos membros de uma comunidade religiosa ou dietética que tem algo a dizer sobre os alimentos que seus membros podem ou não comer. Sem seus ensinamentos, não saberíamos quais alimentos deveríamos evitar — em uma comunidade, por motivos religiosos; em outra, por motivos de saúde. As comunidades vêm em múltiplas variedades. Elas vão desde a família de origem a ser o aluno de uma escola, desde seguir um programa fitness a juntar-se a um movimento de protesto político, e desde tornar-se pai adotivo a trabalhar no Corpo de Engenheiros. Até nossas escolhas de mídias podem ser consideradas comunidades que ajudam a moldar nossa visão do mundo.

Os indivíduos ajustam sua percepção para adequá-la ao conjunto de crenças de uma comunidade. Usamos a razão para nos ajudar a preencher essa lacuna. Nossa comunidade apresenta uma história lógica para justificar por que um indivíduo deve alterar suas práticas pessoais para satisfazer os valores da comunidade. Uma maneira de entender grupos de estudos religiosos ou comunidades de afiliação online é que eles fornecem um lugar no qual os membros podem ensaiar a história lógica das suas crenças para ajudar os indivíduos a permanecerem em curso apesar das suas percepções naturais ou preferências. Em outras palavras, se formos membros de uma comunidade que faz dieta para lidar com a diabetes, aprenderemos a não usar açúcar, por exemplo, apesar do prazer de comer um biscoito!

## Individual + Comunidade

Observando a linha de cima, vamos examinar a relação entre um indivíduo e uma comunidade. A liberdade de expressão é considerada um direito inalienável do indivíduo. Ainda assim, o Poder Judiciário determinou que existem restrições de momento, lugar e maneira de uso. Os indivíduos não podem gritar "Olha uma bomba" no aeroporto se não houver nenhuma. A liberdade de expressão fica proibida se isso resultar em caos ou colocar outros em perigo. O direito individual é modificado por causa das necessidades da comunidade. Um exemplo simples dos direitos individuais *versus* os valores da comunidade é a associação dos proprietários de imóveis. Essas organizações impõem padrões comunitários, como a proibição de pendurar roupas no varal para secar. Mesmo que queiramos fazer isso no nosso próprio quintal, não podemos. A prioridade são os valores da comunidade à custa da liberdade individual. Talvez seja possível abrir uma exceção no nosso caso, como indivíduos, se provarmos que nossa roupa não ficará exposta a outros ou se estamos sem eletricidade. Dito isso, a comunidade tem o poder de conceder ou não tais permissões. O nexo da maioria dos casos de tribunal se encontra bem aí — entre os direitos individuais e os valores da comunidade. Qual tem prioridade e até que ponto em cada caso?

## Percepção + Razão

A linha de baixo da tabela descreve os filtros que usamos para reforçar nossos pontos de vista (seja para proteger um direito individual ou defender um valor da comunidade). Nossas percepções nos orientam em nível individual. Elas são criadas por meio das emoções, de experiências diretas e indiretas, das histórias que guardamos e dos nossos sucessos e traumas. Construímos uma estrutura interna do que faz o mundo parecer certo ou do que parece uma ameaça. As percepções podem ser exatas ou distorcidas. As comunidades usam a razão para criar uma história lógica e coerente para explicar as percepções pessoais em razão dos seus valores. Essas histórias também podem ser exatas ou distorcidas.

Por exemplo, consultamos nossas experiências pessoais para determinar se estamos chegando a um acordo justo ou não. Uma mulher pode acreditar que foi ignorada para uma promoção de trabalho porque estava grávida. Se ela participa ativamente em uma organização feminista, sua comunidade poderá confirmar suas suspeitas fornecendo--lhe estatísticas sobre mulheres grávidas no ambiente de trabalho. Porém, se a mulher fizer parte de uma comunidade religiosa conservadora, ela poderá ser levada a reconsiderar sua percepção. Talvez lhe aconselhem a considerar que seu chefe preferiu dar prioridade à sua vocação como mãe por não promovê-la. Talvez ambas as interpretações estejam erradas! Talvez essa mulher não tenha conseguido a promoção devido a um baixo desempenho. É por isso que é vital considerar mais de um ponto de vista ao sermos tentados a criar interpretações.

Nossas primeiras interações com o mundo acontecem por meio de percepções individuais. Quando éramos crianças, acostumamo-nos a satisfazer nossas necessidades pessoais ou a fazer os adultos as satisfazerem por nós. A primeira comunidade que ajuda as crianças a interpretar suas percepções é a família. Cada um de nós desenvolve fluência nos "hábitos e crenças familiares" — o *habitus*. Nossas conversas na hora do jantar, nossa rotina semanal, os programas de TV que assistimos, os programas de rádio que ouvimos, a identidade religiosa da família (ou a ausência dela), como votamos — tudo isso nos é ensinado de forma explícita e moldado de forma implícita. Por exemplo, os pais contam uma história lógica que explica por que seu filho precisa tomar banho todo dia usando fatos sobre germes invisíveis para compeli-lo a fazer isso, apesar da percepção do filho: "Eu não gosto da sensação da água na minha pele." A comunidade da família usa a história lógica da higiene para substituir a percepção da criança. Entendeu como isso funciona? A criança absorve o conteúdo das crenças e práticas dos pais por osmose, sem crítica e como verdade, embora, de início, essa criança "não convertida" talvez resista, fazendo birra antes de acabar adotando o sistema de crenças da família. Quando essa criança se torna um adolescente, ela começa a questionar as histórias lógicas da família e a adotar a identidade da sua nova comunidade: a história lógica de outros adolescentes! E, naturalmente, também pode estar conhecendo outras comunidades, descobrindo outras lentes interpretativas que serão aplicadas às suas percepções pessoais.

Em geral, as comunidades contam as mais poderosas histórias lógicas quando querem *acabar* com a percepção individual: exigências relacionadas com a alimentação e o sexo, como pensar sobre a morte, o que constitui um casamento legítimo, quem deve portar armas, como devemos tratar o meio ambiente, como encarar pessoas que são diferentes de nós, o que fazer com falhas morais, quando a guerra é justificável, entender nossa origem, o que nos torna responsáveis, como devemos ser governados, quem é digno de confiança e quem não é. As comunidades são excelentes na arte de filtrar a esmagadora experiência do ser humano — sujeita às nossas próprias percepções — atribuindo ordem e significado a ela.

As teorias da conspiração são bons exemplos de uma história lógica em ação. Quando pegamos uma lista de supostos "fatos" de uma teoria e os tiramos do seu contexto narrativo (sem o motivo, a personalidade, a intenção e a estratégia), a teoria costuma se desfazer. O "porquê" é uma corda poderosa que sustenta todas as afirmações não comprovadas. Por exemplo, a teoria da conspiração de que o pouso na lua foi filmado em um porão de Hollywood é irrelevante sem um motivo. O que mantém uma teoria da conspiração viva é a história que ela conta — a despeito dos fatos (cuidadosamente verificados ou não).

Os escritores originais da Constituição dos Estados Unidos procuraram criar uma estrutura flexível o bastante para abrigar vários direitos individuais e valores comunitários. Eles acreditavam que o país era grande e justo o suficiente para que várias comunidades coexistissem sem que ninguém precisasse adotar a mesma história lógica ou sistema de crenças. Tal como o teórico político John Rawls explica em *Justiça como equidade*, uma sociedade democrática enxerga indivíduos como livres e iguais. Esses indivíduos escolhem entrar em um arranjo social e político que fornece uma sociedade que funciona de forma mais suave, mesmo ao proteger as crenças únicas e as doutrinas de várias comunidades. Rawls resume: "A ideia mais básica desse conceito da justiça é a da sociedade como um sistema justo de cooperação social ao longo do tempo, uma geração após a outra." O equilíbrio entre indivíduos livres e a identidade das comunidades é algo de alto nível. Naturalmente, a questão é: O que fazer quando um direito individual e a história lógica de uma comunidade entram em conflito? Qual deve ser priorizado? Muitos casos de tribunal lidam com essa questão. Sua tarefa? Dar o máximo de liberdade a cada indivíduo e proteger os valores da comunidade sem afetar direitos similares estendidos a outros.

Um ótimo exemplo de como isso funciona foi visto nas leis de zoneamento dos Estados Unidos. Em 1926, um caso chamado *A Vila de Euclid v. Amber Realty Co.* foi apresentado à Suprema Corte. O povo de Euclid queria proibir que empresas abrissem lojas em bairros do subúrbio. A corte decidiu a favor do povo de Euclid e estabeleceu o direito da comunidade de aprovar leis de zoneamento "para promover a saúde, a segurança, a moral ou o bem-estar geral da comunidade". Segundo o especialista em direito David Christiansen:

> A preocupação principal do povo de Euclid era se a criação de distritos residenciais que excluíam todos os usos industriais era válida. A Corte determinou que a saúde e segurança da comunidade seriam promovidas por isolar as moradias, diminuir o trânsito de veículos e reduzir o fluxo de pessoas desconhecidas nos bairros residenciais. Portanto, com base no raciocínio do povo de Euclid, embora seja intangível, a qualidade de vida é um interesse que uma comunidade pode procurar controlar por meio de regulamentos de zoneamento.

Que tal isso como descrição clássica dos direitos individuais e dos valores comunitários se enfrentando nos tribunais? Nas décadas seguintes, as leis de zoneamento foram usadas para regular a localização de lojas para adultos, como a Hustler. Nos estados de Ohio, Kentucky e Indiana, Larry Flynt (o CEO da Hustler) processou municípios vez após vez com base no que ele enxergava como violações do seu direito de abrir suas lojas nos locais mais lucrativos. As leis de zoneamento foram citadas como justificativa para regular onde a Hustler poderia realizar seus negócios. O conflito entre promover os direitos individuais de realizar comércio e proteger os valores comunitários e familiares foi resolvido mais de uma vez pela transferência de "lojas para adultos" para além dos limites das cidades, longe dos bairros residenciais.

Os valores comunitários e os direitos individuais negociam como conviver o tempo todo. É um desafio constante. Prestar atenção a como esses dois impulsos orientam nossa forma de pensar faz parte do processo de nos tornarmos pensadores críticos autoconscientes e vai ao centro da questão da identidade. Ao que damos prioridade? Aos nossos direitos pessoais ou aos valores comunitários? Podemos fazer uma breve lista das nossas crenças mais valorizadas para ver quais se originam daquilo que valorizamos de modo individual e quais promovem a história lógica da nossa comunidade — ou uma combinação dos dois.

## Ensine Bem o Seu Filho

Ufa! Sua cabeça está pulsando? Isso foi muito para absorver em tão pouco tempo. Talvez você se pergunte o que tudo isso tem a ver com criar pensadores crítico. A visão do mundo que cada criança tem exerce muita influência em como aprendem, o que aprendem e o que acham de si mesmas. Pais e educadores também trazem uma visão do mundo bem formada à mesa de ensino. Desmascarar essa estrutura de crenças é algo essencial. Incidentalmente, "objetividade no ensino" é uma história lógica que os acadêmicos contam — de que existe uma maneira de abordar um tópico que elimina o viés. No entanto, o fato é que até o que é incluído ou excluído em uma lição afeta essa suposta objetividade. Ser objetivo é um alvo nobre que vem do Iluminismo, mas que aprendemos, durante os séculos desde então, que nunca poderá ser atingido com perfeição.

Experimente fazer estas perguntas para chegar ao âmago da sua visão do mundo e desenvolver as habilidades de autoconsciência. Às vezes, concentramo-nos demais em como uma criança se sente, ao passo que muitas outras coisas estão acontecendo dentro dela.

- De onde você tirou essa ideia?
- Por que acha isso?
- Quem lhe disse isso?
- Você acha que isso é verdade?
- Como você sabe?
- Que outras possíveis explicações existem?

- O que você acha que fulano diria sobre isso?
- Você acredita nisso ou acha que deveria acreditar nisso?
- Quem você acha que se beneficiaria desse ponto de vista e, se for o caso, quem poderia se prejudicar?

## Aspectos da Identidade

Pesquisei o papel da identidade no pensamento crítico e me deparei com a excelente pesquisa da Dra. Gholdy Muhammad, especialista em alfabetização e linguagem, e autora do best-seller *Cultivating Genius* [Cultivando gênios, em tradução livre]. Muhammad promove o estudo da identidade como um componente-chave para o processo de nos tornarmos pessoas bem educadas. A identidade, segundo Muhammad, tem três características: "Quem somos, quem outros dizem que somos (tanto as características positivas como negativas) e quem queremos ser." É importante que consideremos esses três aspectos da identidade sobre nós, e o mesmo se aplica a qualquer pessoa cujo trabalho estudamos. Como vimos na tabela da visão do mundo, identidade significa mais do que apenas indicar qual é a nossa raça, religião ou política. Significa descobrir que a "essência" de quem somos é essencial para a tarefa acadêmica.

Vamos nos aprofundar mais um pouco nesses três aspectos da identidade que Muhammad listou. "Quem somos" é o senso do eu que é inerente — é "o que sabemos ser verdade" sobre nós mesmos: de onde viemos, os gostos e desgostos que nos compõem, como atribuímos significado à nossa vida, quais peculiaridades específicas de personalidade e necessidades pessoais estão presentes. Nossas percepções individuais influenciam como nos enxergamos. "Quem os outros dizem que somos" refere-se à comunidade à qual pertencemos e às comunidades além da nossa e que nos definem. Nossa primeira identidade comunitária é nossa família. Como vimos, nossa família pertence a outros grupos, como comunidades religiosas, grupos raciais e étnicos, bairros residenciais ou partidos políticos.

"Quem os outros dizem que somos" exerce uma influência surpreendente em como nos enxergamos. Não somos definidos apenas pelas comunidades que nos aprovam, mas também por aqueles que nos desaprovam. Às vezes, essas são as vozes que falam mais alto na nossa mente. Pais, parentes, treinadores, líderes religiosos, professores e amigos sugerem desde a tenra infância quem uma criança deveria querer ser ou podem sugerir limites ao que pode ser conquistado. Uma das minhas alunas me disse que sua mãe não queria que ela fizesse faculdade porque "não devia tentar ir além das suas origens" — ou seja, a forma como ela foi criada. Uma limitação como essa pode acabar com as ambições de um estudante.

Apostilas, notícias, outdoors, filmes, livros e a cultura popular também nos dizem quem somos. Internalizamos esses retratos e julgamos quem nos tornaremos com base nisso. Alguns de nós só percebem quando têm 30 ou 40 anos que nossa escada para o sucesso estava apoiada na parede errada — na parede que outra pessoa escolheu em nosso lugar!

Além disso, no caso de indivíduos que sentem os efeitos da discriminação às mãos da cultura dominante, eles se deparam com vários retratos das suas identidades por parte de membros dentro e fora das suas comunidades. Eles podem ser alvos da solidariedade e dos valores do seu próprio grupo, podem receber estratégias para lidar com esses momentos em que são a minoria, podem sentir a pressão por parte da sua família para representar bem a sua comunidade e podem suportar o peso das expectativas inoportunas ou do preconceito por parte da cultura dominante. A identidade é algo complexo.

A terceira categoria — "quem queremos ser" — é outra forma fascinante de pensar sobre nós mesmos. Embora a origem seja importante, essa vontade de nos tornar uma versão idealizada de nós mesmos para sermos *vistos* de determinada maneira exerce uma enorme influência em quem nos tornamos. O clássico aluno nota 10 pode estar mais interessado nessa classificação do que em dominar a matéria, por exemplo. Uma criança talvez nunca chegue a entender por que matemática é essencial para sua educação se seu único objetivo é ser um astro dos jogos no YouTube.

"Nossos alunos, e talvez os adultos, estão constantemente procurando a si mesmos em espaços e lugares", escreveu Muhammad. Devido a essa motivação, o pensamento crítico deve levar em conta o impacto da presença e ausência da nossa identidade na matéria que está sendo ensinada. Podemos aspirar um futuro se nos imaginarmos nele. Isso me lembra de quando Kwame Alexander, vencedor da Medalha Newbery, falou sobre sua vontade de se ver representado nos livros quando era criança. Ele contou que a biblioteca da sua escola não tinha livros cujos protagonistas ou autores eram negros. Entretanto, ao crescer na casa da sua família, com pais que eram escritores e editores, ele pôde ler pilhas de livros escritos por autores negros e cheios de protagonistas negros. Como autor negro hoje em dia, ele salientou o quão importante foi para ele ver que era possível ser caracterizado em uma história como protagonista e descobrir que escritores negros podiam se tornar autores com obras publicadas, escrevendo sobre suas experiências únicas. Kwame relata: "Meus pais foram meus primeiros professores e meus primeiros bibliotecários." Um educador rico é representativo.

Livros e salas de aula que apresentam o mesmo grupo, as mesmas experiências e o mesmo ponto de vista vez após vez resultam em um sentimento de exclusão e alienação naqueles que não se identificam com esse grupo. Por outro lado, se uma criança faz parte de um grupo que é repetidamente apresentado como normativo, as crianças podem desenvolver o senso errôneo de que sua visão do mundo é exclusivamente a certa.

## Individualidade

Comecemos com a criança individual. Respeitamos profundamente a individualidade de cada aluno — reconhecendo o quão importante é ser *visto* e *conhecido*. Pode ser difícil identificar o que não conseguimos ver. É só quando deixamos a casa e entramos no lar de outra pessoa que percebemos que existem outras maneiras de ser no mundo que também fazem sentido. Quando eu tinha 6 anos, visitei a casa dos meus vizinhos sino-americanos. Eles me pediram para tirar os sapatos antes de entrar na casa. Ainda consigo ver aquela casa no olho da minha mente — os sofás cobertos com plástico, o carpete branco, o espaço organizado. Isso me impressionou. Manter a casa limpa era muito importante para essa família. Quando morei no Marrocos e visitei o Japão quando tinha uns 20 anos, descobri mais dois lugares que encaravam o uso de sapatos dentro de casa como anti-higiênico. Foi nesse momento que finalmente me perguntei: "Minha família era a anomalia aqui? A maioria das pessoas do planeta enxerga o uso de sapatos dentro de casa como anti-higiênico?" Os papéis foram trocados — minha experiência havia deixado de ser a história dominante.

Assim, a identidade é o ponto de vista que encaramos como padrão e que levamos conosco naturalmente dia após dia. Para expandir nossa mente, precisamos conhecer diversas pessoas de origens diferentes. Em geral, é apenas por meio do contraste com outras histórias e experiências que aumentamos nossa capacidade de pensar de forma crítica sobre nossas *próprias* histórias, o primeiro passo essencial do pensamento autoconsciente. Vamos experimentar. Vamos ajudar nossos filhos a identificar suas próprias histórias como um passo em direção ao pensamento autoconsciente. (Por falar nisso, você também pode fazer esse exercício de identidade.) Nos capítulos a seguir, veremos o que fazer com as experiências de outros.

## O Eu Composto

O eu é composto de vários nutrientes contribuintes, grandes e pequenos, que lentamente se unem para formar o solo no qual a identidade se forma. O corpo contém esses eus que evoluem e mudam, que reagem e se reformam, que entram em combustão para criar novas perspectivas. Pense em um jardim fértil que dá o fruto da perspicácia. Ele precisa de fertilizante. Nossos filhos leem e absorvem informações melhor quando seu solo é rico — baseando-se em várias fontes. Nosso ponto de vista é prejudicado quando nos limitamos a uma dieta reduzida (como aprender história apenas por meio de apostilas, aprender matemática apenas com lápis e papel ou aprender a escrever usando determinada formatação).

Vamos analisar os três componentes-chave desse composto (leitura, experiências e encontros com outras pessoas — na Parte 2). Antes de fazer isso, seria útil tirar uma amostra do solo, tal como se encontra. Como estamos falando de crianças, vamos começar com observações concretas que elas podem realizar com facilidade. Elas não precisam tirar nenhuma conclusão, só observar atentamente (como discutimos no Capítulo 4) seu próprio solo rico da identidade.

## ATIVIDADE: POEMA "EU SOU DE"

Esse poema pode ser escrito pelas três categorias (pelos pequeninos, pelos jovens e pelos adolescentes: dos 5 aos 18 anos). Providencie mais ajuda no caso dos seus filhos mais novos. No caso dos seus filhos adolescentes, incentive-os a pintar fora das linhas — eles podem ir além das respostas literais. O poema "Eu Sou de" é prazeroso de escrever. A estrutura é simples. Cada linha começa com as palavras "Eu sou de..." Naturalmente, a localização geográfica faz parte do que queremos dizer quando dizemos que somos "de" algum lugar. Mas também somos de alguma culinária, de uma tradição religiosa ou não religiosa, de sons e visões, de memórias e feriados, da dor e da alegria.

Liam, meu filho, escreveu um belo poema "Eu sou de" que gostaria de compartilhar contigo aqui como um exemplo:

### *Liam Bogart (15 anos)*

Eu sou da queima de árvores de Natal

Eu sou do registro de páginas rodopiantes sem listas

Eu sou de grous caseiros de papel, haicais e calendários

Eu sou da Páscoa, dos cachimbos e dos ovos de ouro

Eu sou das velas, da cera assimétrica

Eu sou dos mitos inexistentes do Papai Noel

Eu sou dos pãezinhos veganos de canela

Eu sou de Blessing, Sr. Darcy e das bênçãos do Sr. Darcy

Eu sou de Frodo Baggins

Eu sou de *Redwall*

Eu sou de *Harry Potter*, passando pela Itália

Eu sou da *Odisseia*, lida em voz alta para as crianças em silêncio

Eu sou de *A história do mundo* e de uma mãe dormindo

Eu sou de *O nome do vento* em Chicago

Eu sou de um míope Jake e Noah the Duke

Eu sou da eloquente Caitrin e Johannah, a única 6 de 5

Eu sou das obscenidades berradas ao perder em *Starcraft*

Eu sou da gramática aprendida de modo subconsciente, de Chomsky e de Julie

Eu sou do pensamento e escrita audaciosos

Eu sou da ciência inexistente e da matemática de Ing Wan

Eu sou do ensino domiciliar, da desescolarização, do ensino médio e da faculdade

### *Instruções*

Todo mundo pode participar, inclusive os pais e professores! Participe do risco de escrever — sejam colaboradores no aprendizado.

Use uma lousa ou uma prancheta para anotar essas respostas iniciais.

Faça as seguintes indicações para estimular os conceitos a serem incluídos, registrando inicialmente as respostas em uma lousa ou prancheta:

- Identifique suas origens (étnicas, religiosas, culturais, a nacionalidade… o que quer que o defina).
- Diga onde mora (e onde morou). Descreva esses lugares com algumas palavras: substantivos ou adjetivos.
- Diga o nome dos lugares que visitou.
- Diga quais são seus alimentos favoritos.
- Escolha quatro adjetivos para se descrever.
- Escolha alguns adjetivos para descrever sua família.
- Que feriados ou tradições familiares são importantes para você? Pense em tradições específicas também. Na nossa família, queimamos as árvores de Natal em julho e defumamos espigas de milho na Páscoa.
- Diga o nome das comunidades das quais você faz parte.
- Que hábitos são seus? Que hábitos você aprendeu com sua comunidade?
- Que histórias, canções, lendas e mitos você ama?
- Liste duas ou três experiências memoráveis da sua vida (pode ser uma lembrança feliz, como vencer um torneio, ou uma triste, como fazer uma cirurgia). Pode ser como você encontrou um livro em um bonde de Chicago e o leu ali mesmo (como *O nome do vento*, de Patrick Rothfuss, do poema de Liam).
- Que texturas, cheiros, sabores e sons você associa com sua infância até hoje? Podem ser as velas com cheiro de baunilha ou poeira, pode ser um desinfetante ou chili em uma panela elétrica…

Considere estas categorias também:

- Quem digo que sou.
- Quem outros dizem que sou.
- Quem desejo ser.

Pegue essas listas e acrescente "Eu sou de" no início de cada frase ou palavra. Digite a lista com espaçamento triplo e imprima-a. Corte as frases em faixas e reorganize-as para formar as sequências mais agradáveis. Grampeie cada uma delas em uma folha na ordem em que aprovar, reorganize-as no computador e imprima a cópia final. Sinta-se à vontade para melhorar ou trocar as palavras ao lê-las e relê-las. Seria útil ler as frases em voz alta — ouvir as palavras e frases ao revisá-las. Algumas crianças preferem escrever à mão a versão final e ilustrá-las com desenhos.

A identidade é a base de tudo o que nossos alunos fazem como pensadores críticos. Deixe os poemas "Eu Sou de" à mão, pois eles são um retrato útil que poderá ser consultado posteriormente.

Segundo Ezra Klein, "a identidade não molda apenas como tratamos uns aos outros. Ela molda como entendemos o mundo". Como vimos na Parte 1, a identidade é mais do que alguns quadrados que devem ser marcados em um formulário de censo. Os narradores dos nossos filhos, suas percepções individuais, os valores da sua comunidade, o quanto se importam com o que estão aprendendo e como veem quem são determinam que lente usarão para interpretar o que aprendem.

# PARTE 2

## Leia, Experimente e Encontre: Uma Educação de Verdade

A melhor maneira de mostrar bondade para com os ursos é não ficarmos muito perto deles.

—Margaret Atwood, *MaddAddão*

Pronto para um striptease? Matérias acadêmicas costumam vestir roupas pesadas e do tamanho errado, como apostilas grandes e tediosas ou uma palestra tão chata que os alunos se programam para tirar sonecas durante a apresentação. Entretanto, a essência de qualquer campo de estudo é interessante e provocativo. Agora que descobrimos quem *são nossos filhos*, vejamos se conseguimos despir a atividade acadêmica e enxergar além dessas camadas.

## Cuidado com o Urso

Quando meus filhos eram pequenos, eles se apaixonaram por animais, em especial pelos ursos. Lemos livros sobre ursos. As páginas bidimensionais, de até 22 × 28 centímetros, continham o animal de 900 quilos e costumavam representá-lo usando chapéus, vestidos e sorrisos. Conhecíamos os ursos como uma família que amava mingau e cuja casa foi invadida por uma garota loira. Nós os conhecíamos como a família Berenstain, cujas discussões eram tão familiares quanto as nossas. Conhecíamos o urso Paddington, que usava uma capa de chuva e um chapéu e que viajava com uma maleta e um guarda-chuva pelo mundo.

Nossas obras de não ficção estavam cheias de ursos realistas. Líamos sobre o urso-polar, o urso-pardo, o urso-negro e sobre os pandas-gigantes. Estávamos felizes e protegidos dos ursos dos nossos livros. Eles habitavam em papéis bidimensionais, e podíamos deixá-los em uma prateleira a qualquer momento. Em resultado disso, romantizamos os ursos como adoráveis e gostávamos deles como animais de pelúcia tão pequenos que meus filhos se sentiam confortáveis em dormir abraçados com eles.

Para dar aos meus filhos uma experiência maior sobre "ursos", levei-os ao zoológico. Lá, ursos reais caminhavam para lá e para cá dentro das suas jaulas. Esses ursos de verdade eram enormes aos nossos olhos; eles cheiravam a pelo mofado e excremento; suas garras eram curvadas e pareciam perigosas; e os ursos bocejavam ou rosnavam audivelmente com uma ressonância grave e gutural. De repente, tudo o que achávamos que sabíamos sobre os ursos se aprofundou. Ainda estávamos a uma distância segura (do outro lado da jaula), mas tínhamos uma nova ideia do tamanho assustador e da excelência do urso. Em casa, assistimos filmes sobre ursos para ver seu comportamento na natureza, e não apenas no contexto do zoológico. Essas duas experiências aprofundaram nossa relação com o "urso".

Minha mãe, porém, havia conhecido ursos de forma muito mais precária e pessoal. Durante quarenta anos, ela tinha o costume de fazer um mochilão todo verão nas montanhas da Califórnia. Ela aprendeu a tomar precauções para proteger sua comida, sua tenda e a si mesma de ursos. Mesmo com todo esse cuidado, ela encontrou diretamente alguns ursos na natureza. Imagine se levantar no meio da noite para urinar, deixando sua frágil tenda para trás em busca de um lugar privado na floresta, abaixar as calças, só para olhar para cima e ver um urso-pardo de 2,5 metros nas pernas de trás a apenas 45 metros de distância. Que tal esse encontro com o urso? Não era hora de pensar com cuidado. A ferocidade, o odor, a imprevisibilidade e o perigo se apoderaram de qualquer pensamento.

Encontrar esse urso sobrepujou minha mãe e a fez repensar tudo que aprendeu sobre ursos em guias turísticos e em zoológicos. Naturalmente, ler sobre ursos nos dá informações fatuais mais detalhadas e específicas sobre "O que é um urso?" e "Como proteger meu acampamento contra ursos?" do que ver um nas montanhas, sob a luz do luar, enquanto tentamos urinar em paz. Dito isso, depararmo-nos com um urso de verdade na natureza pode nos transmitir uma mensagem que não encontramos em nenhum livro — como é estar no habitat do urso, ser o intruso, sentir-se vulnerável aos movimentos imprevisíveis e aos instintos de um urso de verdade.

Minha mãe sobreviveu a todos os seus encontros com ursos (e foram muitos) e os escreveu em um livro para compartilhá-los com meus filhos na hora de dormir. Mais uma vez, apreciávamos os ursos bidimensionais nas páginas, sob nosso controle, permitindo-nos rir em face do perigo — e deixar os ursos no livro a qualquer momento.

## Como Aprendemos

A maneira mais prática e segura de aprender é *lendo*. Podemos ler sobre qualquer assunto, consumindo a informação rapidamente e em detalhes. Se quisermos ler sobre violinos, podemos aprender como eles são fabricados, que tipos de músicas são escritos para eles, quem tocou violinos, e assim por diante. Ainda assim, ler sobre violinos não é o mesmo que *conhecê-los*. Ninguém diria que ler bastante sobre violinos é suficiente para entendê-los (independentemente do quão bem o escritor descreva seu som). Podemos até aprender a ler músicas escritas para o violino, mas se não as ouvirmos sendo tocadas, ainda não teremos conhecido o violino da forma como ele foi criado para ser apreciado.

A melhor maneira de aprofundar nosso aprendizado acrescentando a *experiência* direta. Podemos ouvir um solo de violino no YouTube ou assistir um violonista em um programa de TV. Podemos assistir uma sinfonia em uma noite e, em outra, visitar um estabelecimento local para ouvir um violinista tocando uma música popular — dois tipos bem distintos de música para violino. Poderíamos visitar um luthier para ver como um violino é fabricado? Claro. Essas experiências nos aproximam dos violinos. No entanto, mesmo tendo um vasto conhecimento sobre música orquestrada, *tocar* um violino é outro assunto totalmente diferente. Se alguém me der um violino, não saberei nem como produzir os sons mais arranhados. Existe uma arte, um sentimento, uma habilidade para tocar que não conseguimos desenvolver apenas lendo e ouvindo música de violino.

Isso nos leva ao próximo nível do saber: o encontro. Um *encontro* direto com o "violino" significa pegar o instrumento diretamente. Significa desenvolver as habilidades, não apenas apreciar sua bela música. O encontro nos fornece uma maneira de respeitar — um apreço pelas habilidades necessárias para tocar que acaba com as críticas irreverentes dos arrogantes. Na verdade, provavelmente gostaremos ainda mais de ouvir o som dos violinos depois de tentarmos tocar um. O encontro é transformador. Um verdadeiro encontro (seja com uma matéria, uma pessoa, um instrumento musical ou um urso na natureza) acaba com os preconceitos, costuma gerar empatia e respeito, e aprofunda o mistério do que está sendo conhecido de uma forma achegada e pessoal.

Quanto mais nos envolvemos com um tópico de estudo, mais nuances e intimidade descobrimos. Toda vez que lemos sobre um assunto, acrescentamos a experiência para entendê-lo e finalmente o encontramos de forma direta, arriscando-nos cada vez mais — o que pode fazer com que tenhamos uma agradável surpresa ou que nos tranquilizemos com o que descobrimos —, podemos ser levados a uma nova perspectiva, desafiados a crescer, ou pode ser que atinjamos níveis apropriados de tensão. Cada camada leva a uma relação mais habilidosa com o tópico porque chegamos a conhecê-lo com mais de nós mesmos.

Naturalmente, nem todos podem ser violinistas profissionais ou encontrar todos os animais na natureza para ter uma educação abrangente. No entanto, tornar-se um pensador habilidoso significa usar esses três veículos sempre que possível. Um surpreendente efeito colateral benéfico dessa abordagem é a humildade. Muitas conversas pela internet seriam muito mais proveitosas se as pessoas reconhecessem os limites do seu entendimento pensando por meio desses três níveis de envolvimento com qualquer assunto. Como podemos falar com autoridade se só lermos sobre eles e nunca ouvirmos sua música?

Ao criarmos nossos filhos para serem pensadores críticos, podemos estabelecer um bom modelo por admitir os limites do nosso próprio entendimento. Se tudo o que sabemos sobre o assunto foi obtido por meio da leitura, então não somos especialistas — independentemente do quanto achemos que sim. Podemos ter bastante informação, mas é só isso. Quanto podemos realmente saber sobre outro país se nunca moramos lá? Quão bem podemos avaliar uma teoria de um campo científico se não fomos treinados para usar as ferramentas que permitem que os especialistas cheguem a essas conclusões? Quanto podemos falar sobre outra religião se nunca a praticamos ou não somos próximos de nenhum praticante? Quão bem podemos defender um ponto de vista se nunca passamos tempo com pessoas que são negativamente afetadas por ele?

Mergulhemos nas profundezas de como essas três vias — a leitura, a experiência e o encontro — desenvolvem pensadores críticos. Sim, estamos a ponto de usar a leitura para aprender. Porém, se quiser colher os benefícios das ideias que apresento aqui, peço que faça as atividades no processo. Elas aprofundarão seu aprendizado por meio da experiência e do encontro.

# CAPÍTULO 7

# Leitura: Próxima e Pessoal

Assim, leitura atenta não significa ignorarmos a experiência do leitor e prestarmos atenção apenas ao texto. Significa *aproximarmos* o texto do leitor.

—Kylene Beers, Robert E. Probst, *Notice and Note*

[Perceber e notar, em tradução livre]

Quanto eu era menina, minha mãe instituiu uma política para a hora de dormir: eu poderia ficar acordada o tanto que desejasse, desde que estivesse lendo na cama. Mesmo que ela me desse um beijo de boa--noite às 20h30, eu poderia deixar as luzes acesas e ler até à meia-noite, caso conseguisse ficar acordada. Em diversas noites, acordei às 2h da manhã com um livro aberto sobre o meu peito. Eu despertava o suficiente para colocar um marca páginas entre as folhas, apagava a luz e voltava a dormir. Desenvolvi amor pela leitura no conforto da minha cama, sob uma lâmpada bem clara, coberta com um edredom e um travesseiro macio e com a temperatura do quarto ajustada para 21°C o ano todo.

Sempre nos diziam que a essência de uma boa educação encontra-se nos livros. Desde que saibamos ler, iniciamos uma jornada para desenvolver um grande intelecto e nos tornarmos pessoas informadas, certo?

Estou aqui para acabar com esse mito. De nada.

A leitura é poderosa, mas também é segura. Você conseguiu perceber qual era o contexto da minha vida de "amor à leitura"? Eu podia ler sobre os alpes suíços debaixo das minhas cobertas quentinhas, sem sentir sequer uma brisa fria. Podia ler sobre os judeus fugindo da Alemanha para a Dinamarca durante o Holocausto, em segurança no meu quarto suburbano da Califórnia do século XX. Com a leitura, os riscos são baixos, — tanto física (a não ser em caso de cortes de papel) como intelectualmente. Veja bem, não é que o material de leitura não possa ser desestabilizador, subversivo ou político. Na verdade, quando permitimos que nossa imaginação inclua revelações íntimas do escritor, podemos nos sentir profundamente comovidos. O ponto é que o leitor pode decidir se *continuará lendo.* O leitor decide acreditar ou não no conteúdo, e quão receptivo ser ao ponto de vista. Os leitores podem se distanciar do escritor e do assunto, ou podem convidá-los a entrar e receber sua mensagem.

Por exemplo, quando eu leio, consigo compartimentalizar as ideias perturbadoras e dar mais valor àquilo que apoio. Posso pular as estatísticas (por falar nisso, faço isso *com frequência* — não guardo números com facilidade e acho difícil imaginar a amplitude deles). Mas o fato de pulá-las resulta em uma boa pergunta: que efeito um escritor exerce ao usar estatísticas para tentar provar algo? Deixarei de me atentar ao ponto ou não serei convencida? Quando lemos, trazemos conosco nossa personalidade e nossas preferências, nossas circunstâncias e necessidades atuais, independentemente do objetivo ou intenção do autor.

Posso ignorar um argumento bem-feito ou atribuir mais mérito àqueles que me agradam. Posso ler com honestidade ou ceticismo. Não sabemos o que é verdade? Basta entrarmos na nossa rede social favorita. Como ler as pessoas que concordam com nossas políticas? E aqueles que não concordam? Confiamos neles e nos seus "fatos" igualmente? Por quê? O que quero dizer é: a leitura está totalmente sob nosso controle, e o que escolhemos absorver ou adotar como verdade depende de nós, independentemente do quão bem o pesquisador fornece estudos e dados revisados por pares.

A leitura permite que exploremos (a uma distância segura) todos os tipos de informação. Por exemplo, os leitores podem viajar à Índia em uma ficção histórica e aprender sobre a época da sua partição com o Paquistão, ao passo que torce para que os protagonistas se apaixonem. As crianças podem ler sobre a história de quinhentos anos do Império Romano em uma história em quadrinhos de duzentas páginas. Um amigo pode nos enviar um artigo do *New York Times* sobre os Rohingya, um grupo ético muçulmano de Mianmar, que são vítimas de genocídio, e, ainda assim, podemos decidir que valor atribuir a ele: podemos só dar uma passada de olho, lê-lo ou guardá-lo. Podemos nos apaixonar pela sua luta e criticar as organizações que não estão fazendo o suficiente para ajudar a aliviar o sofrimento do grupo, tudo isso sem viajar até a Ásia ou enviar um único dólar para apoiar esses ativistas dos direitos humanos. Defendemos opiniões com base no que lemos, sem entender plenamente as complexas dinâmicas em primeira mão. A leitura nos permite consumir (ou tornar-nos consumidores de) uma grande variedade de informações, mas não exige ação da nossa parte. No pior dos casos, a leitura possibilita que nos sintamos orgulhosamente bem informados, com direito a fortes opiniões, sem ter arriscado nada.

Hoje em dia, a maioria das pessoas lê na internet — trechos de opiniões postadas constantemente em tempo real no Twitter; atualizações de status no Facebook de pessoas com quem não nos importamos há anos, mas que fazem com que nos importemos agora; fotos no Instagram combinadas com legendas; notícias e opiniões em sites que escolhemos por "gostarmos" deles; as páginas da Wikipédia que estão sempre mudando com seus úteis resumos e inexatidões inevitáveis indistinguíveis uns dos outros à primeira vista. Eu acesso artigos de blogs para verificar suas datas de publicação na esperança de ler ensaios escritos no último ano. Minha mente naturalmente resiste a conteúdos que tenham mais de um ou dois anos — o excesso de informação é real, e um artigo de cinco anos atrás já parece desatualizado. Ao mesmo tempo, a indústria tecnológica vem elaborando algoritmos que são feitos para nos prender com o conteúdo que ela seleciona, com base na análise que ela faz do que poderia atrair nossa atenção e nos manter nos seus sites de redes sociais.

Nossos filhos estão ainda menos equipados para avaliar o que leem. Sócrates disse há muitos anos, antes de a maioria das pessoas se tornar alfabetizada, e muito antes da primeira prensa e da internet: "A vida não examinada não é digna de ser vivida." Gostaria de fazer um ajuste na sabedoria atemporal de Sócrates e dizer: "A vida não examinada não deveria ler livros ou surfar na internet." Uma vida examinada nos permite ler de forma crítica, com mais consciência, com ceticismo saudável, com a disposição de sermos mudados pelo que lemos. A habilidade chamada "exame" é a habilidade de discernir ou diferenciar, de identificar o que é útil e o que é inútil — ou, mais além, a habilidade de dizer com franqueza: "Eu não sei qual é qual." Essa é a essência do pensamento crítico.

O letramento nós dá poder — a chance de escolher nos informar, de ganharmos perspectiva, de compartilharmos opiniões —, desde que leiamos com consciência crítica. Na dieta de um pensador, a leitura compõe a maior porcentagem dos nossos dados e de nossas fontes. A leitura é importante, tanto pela sua amplitude como pelos seus limites. O que queremos trazer à leitura é uma mente curiosa, uma imaginação expansiva e a fome de saber. A leitura e a escrita não se resumem meramente à capacidade de decifrar textos e transcrever pensamentos, mas vai até possibilidade de isso ser importante para nós mesmos e para outros.

## Letramento

Você está lendo um texto agora. Se usamos nossos olhos para ler um livro ou uma tela, estamos realizando o que os especialistas em letramento chamam de "decodificação". Quando os leitores escutam uma palavra, a mente deles procura pelos possíveis significados dessa palavra e o que ela deveria significar nesse contexto novo e desconhecido. No caso de novos leitores, às vezes o esforço para ler uma nova palavra em voz alta é tão grande que, quando conseguem pronunciá-la, seu cérebro não tem mais a energia ou a memória operacional para atribuir sentido a ela. O pequeno leitor não consegue responder nenhuma pergunta sobre a história — nossos alunos só conseguiram decodificar as palavras. Uma vez que o leitor se esforçou para aprender a decodificar o idioma e atingiu o nível necessário de velocidade e precisão, o próximo nível de letramento estará disponível: atribuir significado às frases quando combinadas. A compreensão nesse nível significa ter a habilidade de reformular a informação depois de lida. O próximo nível da compreensão da leitura, porém, é ainda mais sofisticado: "Um leitor deverá usar seu conhecimento das palavras e do mundo (incluindo sua experiência) para entender qualquer texto." Nesse sentido, o leitor passa a participar de uma conversa em progresso. Ele pode decodificar as palavras e o mundo de ideias.

O letramento pode ser entendido de forma mais ampla também. Por exemplo, o letramento visual inclui imagens e símbolos. Para um bebê recém-nascido, qual é a diferença entre "aquela pessoa de uniforme verde" e "aquela pessoa me abraçando na cama"? Sabemos que uma é enfermeira e a outra é a nova mamãe. Desde o momento do seu nascimento, um bebê começa a interpretar o mundo visualmente acessível a ele, aprendendo símbolos e sinais que o ajudarão a entender como viver entre os demais. Segundo Brian Kennedy, o diretor do Museu de Arte de Toledo, "[l]etramento visual é a habilidade de fazer interpretações com base nas imagens. Não é uma habilidade. Ela emprega habilidades como uma caixa de ferramentas. É uma forma de pensamento crítico que aumenta nossa capacidade intelectual." Decodificar uma imagem ou um símbolo *é* aplicar habilidades de pensamento crítico na leitura. Hoje em dia, usamos o tempo "o letramento" para nos referir a diversas disciplinas que exigem conhecimento básico também. Por exemplo, podemos falar sobre "letramento digital", "letramento matemático" ou "letramento no local de trabalho". Enquanto a alfabetização é definida pela decodificação de letras em som e segundo seu significado básico, esses conjuntos de palavras expandem a definição dela, que recebe o nome de letramento, uma vez que apontam para um âmbito maior ou a um contexto mais amplo — letramento significa ter fluência no vocabulário, nos símbolos e nas práticas de um domínio específico.

Permita-me contar uma história sobre letramento em símbolos que vivenciei depois de adulta e que me lembrou de uma fluência e de uma falta de fluência que tenho. Tomei um voo para o Japão pela Singapore Airlines há décadas. Fui até o pequeno banheiro na parte de trás do avião. Abri a porta sanfonada, baixei minhas calças e parei ao me abaixar quando vi um par de imagens que explicavam como usar o banheiro. Minha reação inicial foi surpresa. Havia pessoas que não sabiam como usar um banheiro? Uma imagem mostrava o formato de uma pessoa abaixando — com os dois pés sobre o assento do vaso. Essa imagem tinha um X vermelho sobre ela. A imagem seguinte tinha o formato de uma pessoa sentada sobre o assento do vaso com ambos os pés no chão, sem o X. Li essas imagens da esquerda para a direita.

Um nível de letramento em imagens: a habilidade de decodificar ilustrações. Os desenhos eram um pouco caricaturados — desenhos à mão de formatos corpóreos, e não fotografias. Pessoas que sabem interpretar imagens reconhecem que os formatos bidimensionais representam itens e pessoas do mundo real. Entendi com facilidade os desenhos que correspondiam ao vaso sanitário e ao ser humano. Estava acostumada a ver formatos que representam itens e pessoas do mundo real. Mas essa habilidade precisa ser aprendida; não é automática. Você já foi ao banheiro em restaurantes temáticos, por exemplo, e os donos ousaram em suas ilustrações, talvez usando chapéus para indicar qual é o banheiro dos homens e qual é o banheiro das mulheres? Se seu letramento em chapéus ocidentais ainda não atingiu o nível necessário, talvez você tenha encontrado dificuldades para entender qual era o banheiro para as "vaqueiras" e para os "vaqueiros"! Esse é o meu ponto.

Outra característica do letramento em imagens naquela cabine era a habilidade de interpretar o grande X vermelho sobre a primeira imagem. Eu sabia que, se havia um X, isso significava "desse jeito não" ou "isso é proibido". Perguntei-me: *E se a pessoa na cabine for da Tailândia, da Índia ou de outro país que usa uma ortografia diferente? Os leitores tailandeses ou hindus usam a letra romana X dessa forma para indicar "proibido"?* Entendi que a cor vermelha significava "não faça isso". E, novamente, me perguntei: *Todo mundo sabe disso? O vermelho é reconhecido no mundo todo como a cor da proibição?* Talvez o sinal de pare tenha se tornado universalmente conhecido. Verdade seja dita: o sinal de pare poderia ter sido azul ou verde. Em determinado momento, o "nós" coletivo decidiu associar a cor "vermelha" com o significado de "pare" — um letramento em cores que precisou ser aprendido.

Por fim, um terceiro aspecto do letramento em imagens é a habilidade de interpretar o significado. Os sinais do banheiro não eram decorações. Foram feitos para instruir. A primeira posição no vaso sanitário era proibida, e a segunda era a correta. Eu me perguntei *quem* precisaria desse amável lembrete. Essa foi a primeira vez em que percebi que algumas pessoas do mundo não eram alfabetizadas em "banheiros ocidentais". Elas tinham um método diferente de fazer suas necessidades. As imagens foram feitas para instruir sem palavras. Não tive problemas, visto que entendi os símbolos e sempre usei o banheiro ocidental. (Por ironia do destino, me mudei para o Marrocos naquele mesmo ano, e meu primeiro apartamento tinha um vaso sanitário no estilo turco — e precisei aprender a usá-lo sem a ajuda de imagens para me instruir!)

Horas depois, nosso avião pousou no Japão. Em Tóquio, entrei no Aeroporto Internacional de Narita e me deparei com um banheiro de alta tecnologia que não sabia como interpretar. As cabines eram pequenas e tinham portas que iam do piso ao teto. O reluzente vaso sanitário branco parecia que tinha vindo do futuro, tendo diversos botões com caracteres japoneses que não conseguia decifrar. Havia botões na parede, no vaso sanitário em si, e nenhum puxador ou alça de descarga óbvios. Eu sabia como me sentar, mas fiquei surpresa quando vi que o vaso sanitário não tinha tampa. Não descobri como dar a descarga. Passei vários minutos contemplando todos os botões, com medo de apertá-los. Por fim, cheguei à conclusão de que só descobriria o que eles faziam se corresse o risco e os apertasse. Então fiz isso. Cinco minutos depois de ficar apertando botões, a água se moveu, e ri de surpresa. Um botão fez a tampa do vaso sanitário baixar com um alto zunido — tarde demais para ser usada. Apertei outro botão, que fez o barulho da descarga, mas não jogava água. Descobri depois que os japoneses são discretos. Eles gostam de dar descarga duas vezes em locais públicos para abafar o som da urina. Para economizar água, esse som da descarga foi acrescentado a banheiros públicos para dar aos japoneses uma forma de manter a discrição. Depois de apertar vários outros botões, a água veio — surpresa! Comecei a rir. Tenho certeza de que ainda não sou fluente em banheiros japoneses. Dito isso, sabia o suficiente para apertar botões. Havia aprendido desde cedo na vida que os botões foram feitos para serem apertados! Essa alfabetização me ajudou naquele dia.

Meu uso confiante de banheiros no avião foi destronado (rá!) em Tóquio. Pensando nessas duas experiências com banheiros, cheguei à conclusão de que nosso senso de poder e impotência tem muito a ver com quão bem conseguimos *ler* em qualquer circunstância — ler pessoas, sinais, idiomas, rostos, máquinas, o trânsito, pontos de vista, e assim por diante. Talvez o estresse cultural seja apenas o cansaço de aprender a "ler em voz alta" e interpretar uma nova cultura, idioma, sistema de alimentação, moeda, conjunto de maneirismos e lugar quando lemos em um novo ambiente. Imagine o quão cansativo é ser uma criança e ter de se tornar letrada em tantas áreas o dia inteiro, todo dia, além das aulas da escola. À medida que os jovens crescem, eles aprendem a ler e interpretar os rostos, a voz, a linguagem corporal e a intonação dos seus pais — quando relaxar e quando se preparar para levar umas palmadas! Agora imagine ser uma criança com algum transtorno de aprendizagem. Esse desafio vai muito além.

Decodificar rostos, comportamentos, dicas sociais, tons de voz — esses são letramentos que aprendemos desde cedo na vida e que nos ajudam a nos dar bem com os demais. Pense em como seu bebê nem sempre reconhece sua urgência ou insistência. É preciso tempo para entender que o tom de voz, não apenas as palavras, faz parte da comunicação. Da próxima vez que seu filho não corresponder à sua irritação, pergunte-se:

*quão fluente meu filho é no meu tom de voz de irritação?* Talvez ele precise de um curso rápido em "Ei! Me acompanhe, jovenzinho!" De modo similar, quão frequentemente um adolescente interpreta mal uma mensagem de texto dos seus pais, e vice-versa? A geração mais jovem revolucionou a forma como expressamos nosso tom de voz ao escrever por causa das mensagens de texto — outra forma de letramento a dominar!

O ponto é: precisamos decodificar todos os tipos de linguagens e imagens para atuar no nosso mundo cada vez mais dependente de símbolos. Ao passo que o termo "alfabetização" é associado com a decodificação de letras do alfabeto para a leitura, "letramento" é utilizado para incluir a forma como deciframos um conjunto cada vez maior de imagens para criar um léxico de significados para esses símbolos. Para dirigir, decodificamos sinais de trânsito, o semáforo e as linhas pintadas na estrada. Lemos os medidores no painel do carro. Uma experiência anterior com uma marca e modelo de carro nos permite fazer suposições melhores sempre que entramos em outro. As instruções de montagem de móveis e de como lavar roupas devem ser decifradas (faça uma pausa e analise a palavra: de-cifrada — literalmente desfazer a cifra — decodificando o pictograma) para montar uma mesa ou evitar estragar uma blusa que deveria ser *lavada apenas a seco.*

Que outros "letramentos e léxicos" você e/ou seus filhos usam todos os dias?

- Organizar sua vida pelo smartphone.
- Programação de computadores.
- Pesquisas na internet.
- Uso do controle remoto e gravar programas no DVR.
- Navegar em serviços de streaming em vários aparelhos.
- Operar máquinas como a lavadora de pratos ou um soprador de folhas.
- Ler uma receita e fazer comida.
- Jogar jogos de cartas, de tabuleiro ou online.

- Seguir instruções para montar um modelo de LEGO ou um móvel da IKEA.
- Interpretar emoticons em uma mensagem de texto.
- Dizer as horas em um relógio analógico.
- Transitar em um aeroporto em um idioma estrangeiro.
- Usar uma máquina de costura e seguir um padrão.
- Ler o placar de um evento esportivo.
- Reconhecer uma profissão pelo uniforme.
- Entender receitas e canhotos de bilhetes.
- Interpretar tabelas financeiras de uma conta de investimentos.

Gosto de pensar em todos esses "pequenos letramentos e léxicos", em todas as maneiras pelas quais aprendemos a ler nosso ambiente e tudo nele. Toda vez que nossos filhos aprendem a seguir um padrão de informação, eles estão dominando outra habilidade de "leitura" e usando seus poderes de pensamento crítico. No cenário tecnológico de hoje em dia, o número de letramentos e léxicos que os demais esperam que dominemos está explodindo exponencialmente. Nosso impulso globalizado pela igualdade criou o ambiente perfeito no qual os símbolos podem prosperar, passando por cima da necessidade de traduções de idiomas. Nossos filhos são nativos digitais que conseguem usar a tecnologia sem sotaque. No caso de pessoas da minha idade, chamamos o adolescente mais próximo para nos livrar de problemas técnicos.

À medida que cria seus filhos, será útil observar a variedade de letramentos e léxicos aos quais eles recorrem para interpretar seu mundo e dar valor a eles. É cansativo decodificar e interpretar o dia todo. Toda vez que são bem-sucedidos, eles acrescentam outro conjunto de dados à sua habilidade de ler e interpretar melhor. A verdade é que esses letramentos e léxicos estão profundamente conectados ao nosso senso de lugar, nossas origens religiosas ou não religiosas e nossas experiências de vida. As interpretações que damos ao que "lemos" moldam nossa identidade e nossa visão do mundo. Precisamos fazer esforços deliberados para abrir espaço ao histórico consideravelmente diferente de outra pessoa ao passo que ela relata como enxerga o mundo da sua perspectiva. Todos nós interpretamos o tempo todo, e nem todos temos o mesmo nível de habilidade em todos os campos. Ademais, nem todos interpretam a mesma informação da mesma forma. Podemos usar as mesmas palavras ou símbolos idênticos com a intenção de transmitir significados totalmente diferentes. "O letramento mais profundo é metacognitivo", explica Rita Cevasco, patologista de fala e linguagem (PFL) e fundadora da Rooted in Language. "Podemos reconhecer e entender que diversas interpretações podem coexistir." Na verdade, é preciso humildade para reconhecer que, dentro da nossa igualdade cuidadosamente criada, existe uma variedade vibrante de ricas experiências que resultam em diversas interpretações. Podemos admirar essa variedade, em vez de condená-la.

Nossos pequenos letramentos e léxicos estabelecem a base do pensamento crítico. Nossas suposições sobre terminologia, por exemplo, podem nos atrapalhar em entender a mensagem do escritor. Um dos objetivos da educação é aumentar o vocabulário dos alunos em determinado campo em cada matéria, para que, quando chegar a hora de ir para a faculdade, eles tenham o conhecimento prático de como conversar sobre literatura, de como o governo funciona, de como trabalhar com provas ou o que constitui a estrutura de uma célula. Os alunos ganham acesso a grandes conversas em um campo quando passam tempo suficiente aprendendo sobre as informações básicas que lhes permitem interpretar o que leem e aprendem. Por fim, a compreensão está ligada ao conhecimento básico, a conceitos linguísticos e às habilidades linguísticas subjacentes.

Quando alunos recebem tarefas de leitura sem um entendimento básico da lei subjacente, do contexto histórico ou dos princípios religiosos que estruturam a visão do mundo de um escritor, eles sentem tanta dificuldade quanto eu senti naquele banheiro japonês com botões com símbolos hiragana! Precisamos de tempo e dedicação para nos tornar leitores habilidosos — e nosso nível de habilidade pode variar dependendo da matéria em foco. Quanto mais nossos filhos aprendem a ser curiosos, a interpretar o que não entendem e a tirar tempo para criar esse léxico, mais habilidosos serão no uso da sua mente para pensar bem. Para ajudar a aumentar a habilidade dos seus filhos de ler com atenção e cuidado, elaborei uma série de atividades que fará da leitura uma ferramenta mais poderosa no pensamento crítico. Cada atividade pode ser aplicada a todos os membros da família, de todas as idades (incluindo pais e professores), e é composta de várias atividades. Sinta-se à vontade para realizá-las aos poucos.

## ATIVIDADE 1: PEQUENOS LETRAMENTOS E LÉXICOS

A primeira atividade é dar valor aos pequenos letramentos — todas as maneiras por meio das quais seus filhos e adolescentes já mostram ser "decifradores de códigos". Você treinará seus filhos para ver que o mundo está cheio de mensagens secretas esperando para serem decifradas. Nossa tarefa é sermos como pequenos espiões com um kit de ferramentas, identificando que mensagens o remetente queria enviar. Essas atividades estão organizadas por desenvolvimento, começando com seus pré-leitores mais jovens até os adolescentes.

### *Para os Pequeninos (5 a 9): Letramentos Pré-leitura*

Dê atenção aos letramentos que dão suporte à atividade da leitura. Seus filhos não percebem *quanta leitura* eles já estão fazendo! Algumas dessas atividades podem ser um desafio para quem está aprendendo a ler. Se ainda continuarem tendo dificuldade, buscar ajuda profissional é um presente que você pode dar ao seu filho!

- Vire as páginas da esquerda para a direita.
- Vire o livro com o lado direito para cima.
- Aponte para uma imagem e diga o nome dela.
- Conte os itens em uma página.

- Diga o nome das letras do alfabeto (enquanto aponta para cada letra maiúscula e minúscula).
- Recite o alfabeto (enquanto aponta para cada letra maiúscula e minúscula).
- Dê atenção à diferença entre as fontes (cursiva, sem serifas, com serifas; também conhecidas como com curvas, retas e com detalhes adicionais).
- Coloque palavras em ordem alfabética.
- Coloque itens em ordem alfabética (mais difícil).
- Identifique as cores.
- Identifique os sinais de pontuação.
- Identifique os números.
- Identifique os símbolos matemáticos (+, -, =, ×, ≠, ÷).

### *Para os Pequeninos (5 a 9): Letramento Visual na Leitura*

Algumas crianças podem achar o letramento visual desafiador, em especial as autistas. Seja paciente. Isso não é uma prova, mas um conjunto de práticas para experimentar. Essas atividades auxiliam as crianças com tarefas metacognitivas que ajudam na interpretação.

- Diferenciar imagens: rostos, animais, plantas, máquinas, prédios.
- Ligar expressões faciais às emoções.
- Entender a diferença entre fotografias e ilustrações.
- Classificar uma coleção de itens, como peças de LEGO, itens de escritório ou brinquedos por cor.
- Reconhecer e identificar um item/pessoa/animal visto por trás, por cima ou de lado.
- Identificar o clima e as estações com dicas visuais.

- Reconhecer prédios e lugares: agências dos correios, escolas, apartamentos, mercados, casas de adoração, academias, lares, parques, praias.

*História engraçada:* quando meu filho mais velho tinha 4 anos, fomos a uma igreja que havia no ginásio de uma escola. Certo dia, enquanto estávamos dirigindo em uma vizinhança diferente, ele apontou pela janela em direção à escola e disse: "Olhe, mamãe, uma igreja!" Um ótimo exemplo de como experiências pessoais formam nossas percepções que moldam como interpretamos o mundo.

### *Para os Jovens (10 a 12): Coletar Símbolos e Criar Seu Próprio Dicionário*

- Durante uma semana, colecione símbolos: placas de trânsito, supermercados, botões do controle remoto, ícones de jogos online, símbolos de jogos de cartas colecionáveis, botões de eletrodomésticos, e assim por diante.
- Faça um léxico deles, fazendo a criança dar as definições nas suas próprias palavras. Use um celular para tirar fotos dos símbolos, imprima-as e coloque-as em um pequeno dicionário.
- Parabenize a habilidade do seu filho de decodificar os significados. Conversem sobre como ele conseguiu interpretar os símbolos. Observe quais símbolos não foram identificados de imediato. Discutam por que isso aconteceu. Peça que seu filho sugira símbolos melhores!

### *Para os Jovens (10 a 12): Crie Seu Próprio Vocabulário de Símbolos Domésticos*

- Crie símbolos para as atividades diárias.
- Faça cartões de anotações para cada uma delas.

- Discutam por que você escolheu cada símbolo: um símbolo para passar o aspirador, cozinhar, escovar os dentes, tocar piano, navegar na internet, e assim por diante.
- Use os cartões (em vez de palavras) para se comunicar durante o dia.

### *Para os Jovens (10 a 12): Dê Aulas de Tons de Voz*

Na série a seguir, peça que os adultos e as crianças troquem de papéis como oradores e intérpretes.

- Crie uma frase: "Eu não quero ir." Repita-a com o máximo de entonações possível para mudar seu significado. Tente adivinhar o que ela queria dizer.
- Transmita sarcasmo, irritação, entusiasmo, preocupação, medo, raiva etc. Discutam por que determinado tom conta uma história e outro tom conta outra diferente.
- Analise: o volume mudou? O tom de voz subiu ou desceu na escala? Alguma palavra foi exagerada? Se exagerasse outra, isso mudaria o significado do tom? Experimente!

### *Para os Adolescentes (13 a 18): Experimente a Ortografia de Outro Sistema de Escrita*

O objetivo deste experimento é apenas reconhecer que a linguagem foi transcrita de várias formas e que não existe uma maneira "certa" (uma lição sutil para reconhecer a diversidade de uma prática universal).

- Usando o Google Tradutor, escolha uma frase em português e traduza-a para outro idioma que usa o mesmo alfabeto que o português, como holandês. Você e seu filho a copiarão à mão. Peça ao seu filho para perceber quanta atenção ele dá ao ato de copiar a frase em holandês em comparação com a frase em português.

- Experimente fazer isso com outro alfabeto, como o russo ou hindi. Traduza a mesma frase em caracteres chineses. A tarefa ficou muito mais difícil? O que não sabemos sobre como escrever à mão o alfabeto hindi ou os caracteres chineses? Que estratégias seu filho usou? O que ajudou? O que não ajudou?
- Assista um vídeo no YouTube sobre como escrever nesses idiomas, para comparar.
- Tente escrever em português da direita para a esquerda ou de cima para baixo. Qual foi o resultado? Qual é mais difícil de ler?
- Alguma coisa mudou em como você entende o que lê? Alguma palavra se destaca? Algum conceito mudou em importância?

### *Para os Adolescentes (13 a 18): Identifique os Animais e as Plantas no Seu Quintal, Parque da Vizinhança ou Poça de Maré*

A botânica Robin Kimmerer observou que as crianças conseguem identificar até cem logotipos corporativos, mas menos de cinco plantas. Vamos corrigir isso!

- Apanhe um guia de campo e vamos nessa! Identifique as coisas que ficam fora da sua casa.
- Aprenda a diferença entre as várias espécies de cascas (árvores), musgos, pássaros e flores.
- Registre essas diferenças em um caderno pessoal. Dica: fotografe uma imagem e copie a informação do guia de campo.
- Peça que seu filho estabeleça um objetivo: quantas espécies ele conseguirá aprender a identificar em cada categoria?

### *Para os Adolescentes (13 a 18): Crie um Conjunto de Palavras com o Vocabulário de Determinado Campo*

Pode abraçar seu nerd interior neste aqui. Faça uma lista com toda a terminologia associada a determinado campo, quer esse seja escalada indoor, macramê, hip-hop, a física do voo ou programação de computadores. Experimente um tópico que envolva os campos da ciência, tecnologia, engenharia, arte e matemática.

- Escolha uma matéria ou campo de interesse. Reúna termos durante uma semana. Escreva-os em uma lousa à medida que for pensando neles.
- Divida-os por categoria: itens, verbos, equipamentos, locais, pessoas famosas, habilidades, gírias, termos descritivos e assim por diante.
- Observe os termos que são específicos do campo (como "bouldering" na prática da escalada). Observe os termos que podem ser dobrados para descrever atividades em outros contextos (por exemplo, "mosquetão" pode ser usado em outros campos além da escalada).
- Busca online: digite o assunto mais a palavra "vocabulário" para ver quantos outros termos existem nesse tópico.

Quanto melhor for o vocabulário e o conhecimento básico da criança em qualquer área, melhor leitora ela se tornará. Um vocabulário preciso e a decodificação precisa de símbolos e linguagem permitem que uma pessoa tenha nuances ao formar opiniões. Quando ler sobre alguma matéria com seu filho, faça um curso intensivo do vocabulário relacionado antes de ler para prepará-lo a fim de pensar bem. Para adolescentes: depois de ter a oportunidade de explorar o vocabulário específico de algum campo para um passatempo, procure fazer o mesmo com uma questão social.

## ATIVIDADE 2: A BIBLIOTECA DA VARIEDADE

No início deste capítulo, expliquei que a leitura está sob o nosso controle. Podemos tirar muito do que lemos, escolhendo ser influenciados por isso, ou podemos ignorar a mensagem do autor sem pensar duas vezes. Uma das formas de controlarmos o que lemos é limitar nossas fontes àquela de que gostamos ou que agrada ao nosso estilo de pensamento. Por exemplo, se somos do tipo de pessoa que ama ficções históricas (afinal, quem não gosta?), talvez não tenhamos o hábito de retirar os fatos do contexto romântico. Elas tomam liberdades com o registro histórico em prol do enredo, e não há nada de errado nisso, visto que estamos falando de uma ficção. Mas se essa é a única maneira de aprendermos sobre história, talvez sejamos levados ao erro no que se refere aos fatos.

De modo similar, se estamos acostumados a ler biografias para aprender sobre uma era da história, podemos nos familiarizar demais com a voz de uma única "celebridade" (figura histórica, político famoso) e ignorar o efeito das políticas dessa figura sobre um cidadão comum, ou sobre uma vítima da legislação, ou das escolhas militares desse líder. Naturalmente, é difícil encontrar o ponto de vista de uma pessoa comum por escrito, visto que existem poucos textos nesse modelo. Assim, como podemos expandir o que sabemos se temos menos recursos? Os leitores podem ler vários gêneros para considerar pontos de vista diferentes até a sétima série. No campo da história, por exemplo, isso significa analisar um conjunto mais amplo de materiais para entender uma era, incluindo documentos de fonte primária, como cartas, documentos legais e registros contemporâneos da época. Pode significar pesquisar outros campos, como escritos religiosos, diários e ficção. Críticas históricas, notícias, tratados de especialistas do tema-área, publicidade do período, registros arqueológicos, poesia, canções líricas e artefatos artísticos podem ajudar a preencher essa lacuna também.

Uma experiência "única" com um único escritor de um único gênero não nos ajuda a obter um entendimento completo de um assunto. Por falar nisso, esse é o problema da era da internet:

queremos respostas rápidas e nos basear nos mesmos tipos de material fonte vez após vez, como em sites de notícias, em blogs, em testemunhos pessoais nas redes sociais, na Wikipédia e no YouTube. Mas se deliberarmos e explorarmos as mesmas ideias escritas em vários estilos, teremos uma visão melhor do assunto. Por exemplo, ler um registro do governo sobre um evento e, então, o relato de um jornalista, seguido de vários relatos em primeira pessoa, tem uma probabilidade muito maior de nos dar uma compreensão realística das consequências políticas do que ler vários editoriais que têm o mesmo ponto de vista. Poesia, histórias e canções também nos ajudam a criar uma experiência completa de um evento histórico. Por exemplo, histórias exageradas e músicas de acampamento eram uma expressão do folclore da expansão para o Oeste dos Estados Unidos. Apenas ler sobre a construção da ferrovia transnacional sem essas obras literárias resulta em uma impressão vazia da história. Imagine o quão satisfatório seria mergulhar em várias fontes e estilos de informação! Isso é o que torna a leitura ampla verdadeiramente emocionante.

Utilizemos um exemplo mais atual. Quais são todas as maneiras de aprender sobre os incêndios históricos do Oeste durante o século XXI? Passaríamos o dia todo lendo tweets. Poderíamos nos limitar a um canal de mídia ou a uma fonte de notícias online. Poderíamos ler relatos pessoais por e-mail de parentes. O objetivo, porém, é analisar vários pontos de vista que incluam detalhes fatuais (como o incêndio começou, onde ele aconteceu, qual foi a resposta do corpo de bombeiros, aonde ir se perdemos nossa casa, o que o governo está fazendo durante a crise) e relatos subjetivos (como o incêndio está afetando indivíduos, os relatos em primeira mão dos bombeiros, as descrições do trauma dos funcionários de hospitais que cuidaram das vítimas, e assim por diante). Ler os detalhes fatuais de várias fontes ao mesmo tempo que lemos vários relatos de experiências pessoais resulta em uma compreensão maior do impacto do incêndio.

Queremos ensinar nossos filhos a saber que precisam de *mais* informações, a serem pacientes para encontrá-las e incluí-las nas sua análise. O projeto de escrita de um dos meus alunos é criar um "minilivro" que se concentra em apenas um assunto, como tubarões. Então, sugeri a essa criança coletar informações de várias fontes para pintar um quadro mais rico sobre o tema. Fatos sobre tubarões, piadas, poesia, comentários de especialistas, um ditado ou provérbio, informações científicas e quaisquer experiências pessoais podiam ser incluídos como conteúdo. Ilustrações, mapas e fotos acrescentariam detalhes adicionais. Esse tipo de projeto de escrita ensina a criança desde cedo que ela pode consultar várias fontes para conhecer melhor um campo de estudo. A atividade a seguir ajuda a aumentar essas habilidades do seu filho. Em todas as nossas leituras, queremos ser como curadores de uma "biblioteca da variedade". A variedade é expressa de duas formas: (1) gênero e (2) representação. Ambos os aspectos da biblioteca da variedade podem ser cultivados para todas as idades de crianças e adolescentes.

### *A Biblioteca da Variedade: Gênero*

O que faz de um texto um conto de fadas ou um relatório? Qual é a diferença entre um poema e um diálogo? Como identificar uma notícia apresentada por um jornalista e um editorial escrito por alguém que está dando sua opinião? Quantas formas diferentes existem de escrever sobre um assunto? Quais são as diferenças entre eles? Identificar o *gênero* de um texto faz parte da tarefa do pensamento crítico. Conhecer suas características ajuda o leitor a entender a missão do escritor.

#### *Instruções*

Reúna diferentes exemplos de vários gêneros de escrita. Consulte a lista de 25 gêneros aqui caso precise de ajuda para pensar em 10. (Dica: talvez você precise pegar alguns livros na biblioteca se não tiver muita variedade em casa. Imprima artigos da internet.)

- Livro ilustrado
- Ficção
- Ficção histórica

- Fantasia
- Não ficção
- Guia de campo
- Poesia
- Fábula
- Carta
- Conto de fadas
- História de pescador
- Folclore
- Texto sagrado (Bíblia, Torá, Alcorão, Upanixades, o Tao Te Ching...)
- Jornal
- Artigo de revista
- Enciclopédia
- Peça de teatro
- Gibi/romance gráfico
- Biografia
- Crítica
- Memórias
- Mito/lenda
- Apostila
- Discurso
- Canção lírica

Empilhe-os (livros e artigos). Então, use uma folha de papel por gênero, escrevendo o nome do gênero no topo da página. Responda às seguintes perguntas e anote suas respostas nas páginas apropriadas. Este projeto pode levar vários dias para ser concluído.

1. O que há na capa?
   a. Imagens? Designs abstratos? Quais cores? Qual é a sua impressão? Será entretido, informado ou surpreendido por novas ideias?

2. Observe os estilos de fontes: divertidas? Grandes ou pequenas? Parte do design ou não? Mais de uma fonte? Qual é a maior fonte da página (autor ou título)? Consegue adivinhar sobre o que o livro fala com base no título? Você já leu alguma coisa desse autor antes? O que você espera encontrar no livro com base no título, no autor e na aparência da capa?

3. Abra a primeira página do texto de cada livro. Leia cada uma em voz alta, uma de cada vez. Convide seu filho a compará-los e contrastá-los.

4. Como começa cada texto? Informação básicas? Diálogo? Dados fatuais? Versos líricos? Qual prendeu mais sua atenção? Qual prendeu menos? Consegue explicar por quê?

5. Qual gênero é mais curto? Por quê? Observe a grossura dos livros — então veja o número de páginas. Organize-os em ordem crescente de tamanho e identifique quais livros contêm que tipo de informação. Descobriu alguma coisa nova que o surpreendeu?

6. O conteúdo está contando uma história ou relatando informações? Como você sabe disso?

A seguir, escolha dois livros de gêneros bem diferentes. Vamos identificar a cadência da linguagem de cada um.

1. Tire uma cópia de uma ou duas página de cada texto.

2. Leia-as em voz alta enquanto seu filho escuta.

3. Faça perguntas sobre eles: linguagem formal ou informal? Ele rima ou não? Fatual e informativo? Persuasivo ou explanatório? Oficial ou pessoal?

4. Use a matemática (você pode criar um gráfico ou uma planilha, se desejar):

   a. Quantas palavras por parágrafo ou estrofe? (Calcule a média contando uma ou duas páginas.)

   b. Qual é a contagem média de palavras?

   c. Quantas palavras são descritivas em um parágrafo? (Mesmo que a criança selecione não adjetivos, anote-as na categoria de descritivas. Essa é sua oportunidade de ver a mente do seu filho procurando por palavras descritivas, e não de identificar classes gramaticais com perfeição.)

   d. Quantas palavras têm mais de seis letras?

   e. Quantas palavras são novas para seu filho (isso pode variar de acordo com cada criança)? Quais são elas?

5. Faça uma lista de todos os verbos em um parágrafo. Anote-os como ações que podemos realizar com nosso corpo, em comparação com verbos que se relacionam com a forma como pensamos ou percebemos. Qual categoria tem mais verbos?

6. Quem são os "personagens" nesse tipo de texto? Pessoas? Animais? Artefatos? Estatísticas? Agências? Especialistas? Pessoas comuns? Personagens históricos? Detalhes científicos? Informações? Atletas? Crianças ou adultos?

7. Qual é o objetivo do primeiro gênero? E do segundo? Qual deles você gostaria de ler por prazer? E qual para obter informações? Por quê?

8. Observe os sinais de pontuação e o uso de maiúsculas e minúsculas. Quais sinais são mais usados? Está faltando algum? (Você vê algum ponto e vírgula ou dois-pontos?) Se estiver lendo uma poesia, o poeta deu atenção ao uso de letras maiúsculas, por exemplo? Como a ausência de letras maiúsculas, ou de dois-pontos, ou de qualquer outro sinal de pontuação mudou a forma como lê o texto?

9. Dê atenção aos escritores. Eles escrevem em primeira pessoa ou de alguma outra perspectiva? A biografia do autor tem alguma coisa a ver com o assunto? Que credenciais dão suporte à habilidade do autor de escrever essa história, de escrever sobre esse assunto ou de escrever esse poema?

10. Qual objetivo você acha que o autor tinha em mente? Humor? Entretenimento? Informação? Persuasão? Descrição?

Seu filho também pode fazer perguntas para que você corra atrás de informações. Ele pode perguntar: quantas palavras começam com a letra "b"? Quantas frases há em cada parágrafo? Talvez você perceba rapidamente que as velhas regras (parágrafos têm pelo menos quatro frases) foram quebradas e que o escritor usa pronomes masculinos para se referir a todas as pessoas. Quando analisamos com atenção e fazemos perguntas, descobrimos o que realmente está *lá*, em vez de dizer aos nossos filhos o que eles deveriam encontrar.

Uma maneira de aumentar a familiaridade de um aluno com vários gêneros literários é incluir mais opções durante o momento diário de leitura em voz alta. Escolha um poema ou uma história de pescador para começar. Depois, leia um pouco de não ficção. Leia uma notícia atual sobre um assunto interessante. Analisem um gráfico juntos. Então leiam um capítulo de um romance. A cada dia, varie as fontes, para que seu filho aprecie vários estilos de escrita que ele possa copiar algum dia.

### *A Biblioteca da Variedade: Representação*

O próximo aspecto da biblioteca da variedade é o que chamamos de *representação*. Cada família é diferente. A herança cultural, as diferenças de aprendizado, as crenças religiosas e políticas, o fato de os pais estarem casados ou não, a adoção, os partos, a orientação sexual e muitos outros fatores criam a vibrante tapeçaria de uma família. No fim, nenhuma família é exatamente igual a outra. Ainda assim, na maior parte do século XX, os livros infantis em inglês apresentaram a cultura dominante e foram escritos por membros dela.

Hoje em dia, uma das tendências mais importantes na editoração é priorizar o que são chamados de livros "own voices"[1]. Em 2015, Corinne Duybis, uma autora de livros para jovens adultos, criou a hashtag #OwnVoices para se referir a autores de grupos sub-representados na editoração, que usam suas experiências pessoais para escrever suas histórias (https://www.readbrightly.com/why-we-need-diverse-authors-in-kids-ya-lit/).

Por exemplo, em vez de ler um livro de um autor branco norte-americano sobre a história do povo nativo norte-americano, Corinne sugere que as crianças leiam um livro escrito por um autor nativo norte-americano. Os livros OwnVoices vieram para representar um movimento literário dinâmico. A linguagem rica, a visão das tradições e dos hábitos e a descrição do impacto emocional dos eventos históricos são expressos por pessoas de comunidades que vivenciam essas experiências. Na editoração, o OwnVoices inclui a diferença entre *aprender sobre* e *aprender de*. Uma comparação útil: em vez de ler um guia de viagens para *aprender sobre* o lugar escrito por pessoas que não estiveram lá pessoalmente, podemos escolher *aprender de* alguém que cresceu naquele lugar e que escreveu um guia de viagens sobre ele.

Os novos autores de hoje em dia estão expandindo como ouvimos o idioma inglês (cadência, nuances e vocabulário) e como nos relacionamos com pessoas que conhecemos, mas que não entendemos. Eles também oferecem modelos aos membros das suas

1 A tradução literal seria "vozes próprias". [N. do T.]

comunidades que validam sua constelação única de experiências e crenças. Por sua vez, eles comentam nossa história compartilhada. Além disso, uma variedade de pontos de vista alimentam ideias revolucionárias. Para criar pensadores críticos, sempre procure por mais em que pensar, por mais a considerar. Estas são algumas perguntas úteis que você pode ser fazer:

- Quando estou diante de uma prateleira de livros, que mundo vejo refletido na nossa escolha de livros?
- Que livros refletem ao meu filho nossas experiências?
- Que livros ajudam meu filho a se familiarizar e aprender sobre experiências diferentes das nossas?
- Já inclui livros que falam sobre música, ciência, história, geografia, comida, matemática e arte?
- Tenho livros que foram escritos com base em pesquisas e experiências em primeira mão?

  Nota: nem livros baseados em experiências em primeira mão nem baseados em pesquisas qualificam ou desqualificam automaticamente esses livros. É importante ler críticas de membros da comunidade. Como o livro foi recebido por aqueles representados nessa história? A representação da comunidade/período foi feita com exatidão?

- Existem livros alternativos disponíveis que representam melhor essa comunidade/evento/período?
- Existe um conjunto de autores (gênero, nacionalidade, raça, habilidades, condição socioeconômica, afiliação política, e assim por diante)?
- Existe um conjunto de protagonistas (gênero, nacionalidade, raça, habilidades, condição socioeconômica, afiliação política, e assim por diante)?
- Existe um conjunto de pontos de vista (histórico, pessoal, estatístico, editorial, artístico, fatual)?

Se criarmos uma biblioteca da variedade, tanto em gênero quanto em representação, enriqueceremos o solo do entendimento dos nossos alunos. Ler atentamente aprimora o pensamento crítico. Nossos filhos terão um kit de ferramentas melhor para decodificar informações, separar fatos de ficção e incluir a experiência em primeira mão do autor como uma fonte de autoridade sobre o assunto.

No próximo capítulo, falaremos sobre como ler esses livros *a fundo.*

# CAPÍTULO 8

# Leitura: Leia Devagar para Se Aprofundar

> À medida que nos aprofundamos nas nossas próprias ideias, às vezes temos epifanias que vão além de qualquer informação do autor. Essas ideias são a base de novos pensamentos que não existiam antes de nós e, talvez, antes de mais ninguém. Em resumo, durante uma leitura bem-feita, saímos da superfície e vamos até os níveis mais profundos do pensamento.
>
> — Maryanne Wolf

Não consigo imaginar a vida sem livros. Acho que teria sido um tipo especial de tortura ter vivido em uma época sem o prazer solitário de quebrar a lombada, inclinar a cabeça e me aconchegar com um escritor que me levará em uma jornada particular. Entretanto, a leitura, tal como a conhecemos — ler sozinhos, em silêncio —, só surgiu recentemente no quotidiano do ser humano. Na maior parte da história da humanidade, a maioria das pessoas não pôde abrir as páginas de um livro para se familiarizar com as revelações íntimas de um escritor — seja um romance ou uma explicação cuidadosa de como nossos planetas giram ao redor do sol.

As narrativas ao redor de uma fogueira e o debate em praça pública vieram primeiro. Essas são as práticas de comunicação antigas bem conhecidas que encontramos nas sociedades humanas em cada cantinho do globo. Nesse sentido, a leitura e a escrita são novas. Você já percebeu, porém, que nem todo mundo viu o advento da palavra escrita como algo que ajudaria no nosso desenvolvimento como pessoas? Platão, na sua obra *Fedro*, registra diálogos que aconteceram entre Sócrates e seu discípulo. Sócrates alerta seu protegido sobre a escrita assim como muitos pais alertam seus filhos sobre os videogames — *Cuidado! O perigo a seguir fará seu cérebro apodrecer!*

Veja o que ele disse: "[E]ssa sua descoberta [a escrita] criará o esquecimento nas almas dos aprendizes, porque eles deixarão de usar sua memória; eles confiarão nos caracteres externos escritos e eles mesmos não se lembrarão... serão ouvintes de muitas coisas e não terão aprendido nada; parecerão oniscientes e não saberão nada de forma geral; serão uma companhia cansativa, precisando exibir sabedoria sem a realidade."

Bum! Sócrates solta o microfone! Consegue imaginar qual seria sua reação ao Facebook? "Ouvintes de muitas coisas, não terão aprendido nada, companhia cansativa..." Tenho medo de continuar digitando. Estou contribuindo para "exibir sabedoria sem a realidade" escrevendo livros? A cultura oral foi elogiada pela sua vivacidade, sua imprevisibilidade, a forma como a sabedoria era construída como um projeto da comunidade e para as comunidades em si que ela nutria. As culturas nativas continuam valorizando suas tradições orais para revitalizar a linguagem do seu coração, para lembrá-los da sua identidade compartilhada e para proteger os laços comunais. A internet estimulou o projeto da leitura conjunta e da formação de comunidades. Existe uma vivacidade e volatilidade em escrever blogs e digitar nas redes sociais, em comentários online abaixo das notícias, em painéis de discussão e em chat rooms que é revigorante e provocativa. Estamos vendo a mistura de dois modos de leitura e pensamento nesta brava nova era: mais especificamente, os estados de atenção hiper e profundamente focada?

## O Cérebro Ocupado

Voltando à origem dos tempos, para sobreviver em um mundo hostil com um cérebro enorme e dentes cegos, os seres humanos recorriam a um hábito neurológico de atenção chamado "hiperfoco". O cérebro o adota para fugir de ameaças, permanecendo sempre alerta e realizando várias tarefas ao mesmo tempo para preservar a si mesmo. Um barulho nas árvores, um grunhido baixo, uma queda na temperatura — essas experiências agem como notificações em que precisamos verificar os dados que chegaram e lidar com eles *imediatamente* para continuarmos seguros. Nossas culturas orais dinâmicas são um reflexo desse estilo de atenção. A tradição oral é cocriada e responsiva ao momento. Os membros de uma comunicação ensaiam a história compartilhada e a expressam da sua forma, modificando e expandindo as narrativas, acrescentando tradições, ritmos e rituais para destacar o significado gerado pelo grupo e para promover a memorização.

A linguagem oral encontrou um meio de se transformar em linguagem escrita (pintada nas paredes das cavernas, escrita à mão em papiro ou cuidadosamente copiada em códices): histórias reais e fictícias solidificadas em narrativas unificadas. Os manuscritos resultantes foram lidos com mais frequência em recitais ou em leituras públicas (como na igreja ou na prefeitura). Na verdade, até pessoas alfabetizadas que tinham o privilégio de saber ler sozinhas ainda liam em voz alta para si mesmas! Em 380 EC, Santo Agostinho expressou genuína surpresa quando viu Santo Ambrósio lendo um texto em silêncio (sem nem sequer mexer os lábios!). Ao passo que a escrita foi se tornando cada vez mais popular como uma forma de registrar e transferir informações, na Idade Média, várias pessoas que não pertenciam à elite sabiam ler. A leitura começou a ser usada mais como uma ferramenta privada de autoinstrução e registro do que algo realizado publicamente pelos líderes das comunidades que eles guiavam.

A linguagem passou a adquirir novos formatos também — espaços entre as palavras, sinais de pontuação foram acrescentados. Os escritores agora podiam editar seus próprios textos. Isso fez com que eles passassem a apresentar argumentos melhores que tinham mais nuance e complexidade. A leitura e a escrita começaram a transformar a forma como os seres humanos pensavam. As pessoas precisavam de tempo a sós para ler uma ideia, considerá-la e associá-la com outras ideias. Uma mudança sísmica do *hiper*foco do nosso cérebro para o foco *profundo* estava para acontecer. Katherine Hayles, professora de Inglês na UCLA, descreve bem esses dois estados de atenção: "A atenção profunda é ótima para resolver problemas complexos representados por uma única mídia, mas deve abrir mão do alerta ambiental e da flexibilidade de resposta. A hiperatenção é ótima para negociar rapidamente em ambientes que estão sempre mudando, no qual múltiplos focos competem pela nossa atenção; sua desvantagem é a impaciência de se concentrar por longos períodos em um objeto não iterativo, como um romance vitoriano ou problemas complicados de matemática."

A prensa entrou em cena no século XV e acelerou a mudança do cérebro para um estado de atenção de foco profundo. "O desenvolvimento do conhecimento se tornou cada vez mais privado, com cada leitor criando, na sua própria mente, uma síntese pessoal de ideias e informações transmitidas por meio dos escritos de outros pensadores." Essa habilidade de lermos em particular, de absorvermos ideias e de tirar conclusões sozinhos alterou profundamente nosso conceito de educação. Esperava-se que os alunos passassem a tornar o ensino significativo por si mesmos mediante um comprometimento profundamente focado. Nossas instituições acadêmicas adotaram totalmente o formato de "foco profundo". Hayles reconhece essa tendência: "No contexto evolucionário, não é surpreendente que o hiperfoco tenha se desenvolvido primeiro; a atenção profunda é um luxo relativo, que exige um ambiente grupal no qual ninguém precisa mais estar constantemente alerta ao perigo."

Com isso em mente, projetamos nossas escolas e nossas bibliotecas para providenciar locais silenciosos e privativos, protegidos do barulho e das interrupções, que permitissem a concentração enquanto estivéssemos lendo. Treinamos nossos educadores a acreditar que o aprendizado de *foco profundo* é o principal hábito que um aluno bem educado deve ter. Na prática, porém, enfatizamos o aprendizado silencioso, em vez de profundo. Consequentemente, os pais esperam que seus filhos reflitam silenciosamente quando fazem sua lição de casa para provar que estão prestando atenção.

Ainda assim, aqui estamos, no século XXI, e outra mudança sísmica está para acontecer com nosso cérebro. Com o advento da internet nos nossos telefones, voltamos ao hábito de atenção dos nossos impulsos anteriores: o hiperfoco. Essa necessidade primitiva de monitorar o ambiente e permanecermos alertas a intrusões voltou na nossa vida digital para se vingar. O FOMO (sigla em inglês que significa "medo de estar por fora"[1]) é real! Talvez não sejamos interrompidos pelo grunhido de um javali que está prestes a nos emboscar, mas Deus nos livre de perdermos um comentário no Instagram! Pontos vermelhos, sinos e as vibrações de vários aparelhos desviam nosso olhar, coçam nossos ouvidos ou fazem nosso bolso tremer. Sentimo-nos compelidos a interromper o que estamos fazendo. Essa é uma programação muito, mas muito, mas muito antiga. Ainda assim, é necessário dizer — as empresas de tecnologia ficam felizes em explorar isso.

As empresas de redes sociais, como o Facebook, projetam suas plataformas para fazer o máximo de pressão psicológica para nos manter conectados. "Os recursos aparentemente inócuos… — como os botões de 'gostei' e 'coração', que representam apreciação e afeto; os gestos de mover a tela de cima para baixo para atualizá-la com novas informações; o número de 'streaks', que conta quantas mensagens trocamos com amigos; a infinita quantidade de coisas que vemos rolando a tela — são variações de técnicas de condicionamento psicológico inventados

1 Fear Of Missing Out. [N. do T.]

por fabricantes de máquinas caça-níqueis. Eles prometem recompensas emocionais e sociais e entregam essas recompensas de formas imprevisíveis." A consequência desse estresse algorítmico é que estamos sendo treinados a ler rapidamente, a reagir instantaneamente, sem refletir, o dia inteiro, todos os dias — ativando o hipersistema de alerta sempre vigilante do nosso cérebro. Combine essa pressão de reagir imediatamente ao conteúdo online com nossa memória dos testes de múltipla escolha com sua pressão de tempo e respostas certas, e começaremos a ver por que tantos de nós têm a obsessão de responder a cada tweet ou atualização do Facebook instantaneamente, declarando nossos posicionamentos mais corretos!

Mas o tipo de leitura que possibilita o pensamento crítico exige profundidade, e esse é o tipo de leitura que não fazemos mais com tanta facilidade, porque nossos smartphones estão literalmente reprogramando nosso cérebro. Nicholas Carr afirmou no seu livro *A geração superficial: O que a internet está fazendo com os nossos cérebros* que, "[c]omo sociedade, devotamos cada vez menos tempo à leitura de palavras impressas, e mesmo quando as lemos, fazemos isso sob a tumultuosa sombra da internet". Depois de mais de cem páginas de dados e pesquisas no seu livro, Carr explicou: "Uma coisa é bem clara: se, sabendo o que sabemos hoje sobre a neuroplasticidade do cérebro, fôssemos inventar uma mídia que reprogramasse nossos circuitos mentais tão rápido e plenamente quanto possível, provavelmente projetaríamos algo que se parece bastante e funciona como a internet."

Não sei você, mas eu sou uma leitora distraída no ambiente digital de hoje em dia. Navego pelo conteúdo (dando só uma passada de olho nele) procurando pelo que espero encontrar com mais frequência do que gostaria de admitir. Trato minhas cópias impressas de livros como sites: virando as páginas e pulando trechos até que um conceito chama minha atenção, em vez de permitir que o autor defenda seu ponto de vista cronologicamente, um capítulo após o outro. Passo de três a cinco minutos em um site antes de clicar em um hiperlink para outro site. Estive em uma dieta de informações no estilo "fast food" por mais de uma década.

Isso me irrita hoje em dia. Rita Cevasco, PFL, disse que esse estilo de leitor age como um esquilo: seus olhos e sua atenção pulam de página em página, procurando por trechos de informação para guardá-los, em vez de seguir o texto e lê-lo com cuidado.

Maryanne Wolf, uma renomada especialista em letramento, estuda essa mudança da forma como lemos. O que aprecio no seu ponto de vista é que ela não nos humilha por causa de como nosso uso da internet mudou nossos hábitos de leitura. Em vez disso, ela se interessa em como podemos adotar tanto o aprendizado por meio de livros físicos como por meios digitais. Wolf sugere que, até a quarta série, as crianças podem se tornar o que ela chama de *bialfabetizadas*. "Até que me convençam do contrário com pesquisas, acredito que precisamos criar uma trajetória bem pensada para desenvolver uma criança realmente *bialfabetizada* que sabe o que é melhor para ela no caso de diferentes tipos de leitura. Assim como você e eu, podemos recorrer aos livros. Podemos imprimir coisas quando precisamos de uma atenção mais lenta." Wolf reconhece que os adultos de hoje que desenvolveram o hábito da leitura com foco profundo têm mais facilidade de recorrer a ele quando necessário, mesmo quando recebem informações por meios digitais. Ela continua: "No fim das contas, trata-se da qualidade da atenção. Queremos as melhores formas de atenção para os nossos filhos com o passar do tempo. Você e eu não precisamos ler a maioria dos nossos e-mails com profunda atenção. Mas queremos usá-la para o que quer que seja que exija nossos melhores pensamentos." É nosso trabalho ajudar nossos filhos a experimentar o poder dos dois sistemas, ajudando-os a desenvolvê-los e equilibrá-los.

Porém, a mudança que está bem avançada é um claro retorno ao hiperfoco. Ele se tornou nossa forma dominante de interagir com qualquer texto — seja na internet ou fora dela. O problema com a leitura com hiperfoco de hoje em dia é que as palavras que consumimos costumam permanecer no nível superficial do engajamento intelectual. O que queremos cultivar é a habilidade de conectar várias ideias umas com as outras, ao passo que fazemos interpretações sozinhos, e isso exige uma condição de atenção de foco profundo.

## Cura Textual

Nossos filhos estão sendo criados com essa dieta de fast food digital. Em contraste com isso, os livros parecem ser quase um mistério ou excêntricos. Eu já até passei o dedo de um lado para o outro em uma página de um livro físico para virá-la! Quer se trate de um livro ou poema, um artigo ou tweet, a leitura é como puxar uma cadeira na sala de estar mental do escritor. Lembro-me de quando os fóruns de discussão online começaram — e de como os introvertidos começaram a convergir! Essas almas tímidas podiam conversar sobre suas ideias digitando e não precisavam se preocupar com a possibilidade de os extrovertidos interrompê-los ou gritar mais alto do que seus pensamentos cuidadosamente elaborados. A leitura nos permite conhecer o interior uns dos outros. Glorioso! A internet anunciou a era de ouro do compartilhamento e entendimento mútuos. Quanto mais acesso tivéssemos uns aos outros, mais o ódio se dissiparia e a paz e o amor prosperariam! Eeeeee... corta. Esse sonho se desfez em pixels de trollagens! A leitura deixou de ser um prazer solitário e se transformou em uma comunicação arriscada (às vezes pública) de mão dupla que resultou na euforia da conexão ou na devastação da antagonização. Ganhamos algo significativo para a leitura, mas definitivamente perdemos outra coisa na internet.

O ambiente digital de hoje é mais parecido com uma festa com muitos cômodos e inúmeras pessoas. As pessoas estão conversando em toda parte, e podemos nos sentir como uma bola de pinball, jogados de um lado para o outro, tentando encontrar algum lugar para ficar. Podemos aprender bastante entrando e saindo dessas conversas. Porém, diferentemente da utopia otimista original que muitos de nós (estou erguendo a mão) imaginamos, um resultado sinistro emergiu depois de décadas nesse projeto de publicação mundial: os seres humanos estavam mais interessados em falar do que em ouvir. Ter uma plataforma onde podemos publicar nossos pensamentos para uma infinita sequência de leitores é uma experiência inebriante. Poder dar feedback em tempo real àqueles que os publicaram também é algo atraente — e, com frequência, esse feedback é duro e direto, a obra de um instante de reflexão. Nossos filhos estão entrando nesse fluxo rápido quando participam do mundo online das conversas em andamento. Na verdade, eles não conhecem um mundo sem isso! Esse engajamento cheio de pressão em que temos de reagir a tudo pode enfraquecer seu amor pela leitura offline, onde não há reações negativas ou incentivo para melhorar seu desempenho. Ler sozinho não parece uma festa.

O fertilizante para esse jardim malcuidado e cheio da escrita global é escolher a leitura profunda, escolher nos comprometer por um bom tempo. Ler profundamente — refletir pacientemente em uma ideia — é como sair de fininho com outra pessoa para um cantinho silencioso da festa onde não seremos interrompidos. Assim como ouvir, ler significa chegar à *nossa* própria conclusão, e não corrigir ou aplaudir o escritor. Por dar espaço a ele — espaço suficiente para apresentar seu argumento ou compartilhar sua história —, o leitor terá muito mais chance de ser influenciado pelo escritor. Não é por essa razão que todos nós escrevemos? Queremos ser ouvidos e conhecidos. Queremos ser levados a sério. Leitura profunda significa que ninguém espera que deixemos um comentário — pelo menos, não de imediato. No entanto, o diálogo interno entre o texto e o leitor pode ser enriquecedor e sem edições.

Para que a leitura seja a fonte de educação que pode ser para os nossos filhos, nós, os adultos, precisamos criar as condições que possibilitem que a leitura profunda floresça. Livros (físicos, não em aparelhos digitais) são melhores para treinar nossos filhos a serem leitores profundos. Pensar criticamente sobre o conteúdo do que leem pode surgir apenas depois dessa experiência imersiva, lenta e sem distrações. Naturalmente, a proficiência na leitura é fundamental aqui. Se uma criança ainda está lutando com a decodificação, a leitura profunda e silenciosa virá mais tarde. O que é lindo na prática da leitura profunda é a forma como ela se acumula ao longo da vida da criança. As conexões e observações que ela fará acontecerão internamente, em geral de forma invisível para nós. Ainda assim, é essa atitude paciente em relação ao escritor que permite que o leitor seja reflexivo e, eventualmente, pense de forma profunda e bem.

A leitura profunda nos cura e nos dá presentes. Por exemplo, ela estimula a nossa imaginação, conecta nosso conhecimento básico a novos conceitos, nos encanta com jogos de palavras e inferência, brincando com a sintaxe e causando epifanias. Leitura profunda significa "ouvir" a uma voz de cada vez ao longo do tempo, permitindo que o escritor aproveite bem seu tempo conosco, até que possamos fazer o mesmo com ele. É um ato de confiança. Quando lemos e damos espaço a um escritor, criamos um espaço dentro de nós mesmos para o ponto de vista desse escritor e para a história que ele contará. Não somos obrigados a dar likes e dislikes. Podemos conviver com a nova informação e deixá-la se assentar antes de proferir nosso julgamento sobre ela. É esse compromisso lento com as ideias que resulta na vivacidade intelectual que desejamos para nós mesmos e para nossos filhos.

Na verdade, a prática da leitura profunda pode ajudar uma criança que está tendo dificuldades com qualquer conceito. Uma criança que não consegue entender uma operação matemática ou uma ideia específica de ciências talvez precise de mais tempo para absorver o conceito antes que alguém lhe peça para agir em cima disso. Uma forma de ajudar essa criança é imprimir a informação e incentivá-la a lê-la em silêncio, sem interrupção, antes de tentar novamente. Às vezes, na nossa pressa de ler toda a matéria, prejudicamos o processo interno de simplesmente dar plena atenção à palavra escrita, sem outras distrações (incluindo você!). Alternativamente, Cevasco recomenda pedir que seu filho leia em voz alta, o que tem vários benefícios: (1) diminui a velocidade do leitor, (2) dá-lhe feedback audível e (3) chama a atenção. Pense em como os adultos têm a tendência de ler direções de condução em voz alta. Ler em voz alta gera esse foco adicional para um entendimento maior.

Uma maneira de medirmos se um leitor fez uma leitura profunda é pedir para que ele repita qual é o ponto de vista do escritor com exatidão (não necessariamente concordando, mas também sem criticar ainda).

Essa é a psicologia por trás da prática da "narração" — repetir a mensagem do escritor, conservando seu teor original nas próprias palavras do leitor. Pense na narração como uma terapia de casais. O terapeuta espera que escutemos nosso parceiro sem interrompê-lo. Repetimos o que ouvimos (sem atribuir um monte de motivos). Isso é mais difícil do que parece porque somos muito bons em fazer suposições que se adequam aos nossos próprios pontos de vista.

Ouvir a leitura pode ser uma grande tortura (como a terapia!) quando o ponto de vista contradiz o que desejamos que seja verdade ou se o enredo é perturbador. A leitura nem sempre é agradável. Mas ouvir o autor significa sentar-nos em silêncio, ouvi-lo bem e repetir com exatidão antes de nos apressarmos para dar nossa opinião. A leitura offline nos dá mais chances de refletir sobre um ponto de vista desconfortável. Esse tipo de leitura começa por acreditarmos que o escritor é um ser racional ou, pelo menos, que as suas ideias se harmonizam de modo significativo para ele, mesmo que entrem em conflito com fatos estabelecidos ou tenham cara de viés. Essa é uma tarefa difícil quando estamos lendo uma teoria da conspiração ou um texto que nos acusa de fazer parte de um problema sistêmico.

Entretanto, a oportunidade que a leitura profunda nos dá é que podemos tirar uma pausa, se necessário, e refletir sobre a ideia ou a experiência de outra pessoa sem ter a obrigação de avaliá-la. Podemos permitir que nossas emoções sigam uma narrativa de arco mais longo do que algumas opções de frases chocantes ou do que um desabafo curto em um blog. A leitura profunda também nos permite estabelecer uma linha divisória saudável entre o escritor e o leitor. Quando estamos em um site de alguma rede social, podemos nos sentir pressionados a tomar partido como um ato pessoal de integridade na nossa comunidade. Ler em particular e profundamente permite que o leitor considere ideias sem fazer uma declaração ou se submeter à análise de outros.

A internet nos passa a ilusão de que tudo que talvez queiramos saber já foi reservado para nós sem nenhum esforço da nossa parte. Em resultado disso, aprendemos a nos lembrar mais de *onde* podemos encontrar informações do que das informações em si. Isso é um prejuízo líquido para o pensamento — porque nossa mente não consegue fazer as conexões que geram ideias tão facilmente. Nossos filhos sabem como ser responsivos a múltiplos estímulos da vida digital: jogos, mensagens de texto, edição de vídeos. Lembro-me de uma vez em que minha filha estava com seis janelas de mensagens instantâneas abertas enquanto fazia seu dever de matemática, administrando todos elas de uma vez. Ela usou a incrível flexibilidade de atenção que o hiperfoco possibilita. Dito isso, esse estilo de estudo não a ajudaria a entender um novo processo matemático. Ela precisava dar atenção exclusiva. Depende de nós, pais e professores, nutrir esses dois conjuntos de habilidades, ensinando nossos filhos a fazer essa mudança cognitiva do hiperfoco para a atenção profunda que os ajuda a mergulhar de cabeça no aprendizado imersivo.

## Exercitando a Mente

O hábito da leitura profunda está se perdendo rapidamente. Para nos beneficiarmos do foco profundo, precisamos cultivar esse hábito novamente. Precisei me treinar mais uma vez para valorizar a leitura offline prolongada. Para mim, a leitura profunda é como fazer exercícios. Escolhemos nos matricular em aulas de spinning ou treinar para maratonas por causa da nossa saúde — embora os primeiros cinco minutos ou quilômetros pareçam uma labuta. Se queremos que nosso cérebro fique em forma, podemos exercitá-lo treinando-nos para diminuir a velocidade e deliberadamente nos concentrar em um texto por um longo período de tempo, mesmo que os primeiros cinco minutos também pareçam uma labuta. Podemos criar condições para sustentar as condições de atenção profunda (como as bibliotecas fizeram por nós) e, então, começar a desenvolver tolerância à leitura silenciosa e paciente.

## ATIVIDADE: LEITURA PROFUNDA

Atenção concentrada e prolongada em *uma* fonte de informações (livro, artigo, ensaio) por um período mínimo de dez a quinze minutos, com o alvo de vinte minutos sem interrupção. Para desenvolver essa prática, seria de ajuda usar livros físicos, em vez de aparelhos eletrônicos. São necessários cerca de sete a dez minutos para nos acomodarmos e quinze para entrar em um estado de profunda atenção. O alvo de vinte minutos de leitura silenciosa durante vários dias da semana é uma ótima rotina que podemos estabelecer para a nossa família ou alunos. Sinta-se à vontade, porém, para estabelecer alvos mais curtos no caso daqueles que têm mais dificuldade com leitura ou no caso de crianças que ficam inquietas com facilidade. Algumas crianças se beneficiam da "leitura acompanhada", na qual elas e seus pais se revezam para ler os parágrafos em voz alta.

Algumas pesquisas mostram que ter um telefone ou computador no mesmo cômodo desvia nossa atenção do que estamos lendo, mesmo que esteja desligado. Seria de ajuda não só desligar o telefone, mas deixá-lo em outro cômodo, de modo que nem sequer possamos vê-lo. Se estivermos vendo nosso telefone, ele ainda poderá distrair nossa mente — é como deixar um saco de batatas fritas no balcão, em vez de guardá-lo no armário. O que nossos olhos não veem, nosso coração realmente não sente. O comentarista político Ezra Klein disse no seu podcast que precisou comprar um cofre com um despertador para colocar seu celular quando decidia ler um livro, para que sua mente *soubesse* com toda certeza que não poderia ter acesso a ele mesmo que quisesse. Isso é um exemplo do quão poderoso o desvio de atenção do nosso cérebro pode ser se usarmos nossos aparelhos durante mais de oito horas por dia.

Todas as crianças e pelo menos um adulto deveriam participar do treinamento de leitura profunda. Peça que cada membro da família ou aluno na sala de aula coloque seu telefone em um cesto. Então, leve-o para outro cômodo. Ajuste um despertador e escolha um local confortável de modo que todos se sentem no mesmo cômodo. Leiam em silêncio até que o despertador toque. No caso de crianças que ainda não sabem ler, elas podem virar as páginas dos livros no colo de um adulto se forem pequenas demais para fazer isso sozinhas. Dica: crianças mais jovens responderão bem ao verem uma vela acesa enquanto leem em silêncio. Esse é um sinal visual silencioso de que, enquanto a vela estiver acesa, todos devem ler sem conversar. Depois que o tempo de leitura tiver terminado, peça que seu filho sopre a vela!

### *Passos da Leitura Profunda*

1. Livre-se das distrações. (Os telefones são colocados em uma cesta em outro cômodo.)

2. Leia as páginas do livro em sequência.

3. Leia-as em um ritmo confortável. (Isso não é uma corrida.)

4. Leia sem se fazer perguntas ou levantando-se para fazer um lanche.

5. Leia junto com sua família (rodinhas de treino).

6. Depois de desenvolver alguma habilidade de leitura prolongada, incentive a leitura na cama, à noite (nível especialista).

7. Aumente o tempo de leitura aos poucos, começando com cinco a dez minutos. (Ajuste um despertador.)

**Alvo:** ler por vinte minutos sem interrupção durante vários dias da semana.

Uma vez que o despertador tocar, a atividade será encerrada. Não precisamos fazer um monte de perguntas de compreensão nesse ponto. Permita que cada um desfrute da privacidade das suas próprias reações e sentimentos. Uma vez que o hábito da leitura silenciosa se tornar natural, aumente o nível. Sugira levar um livro para ler na sala de espera do dentista, em vez do tablet, ou a qualquer outro lugar em que precisamos aguardar.

### *Atividades que Acompanham a Leitura Profunda*

A leitura profunda permite que os alunos façam conexões com várias ideias e pontos de significado pessoal. Os adultos leem literatura e não ficção tanto por prazer como para permanecerem informados. Uma atitude relaxada lhes permite dar mais espaço para a interpretação pessoal e para compararem o que leem com suas experiências pessoais e com a visão do mundo que adotaram. Os alunos também poderão fazer essas conexões profundas se mudarmos o que pensam sobre a leitura e dar-lhes espaço para conectar o que leem com suas próprias interpretações.

A pesquisadora de Stanford Sarah Levine recomenda fazer perguntas às crianças e adolescentes que resultam em polaridades. Ela sugere usar o método do like e dislike para catalisar uma resposta pessoal à literatura, o que ela chama de "Like, Dislike, Ambos, Por quê?". Nessa prática, o parceiro de leitura (pai, professor) faz uma pergunta interessante, como: "Esse trecho da história parece mais positivo ou negativo?" Os alunos darão um like para positivo, dislike para negativo, ou ambos, se ele for um pouco dos dois. Então, os alunos são convidados a explicar suas respostas. Na família, o like e o dislike podem parecer um pouco forçados. Dito isso, esse conceito é útil. O objetivo é fazer a criança expressar seu relacionamento com o conteúdo do livro, e não apenas repetir as informações do texto.

Outros tipos de perguntas que podemos fazer para causar esse tipo de reflexão são:

- Você gosta mais ou menos desse personagem?
- O clima desse trecho é um sinal de que boas coisas estão para acontecer ou é perturbador?
- O que você sente com essa repetição da letra "p"?

Perguntas que estimulam a reação visceral do aluno ajudam a gerar interpretações pessoais. Na universidade, meus professores nos davam algumas leituras e nos pediam para escrever ensaios reflexivos de quinhentas palavras toda semana sobre o que havíamos lido. Eu amava essa prática! O diálogo comigo mesma após a leitura resultou nas reflexões mais frutíferas da minha vida adulta. Assim, para criar pensadores críticos, não queremos perder o dom da leitura profunda nem queremos nos esquecer que a leitura se beneficia de um pouco de escrita e discussão para tornar as interpretações aparentes e valiosas a nível pessoal. A escrita também é uma forma de atenção profunda e de aprendizado. Os exercícios a seguir abordarão mais o valor da leitura profunda e permitirão que algumas dessas interconexões sejam formadas. Procure realizar esses exercícios uma ou duas vezes por mês.

### *Para os Pequeninos (5 a 9): Copy Work*

O atual movimento da educação domiciliar e diversas escolas da Europa adotaram uma prática chamada copy work[2] como uma forma de preservar trechos significativos de um livro, peça ou poema. O copy work (transcrição) também está se tornando popular na pesquisa literária.

Ele funciona da seguinte forma: o aluno copia um trecho de sua escolha, em geral à mão (embora o copy work digitado também seja aceitável), em um caderno (ou arquivo digital que possa ser impresso e guardado). Os alunos escolhem a passagem que tenha um significado pessoal para eles. Na minha família, chamamos esses trechos de "linhas de ouro". Depois de copiar uma linha de ouro, a criança inclui uma frase ou duas para explicar por que a escolheu. Anote a data. Ao longo do tempo, o leitor terá um valioso "álbum" do que leu e das suas principais lições. O copy work ajuda o escritor a apreciar a beleza e o poder da literatura. Incentive-o também a reler suas anotações. Temas surgirão, e serão formadas conexões que talvez não tenham se tornado óbvias durante a leitura.

### *Para os Jovens (10 a 12): Livros Comuns*

Muitos escritores e estudiosos gostam de guardar o que são conhecidos como "livros comuns". Tratam-se de cadernos pessoais

2 Lit.: "trabalho de cópia".

que contêm pensamentos e reações, ideias correlativas e citações poderosas. Imagine um álbum de recordações para ideias, em vez de eventos. As entradas não precisam ser como as de um diário coeso, mas como uma coleção de pensamentos e citações variados. No caso dos nossos jovens estudiosos modernos, recomendo que criem entradas à medida que leem um livro. Eles não precisam fazer isso todo dia, mas seria bom começar depois de lerem alguns capítulos. Também podem incluir um desenho rápido de um personagem, um mapa, uma lista de novas palavras para seu vocabulário e suas próprias perguntas ou reações. Esses livros costumam se tornar valiosos diários de uma época da vida dos nossos filhos. Essa prática é como tirar uma foto da mente deles a cada poucas semanas. Eventualmente, teremos um álbum cheio de fotos mentais.

### *Para os Adolescentes (13 a 18): Textos Reflexivos*

No caso de leitores adolescentes, agora é hora de criar o hábito de escrever depois de ler um capítulo ou um livro. A escrita livre é a ferramenta que será mais útil de início. (Os alunos também aprenderão a escrever ensaios de análise literária na escola.) Escrita livre significa estabelecer um período predeterminado de tempo para escrever. Ajuste o despertador e comece a escrever o que vier à sua mente durante esse período, sem se preocupar com a gramática ou com a pontuação. Apenas transcreva seus pensamentos conforme forem surgindo. Como estamos usando a escrita livre como uma resposta à leitura, recomendo que você se concentre em um aspecto do que leu.

Essas são algumas ideias. (Essas sugestões foram escritas para serem lidas pelo seu escritor adolescente.)

#### Sugestões de Escrita Livre para Textos Reflexivos

- Escolha uma palavra da leitura de hoje e escreva sobre ela. Por exemplo, talvez você tenha lido sobre "individualidade" ou "injustiça". Anote o termo-chave no topo da página e escreva. Sempre que se sentir travado, reescreva a palavra no início de outra linha e recomece. Pode ser útil virar a página na horizontal, usando uma folha em branco ou um papel sem linhas, e escrever dentro de balões ou bolhas para conter vários pensamentos.

- No caso de ficções, escreva sobre os recursos literários, sobre a motivação de um personagem, sobre o efeito do trecho mais recente ou sobre uma citação do texto.
- No caso de não ficções, repita um argumento ou um dado nas suas próprias palavras. Ou reescreva as ideias/argumentos como se estivesse escrevendo para uma criança de 5 anos. Ou escreva sobre o que, para você, foram novas informações ou um ponto de vista novo a considerar.

O próximo passo é refinar um desses textos de escrita livre em um texto reflexivo de quinhentas palavras. O objetivo é trabalhar ou identificar a ideia mais marcante. Escreva-a e peça ao seu filho adolescente para deixar sua mente fluir em qualquer direção que deseje ir. A leitura profunda e a reflexão aberta estabelecem uma ótima base para o esforço mais profundo do pensamento crítico.

Uma vez que nossos filhos descobrirem o poder da leitura, será hora de aprofundar sua conexão com a matéria que estão estudando, por meio de experiências diretas e indiretas e pelo poder da imaginação.

## CAPÍTULO 9

# Experiência: Aumentando a Intimidade

> É mais fácil agir para adotar uma nova forma de pensar do que pensar para adotar uma nova forma de agir.
>
> — Jerry Sternin

Quase todo mundo concorda que ler é fundamental para obter uma educação significativa. Alguns, porém, admitem que a leitura pode ser perigosa para o crescimento acadêmico. Heresia, eu sei! A leitura pode fornecer detalhes que não podemos obter por meio da experiência direta. Entretanto, é fácil tirar conclusões prontas e confiantes sem que as tenhamos testado no mundo, onde devem ser provadas — com o rosto ao vento, sem o suporte de um site com um ótimo design. A experiência põe as ideias à prova.

O que acontece é o seguinte: temos uma ideia no banho. Gostamos da nossa ideia. Então colocamos essa ideia por escrito. Ficamos sem chão. A tentativa de digitá-la imediatamente tornou clara nossa falta de esclarecimento. Esse é o poder da experiência — ela nos leva à exatidão. Mostra o que sabemos e o que não sabemos. Assim como a escrita torna os pensamentos visíveis, a experiência torna o aprendizado visível. Ela nos leva da confiança (eu entendo a informação) à inexperiência (na verdade, não entendo) e, então, ao longo do tempo, à aptidão (entendo agora, com habilidade).

É como ler uma partitura para piano e colocar nossas mãos sobre as teclas. De início, não conseguimos nos lembrar do que achávamos que entendíamos ao ler a partitura. Nossas mãos não fazem o que nossa mente está lhes dizendo para fazer. Sabemos que deveríamos dobrar os dedos e manter um ritmo alegre, mas nos atrapalhamos, apertando uma tecla branca quando deveríamos apertar uma preta. A experiência é ao mesmo tempo frustrante e instrutiva. A prática reforma os caminhos neurais da nossa mente para ajudar nossas mãos a saber o que fazer, como fazer e quando fazer. As experiências diretas são aprendidas no corpo, pelo corpo e para o corpo. Se aprendermos a tocar piano, porém, quando lermos sobre música — pelo resto da nossa vida —, teremos um nível diferenciado de apreciação por isso. Nossa percepção será desenvolvida com base na experiência direta, e não com base nos livros que lemos.

As experiências indiretas também afetam o quão bem pensamos. As ficções históricas (filmes, peças, musicais), os documentários, as notícias, os concertos e as entrevistas nos dão acesso a pessoas, lugares e processos que não poderíamos vivenciar em primeira mão. Um filme que contém roupas e cenário de uma época pode enriquecer como pensamos sobre determinado período da história. Assistir uma entrevista com um líder mundial nos dá informações (linguagem corporal, entonação) que não estão disponíveis em um artigo de jornal. As experiências indiretas acrescentam complexidade e detalhes às nossas reflexões.

Recorrer à imaginação de um aluno é uma terceira forma de aprofundar seu pensamento crítico. Quando não podemos ter uma experiência direta ou indireta, nossa imaginação pode ir além das nossas vagas impressões se soubermos como usá-la com respeito. Os romances, por exemplo, podem ajudar os leitores a imaginar o ponto de vista de outra pessoa com profundidade. Em sua série de palestras *Aspectos do Romance*, o romancista britânico E. M. Forster disse: "Na vida diária, nunca entendemos uns aos outros nem existem a clarividência e confessionários completos... Mas as pessoas de um romance podem ser entendidas por completo pelo leitor, desde que o romancista deseje fazer isso; sua vida interna e externa podem ser expostas." É na experiência da intimidade com os personagens, através da nossa imaginação (compartilhada conosco pelo escritor e recriada por nós na nossa mente), que obtemos mais do que um registro direto da história. As experiências — diretas, indiretas e imaginativas — acrescentam profundidade ao entendimento.

Nossos filhos (e, encaremos, os adultos também) são naturalmente míopes. Vemos o mundo através da lente criada pelas nossas identidades (como vimos no Capítulo 6). As experiências nos permitem abrir espaço para incluir as percepções e histórias lógicas de outros. Independentemente de como analisemos, a experiência é o vivaz segundo elemento do trio que *compõe* a jornada do pensamento crítico. Realmente essencial.

## Seu Cérebro em Experiência

À primeira vista, algumas matérias escolares tendem a obter experiências com mais frequência do que outras — como química em um laboratório. A maioria das matérias principais, porém, não são ensinadas dessa forma. Talvez seja por isso que as feiras de ciências, as competições de matemática, as reconstituições históricas e as revistas literárias são tão populares. Essas atividades baseadas em experiências são elaboradas para trazer as matérias principais à vida. Se perguntássemos a adolescentes quais são suas matérias escolares favoritas, porém, eles provavelmente mencionariam a banda, fotografia, arte, oficina, programação de computadores, teatro ou esportes. O que torna essas matérias diferentes dos estudos sociais, da matemática e da língua portuguesa? A possibilidade de escolher incentiva as crianças a fazerem as coisas. Os alunos recebem ferramentas (eles tocam a tuba, passam a bola de futebol, escrevem códigos, fazem um pote de argila, penduram as luzes do palco). As crianças naturalmente veem isso como *prático*. Ironicamente, a maioria das matérias que elas amam são encaradas como "extracurriculares". É quase como que se decidíssemos que a educação *de verdade* devesse ser chata. Todo o resto é diversão.

No fim das contas, as matérias eletivas chegam ao âmago do que significa receber uma boa educação. As experiências diretas reprogramam o cérebro para dar atenção de qualidade e dominar habilidades. Talvez nos lembremos do sentimento de ter estudado para uma prova, ter passado nela e perceber, depois de duas semanas, que, se precisássemos fazer a prova de novo, não conseguiríamos. Porém, uma criança que toca flauta em uma competição de bandas marciais provavelmente conseguirá tocar a mesma música depois de um mês ou mais. Qual é a diferença?

Aquilo que "memorizamos" fica armazenado temporariamente na memória operacional, não sendo necessariamente guardado no arquivo da memória de longo prazo. Eu gosto da definição de Nicholas Carr dos dois tipos de memória: "Se a memória operacional é o caderno de rascunho da mente, então a memória de longo prazo é o sistema de arquivamento." As crianças que têm uma boa memória operacional recebem boas notas e têm uma vantagem em relação àquelas que não têm. Elas conseguem memorizar informações e se lembrar delas com facilidade no dia seguinte para uma prova. Mas, para tornar essas ideias significativas e duradouras, aquilo que foi aprendido precisa passar para a memória de longo prazo. Ela nos permite criar conceitos complexos (o que os pesquisadores chamam de "esquemas") que criam vínculos entre várias associações — matérias, memórias, relações, linguagem, habilidades e percepções pessoais. Na verdade, esse é um dos motivos pelos quais as experiências *visuais* ajudam os alunos a reter o que leram. "Uma das formas mais eficazes de fazer a informação dar esse importante salto da limitada memória de curto prazo para a poderosa memória de longo prazo é combinar o texto com imagens. Estudos mostram que retemos aproximadamente de 10% a 20% das informações faladas, mas cerca de 65% das informações quando elas são apresentadas visualmente." Lembramos até da aparência da página e da grossura do livro em que lemos a informação: no canto superior direito, depois de um terço dele. Esse é um exemplo de como a *experiência* da leitura nos ajuda a armazenar o que aprendemos *por meio* da leitura. Na verdade, esse é um dos motivos pelos quais as pessoas preferem ler livros impressos a aqueles em aparelhos eletrônicos. Nossa mente usa a memória visual da informação nas páginas do livro para nos ajudar a reter o que foi lido.

A experiência permite que um aluno atribua um significado pessoal, relevante e ativo ao que foi aprendido. A ironia é que as crianças de hoje em dia (e os adultos!) não costumam se ver obrigados a guardar as informações que leram. Basta pesquisar na internet e encontraremos toda informação da qual poderíamos precisar. Como *sabemos* que nossos telefones têm tudo o que queremos saber, prestamos menos atenção aos detalhes sinuosos. Sabemos que não precisamos nos lembrar de tudo, então deixamos de fazer isso. Em vez de nos tornarmos mais inteligentes, tal como os deuses da internet prometeram, tornamo-nos mais dependentes e menos focados.

Isso me lembrou de como me senti quando assisti um jogo de futebol americano do ensino médio ao vivo. Percebi que eu quase não *via* o touchdown, embora meus olhos estivessem olhando diretamente para o campo. Minha mente queria um replay do momento de quando o touchdown foi feito. Para mim, é difícil processar a ação em tempo real. Treinei meu cérebro para saber que o operador da câmera prestará mais atenção do que eu. Quando assisto a NFL, conto com o replay da TV para *realmente ver* o touchdown. Como a maioria dos estádios do ensino médio não têm replays em vídeo, se não virmos quando o ponto é feito, ele ficará perdido para sempre! Na verdade, podemos perdê-lo mesmo que o estejamos vendo. Esse é o ponto. Esperamos que outra pessoa preste atenção em nosso lugar.

As crianças se perguntam: "Por que preciso prestar atenção? Está tudo no meu telefone, na minha calculadora, no meu notebook ou no meu armazenamento em nuvem." E embora essas sejam invenções fantásticas (armazenamento de dados de forma atualizável e em tempo real para toda a humanidade), também nos deparamos com um dilema. As informações armazenadas permanecessem dissociadas da nossa vida diária até que precisemos *usá-las*. Por um lado, elas podem ser acessadas prontamente (olá, perguntas e respostas sobre impostos). Por outro lado, elas ainda podem ser difíceis de entender (olá, perguntas e respostas sobre impostos). Se não tivermos *experiência* suficiente no campo para aplicar o que estamos lendo, de que valor será essa informação para nós? Embora eu ache difícil ler informações sobre impostos na internet, sou muito melhor lendo receitas. Sei quais terão um gosto bom e quais não terão simplesmente por ler os ingredientes e o processo de preparo. E existe um motivo para isso. Já cozinho há trinta anos. Toda essa experiência prática me diz como ler receitas. Por sua vez, isso me ajuda a fazer boas avaliações.

O neurocientista Dave Eagleman explica que, quando passamos por uma experiência, alteramos os circuitos do nosso cérebro. O objetivo? Programar a maneira mais eficiente de realizar uma ação. Na verdade, ele diz que, quanto mais talentosos somos, maior será a probabilidade de que passaremos milhares de horas praticando, e é por isso que nos tornamos melhores na nossa prática e a fazemos parecer fácil. A prática reforma o cérebro para *aprender* e, então, *saber*. Nossos atletas mais talentosos, nossos soldados e nossos artistas costumam ser os mais disciplinados. Eles treinam rigorosamente, transmitindo informações resultantes das suas experiências por meio de caminhos neurológicos do cérebro para que suas ações se manifestem automaticamente quando necessário. A mesma reforma da mente ocorre no caso da matemática, das artes, da escrita e do estudo de economia. Toda matéria tem um componente de experiência, se pensarmos em como encontrá-lo. A prática torna o progresso real. O cérebro dos melhores profissionais se adequou para isso.

Segundo a neuropesquisadora Dra. Barbara Oakley, as crianças tendem a se enquadrar em dois tipos de aprendizes. Existem aquelas que ela chama de alunos "carros de corrida", e os demais, que ela chama de "pedestres".

> O desafio é que alguns alunos realmente têm cérebros que parecem carros de corrida: eles pensam muito rápido e, durante as aulas, são os primeiros a erguer as mãos. Mas, como veremos, *a velocidade* não *é necessariamente uma vantagem*. Pense no seguinte: o piloto do carro de corrida cruza a linha de chegada rapidamente — mas ele vê tudo como um borrão. O pedestre, por outro lado, é muito mais lento, mas pode esticar a mão e tocar as folhas das árvores, sentir o cheiro dos pinheiros no ar, ver as pequenas trilhas de coelhos e ouvir os pássaros cantar. É uma experiência totalmente diferente do piloto do carro de corrida — e, em certos sentidos, uma muito mais rica e profunda.

O aluno carro de corrida costuma ser recompensado na escola. Alunos que aprendem rápido são vistos como inteligentes. Os que aprendem devagar, porém, não são recompensados pelo seu ritmo lento. Na verdade, eles são categorizados como atrasados ou menos inteligentes. Oakley destaca que a diferença entre esses dois tipos de alunos pode se resumir apenas a como usam sua memória operacional e de longo prazo. "Os termos *memória operacional* e *inteligência* descrevem processos subjacentes relacionados... se a pessoa cuja memória operacional tem uma capacidade inferior criar e fortalecer seus vínculos neurais na memória de longo prazo, esses vínculos podem melhorar sua memória operacional nesse assunto."

O que Oakley provou é que as crianças que tinham uma memória operacional mais forte podem não ser tão boas no pensamento crítico. Elas veem sua educação mais pelo prisma das respostas certas do que por uma ferramenta de aprofundamento e amplitude. Como fazem menos esforço para armazenar informações, elas talvez não pensem muito bem em todas as consequências. Vimos isso com os casos da prova de múltipla escolha do Capítulo 3. É por isso que a experiência é fundamental. Alunos de todos os tipos, mas especialmente os que têm uma memória operacional mais fraca, precisam de uma abordagem multifacetada. A leitura combinada com a experiência dá aos alunos as melhores condições para criar vínculos neurais que fazem com que aquilo que é aprendido permaneça disponível quando necessário.

Oakley alerta contra a repetição demasiada sem uso prático: "É claro, ninguém quer criar e fortalecer vínculos por meio de abordagens mal elaboradas de repetição que acabam deixando o aluno desmotivado... Com mais tempo e uma prática bem elaborada, pessoas com uma memória operacional de menor capacidade podem se tornar tão boas quanto àquelas que têm uma memória operacional de maior capacidade nas suas áreas de especialização — ou até melhores." Oakley vê algum valor em certos tipos de repetições que criam a base para um aprendizado posterior — escalas são úteis para o piano, e memorizar a tabuada torna vida do estudante de matemática mais fácil. A repetição sem contexto, porém, é o que resulta em tédio e desconexão com o aprendizado.

As aulas eletivas nivelam esse campo com eficácia. Todos precisam dar suas respostas na prática, e não apenas se lembrar da informação correta. Com frequência, os adultos que tiveram um baixo desempenho nas matérias do ensino médio se lembram com orgulho de terem sido designados para cuidar do palco em um show de talentos ou de serem o capitão do time de vôlei. De alguma forma, sua falta de habilidade em fazer provas não afetou sua participação habilidosa e liderança nas atividades extracurriculares.

## Experiência Direta

Aprendemos melhor combinando uma leitura de qualidade e experiências diretas. Os livros não bastam para aprendermos a cuidar do jardim ou tocar um instrumento musical, tornar-nos grandes chefs ou cirurgiões, consertarmos carros ou testarmos a segurança de fórmulas de cremes para barbear, pilotarmos aviões ou transformarmos vento em energia. O ensino superior admite isso. Os treinamentos, os estágios, as residências e os programas de certificação são exigidos para garantirmos que, depois de toda essa educação por meio de livros e na sala de aula, virá o treinamento *de verdade* — na prática! Eu não gostaria que um cirurgião tentasse cuidar do meu tornozelo quebrado só porque ele tirou 10 na prova. Preciso que meu médico já tenha cuidado de alguns tornozelos antes com sucesso.

Nós, leigos, podemos entender as palavras de um site que explica como consertar o encanamento da nossa cozinha, mas só descobriremos o quão bem entendemos as instruções depois de tentarmos fazer o conserto e abrir a torneira! Passar em uma prova no papel não é o mesmo que passar na prova debaixo de uma pia. O pensamento crítico é ativado quando nossos filhos colocam o que aprenderam à prova da experiência, e não apenas no papel.

Isso me lembra de David C. Roy, um artesão de Connecticut. Roy tinha formação em física, e sua esposa era escultora. Com sua ajuda, Roy criou mais de trezentos designs de esculturas cinéticas: obras de arte de madeira que giravam em padrões agradáveis graças à energia mecânica — tudo sem peças eletrônicas. Seu mecanismo de corda mais bem-sucedido permitia que uma escultura permanecesse em movimento por 48 horas. Roy explicou que o objetivo era criar um design que fosse uma "liberação controlada de energia autossustentável". As esculturas são hipnotizantes. Roy disse a revista *Wired* que grande parte do seu trabalho se resume a tentativa e erro, o que explodiu minha cabeça. O que me marcou foi que todo seu treinamento em física não lhe deu automaticamente todas as respostas antes de testar os mecanismos. Eu adoro ver o trabalho dele — existe uma dança entre sua imaginação, sua educação e sua habilidade de resolver problemas. Sua formação e experiência criam padrões poderosos. Juntas, elas levam aos experimentos, às ideias e a melhores soluções.

Você já viu crianças montando uma fila de dominós para derrubá--la com um empurrãozinho? Passei a encarar essa atividade como um agradável passatempo — algo divertido de fazer em um dia chuvoso. Mas, depois de ver as obras de David Roy, me lembrei do meu filho e da sua obsessão com dominós. O processo de colocá-los na distância certa e a tentativa e erro de fazer curvas e de fazer os dominós subirem e descerem uma rampa são algo trabalhoso. As teorias, as suposições, o teste de um trecho da sequência antes de ligá-la ao restante — essas eram as decisões que meu filho precisava tomar. A prova de quão bem ele entendeu o que havia aprendido a cada tentativa só era revelada quando empurrava o primeiro dominó. Recordo-me de muitos momentos de frustração — de acidentalmente derrubar uma grande sequência cedo demais, ou de dois dominós estarem longe demais, fazendo com que a reação em cadeia falhasse. Às vezes, a curva era brusca demais ou a rampa era muito inclinada. Há um momento em que a criança segura a respiração até empurrar o primeiro dominó. À medida que um dominó derruba o outro, os observadores esperam que toda a sequência caia, até ouvirem o barulho do último dominó caindo. Esse é o poder da experiência direta.

Talvez você esteja se perguntando como aplicar essa fábrica de pensamento crítico às matérias tradicionais da escola. Para que uma informação tenha um significado pessoal — ligada a inúmeras outras associações —, as experiências diretas são a solução.

## Matérias Principais

Quando fui dar aulas de matemática aos meus filhos como educadora domiciliar, perguntei-me se conseguiria ensinar-lhes minhas pobres habilidades matemáticas. Pesquisei métodos práticos para ensinar-lhes como fazer contas básicas. Tentei usar uma ideia fantástica com minha filha. Era o seguinte:

- Selecione um item contável (como conchas).
- Organize-as para representar cada conta da tabuada:
- Três grupos de duas conchas cada davam seis conchas.
- Reorganize-as em dois grupos de três conchas, e assim por diante...

Pedi a minha filha para me mostrar como era a tabuada do dois usando um jarro de conchas. Sai para trocar a fralda de um bebê enquanto ela realizava a tarefa. Quando voltei, vi que minha filha de 9 anos havia criado um belo arranjo de conchas que tinha o formato do número 2, seguido de um belo X, seguido de outro formato do número 2, seguido de duas linhas retas, fechando com o número 4. Ela não havia entendido o que eu queria que ela fizesse. Em vez disso, ela reproduziu a imagem do problema matemático usando as conchas, em vez do lápis. Qual foi seu raciocínio na época? Essa é a *aparência* das contas da tabuada. Ela havia memorizado qual era a aparência do problema, mas ainda não sabia como fazer as contas.

Porém, a beleza desse exercício "fracassado" é que descobrimos uma lacuna que existia na sua mente sobre multiplicação. Eu não teria percebido isso se ela tivesse respondido corretamente às perguntas na sua apostila. Por lhe dar uma tarefa, ela descobriu um elo perdido entre qual era a *aparência* da matemática e como ela *funciona*. Brincamos com vários itens contáveis juntas (ainda longe das páginas), até que ela conseguiu entender corretamente como esse atalho para a soma realmente funciona. Na verdade, escrevemos esses processos em cartões, usando a leitura como o plano B. Em retrospectiva, percebi que esse foi exatamente o mesmo problema que tive com minha própria educação em matemática. Minha filha fortaleceu suas habilidades matemática tanto por meio da experiência prática como da leitura.

## "Me ajude a Fazer Isso Sozinho"

Maria Montessori diz que, em uma sala de aula tradicional, podemos ouvir diversas vezes os alunos gritando "quero fazer isso sozinho". Porém, no ambiente escolar de Montessori, podemos ouvir as crianças pedindo: "Me ajude a fazer isso sozinho." Os adultos são os melhores amigos que nossos filhos podem ter! Quantos de vocês se lembram com carinho de um treinador ou professor de teatro da sua juventude? Em geral, esses adultos que acreditaram que vocês fariam grandes coisas são considerados os melhores professores (irônico!). Esses educadores se concentram em ajudar crianças a serem bem-sucedidas. Os microfones e alto-falantes estão ligados à mesa de som ou não. A banda marcial está preparada para seguir as instruções do major de bateria ou não.

Uma criança diz: "Quero usar uma furadeira." O que você faz? Você lhe dá um livro sobre furadeiras? O pedido é uma oportunidade de colaborar com seu filho. As crianças de hoje em dia estão embrulhadas em plástico bolha e protegidas de todo o tipo de mal (ou seja, da experiência). Não é de se admirar que o mundo dos videogames seja interessante. Ele ainda é uma fronteira de aventuras desconhecidas usando ferramentas de adultos que têm experiências significativas e práticas sob seu próprio controle. Assim como um microscópio. Assim como um saxofone. Assim como um cutelo. Assim como uma placa-mãe e uma placa de vídeo. As experiências diretas são um atalho para o pensamento crítico. Elas exigem que o aluno modifique e adapte seus pensamentos e escolhas ao feedback do mundo real.

As crianças naturalmente se apaixonam por algumas experiências diretas, as quais costumam se relacionar com seus interesses ou suas paixões. As paixões ensinam inúmeras habilidades de pensamento crítico aos seus filhos e adolescentes ao passo que se aprofundam nas nuances de determinado passatempo ou atividade. Ainda assim, para desenvolver uma grande variedade de habilidades de pensamento crítico, são as novas experiências que às vezes se transformam no melhor dos professores. Uma criança atraída pelos reflexos rápidos e ligeiros da prática de andar de skate pode desenvolver um novo conjunto de habilidades de pensamento crítico se aprender a cuidar do jardim. O ritmo mais lento; a paciência para ver os resultados; o ritual diário de tirar as ervas daninhas e regar; e o envolvimento regular com a natureza, com o clima e com as estações resultam em habilidades como persistência, observação detalhada, manter um cronograma, ser responsivo ao ambiente e também cuidadoso. Imagine o quão útil seria se um aluno complementasse a flexibilidade corporal, a alta percepção e a navegação em alta velocidade da prática de andar de skate com a experiência contemplativa da jardinagem. Ao identificar quais habilidades gostaria que seu filho tivesse, considere introduzir uma nova experiência direta que possa facilitar esse desenvolvimento. A melhor maneira de fazer isso é realizando essa atividade *com* seu filho. Baseie-se no que ele já sabe para ajudá-lo a navegar pelo novo: "Você se lembra de como praticou aquela manobra de skate durante uma hora sem parar? Tirar as ervas daninhas exige uma paciência similar — uma ação que é repetida várias vezes e que apresenta ótimos resultados."

## Experiência Indireta

Outra maneira de incluir a experiência no aprendizado é por meio da participação indireta. Nem tudo o que queremos saber pode ser vivenciado em primeira mão (como a história). Além disso, não temos tempo para transformar tudo o que queremos saber em experiências de primeira mão. Quem consegue aprender a tocar todos os instrumentos de uma orquestra só para conhecer melhor o xilofone e os címbalos? Recorremos aos especialistas de vários campos porque eles têm a experiência necessária para nos instruir, ajudar ou entreter. Uma experiência indireta pode nos oferecer mais nuance, consciência e apreciação por um assunto.

A experiência indireta se divide em duas categorias:

- Observar um especialista.
- Aproximar-nos da experiência.

Talvez nunca aprendamos a tocar um instrumento. Assistir a um concerto nos permite ver os músicos profissionais em ação, o que aprofunda nossa apreciação pela música e pela arte de tocá-la. Os documentários nos fornecem a visão de especialistas de diversos campos, desde a arte de soprar vidro a festivais religiosos em outros países e como o sistema de justiça criminal funciona no nosso próprio país. Visitas a lugares como o capitólio, uma fábrica, uma fazenda, um abrigo para aqueles em condição de rua, um templo ou uma arena esportiva colocam os alunos em contato com os especialistas em ação.

Outra forma de participar indiretamente em um campo de estudo é aproximar-nos de uma experiência. Quando minha família começou a se interessar por pássaros, meus filhos se perguntaram como esses animais permaneciam aquecidos em águas geladas. Descobrimos que os pássaros têm uma glândula sebácea acima das suas caudas que secreta uma camada protetora que os protege contra a hipotermia. Encontrei um experimento que nos dava uma aproximação de como seria essa proteção. O que fizemos foi o seguinte: enchemos um balde com água e gelo. Depois, revestimos uma mão com gordura. Então, enfiamos a mão não revestida no balde para sentir o frio da água. Cronometramos quanto tempo podíamos aguentar deixar a mão no balde. Depois, colocamos a mão com o revestimento de gordura. Cronometramos novamente durante quanto tempo suportaríamos o frio. O resultado foi surpreendente. Nossas mãos com revestimento de gordura permaneceram indefinidamente quentes (além do que tivemos paciência para medir). Passamos a entender muito melhor os pássaros do nosso quintal!

Existem muitas maneiras de realizar experiências de aproximação. A leitura realmente nos dá acesso a eventos históricos, a lugares remotos e a pessoas que jamais conheceremos. A ficção histórica nos fornece detalhes ambientais e nos oferece uma experiência mais íntima das motivações, do modo de pensar e dos desafios pessoais de um personagem de uma época passada. A não ser que alguém invente uma máquina do tempo, não poderemos ter experiências diretas de história. Precisamos usar fac-símiles — visitar o Coliseu de Roma, um museu ou assistir um filme de época. Podemos acender velas à noite para ver como era viver em uma época sem eletricidade. Caminhar em um campo de batalha ou visitar um cemitério onde veteranos de guerra foram enterrados torna as estatísticas dos mortos bem mais reais. Interpretar um personagem de uma peça, como *Os miseráveis*, dá ao aluno uma ideia melhor do que estava em jogo durante a Revolução Francesa. O famoso musical *Hamilton* fez isso para os alunos norte-americanos. Suas canções os ajudaram a entender vários documentos que foram escritos durante a fundação dos Estados Unidos.

A maioria dos experimentos de química que podem ser realizados na nossa cozinha são elaborados como experiência indiretas: tornados em uma garrafa, cravos que mudam de cor e o popular vulcão com bicarbonato de sódio. Os jogos (online e offline) são especialmente úteis para fornecer experiências indiretas — compra e venda, uso de mapas, cuidar de animais ou de uma família, criar um mundo, brincar de detetive, criar uma identidade, aprender sobre outras culturas. As experiências indiretas exigem o uso do pensamento crítico de forma significativa — acabar com preconceitos, tornar uma ideia simples em algo complexo, acrescentar nuance e apreciação pela escala de um assunto.

## Participação por meio da Imaginação

Outra maneira de trazer a experiência à vida é aprendendo por meio da poderosa imaginação dos nossos filhos. Pesquisas recentes sobre a memória de longo prazo sugerem que a formação da memória é ativa — e não meramente o armazenamento de um monte de fatos em um conjunto de pastas de arquivos mentais. Existe um dinamismo que, às vezes, se perde na conversa sobre a memória e o aprendizado. Sobre isso, Edmund Blair Bolles observou, no seu inspirador trabalho *Remembering and Forgetting* [Lembrando-se e esquecendo-se, em tradução livre]: "As emoções, as percepções e os lembretes atiçam a imaginação, e esta, não o armazenamento, é a base da memória." Quando ativamos nossas emoções e usamos nossa imaginação, somos mais rápidos em reter e fazer uso do que armazenamos na nossa memória de longo prazo.

Nossos filhos usam naturalmente sua imaginação para aumentar sua intimidade com uma matéria que amam. As criancinhas se vestem como seus super-heróis favoritos. Elas fingem que têm poderes especiais. Quando li *Robin Hood* para o meu filho mais velho, ele quis uma capa verde e um chapéu. Ele os usou por meses, entrando e saindo de sua identidade fantasiosa. Os programas de teatro oferecem o mesmo tipo de experiência; a interpretação permite que adotemos um ponto de vista que não é nosso usando a imaginação. As criancinhas que se fantasiam e as crianças mais velhas que interpretam papéis descobriram o segredo pouco conhecido do poder da imaginação: elas podem separar significativamente sua própria identidade da identidade das pessoas que fingem ser.

Isso quer dizer que, se meu filho, como Robin Hood, roubar os ricos (minha despensa) para alimentar os pobres (sua irmãzinha), não precisarei me preocupar que meu filho chegue, de fato, a roubar pessoas no "mundo real". Em vez disso, é como se ele tivesse lançado um feitiço temporário em si mesmo para ver como seria enxergar o mundo através desse ponto de vista. As crianças fingem ser cães caminhando engatinhando e comendo comida de uma tigela só para ver o mundo a partir da perspectiva deles. Elas fingem ser professores e rainhas, órfãos de guerra e atletas famosos. Como adultos, aprovamos esse tipo de brincadeira. É experimental, baseada na imaginação, e não uma ameaça aos valores que ensinamos às nossas famílias.

Quando adolescentes se tornam atores de teatro, eles levam esse tipo de brincadeira ao próximo nível. Eles entram na história de um roteiro, identificam as motivações do personagem e realizam a mágica do desaparecimento: o adolescente não está mais presente nas opções e motivações do personagem que é apresentado no palco. Agora o ator é um mentiroso patológico, uma pessoa com uma deficiência física, um autocrata ganancioso, um ingênuo ou um membro da resistência. Atuar permite que o ator crie uma parede interna que separa a pessoa que está atuando do personagem que está sendo interpretado. Ninguém deixa a apresentação imaginando que o ator adolescente tem as mesmas crenças do personagem que ele interpretou. Ainda assim, devido à atuação, o aluno se torna mais íntimo da história lógica do outro ponto de vista.

De modo similar, os videogames têm vários estilos que permitem às crianças habitar mundos alternativos, criar identidades originais e, às vezes, sentir empatia. Até jogos como *Grand Theft Auto*, conhecido pela sua total desconsideração pela lei e pela ordem, permitem que os jogadores vivenciem um mundo sem regras a uma distância segura. Alguns jogos fazem um excelente trabalho ao convidar as crianças a habitar uma visão do mundo que é totalmente nova para elas. O jogo *Never Alone*, por exemplo, é conhecido como um "Jogo Mundial". Ele apresenta narradores nativos do Alasca que abordam a vida e os valores do povo Iñupiat aos jogadores. "Ele pega as tradições de um povo que não é colocado sob o holofote mundial e os mantém no alto, confiante do seu valor intrínseco." O jogo dá aos jogadores não Iñupiat acesso por meio da sua imaginação, o que lhes permite vivenciar uma visão do mundo que talvez lhes seja nova. Alternativamente, no caso de jogadores Iñupiat, eles podem sentir a experiência de serem representados em um videogame, o que lhes permite se sentir vistos e conhecidos.

Experiências movidas pela imaginação dão aos alunos uma oportunidade de habitar um ponto de vista sem medo de estarem traindo sua própria identidade ao fazer isso. Quando lemos um registro histórico, costumamos nos apegar à nossa própria identidade, a reagir emocionalmente ao conteúdo. Porém, quando entramos na nossa imaginação para adotar a forma como outra pessoa vê o mundo (e não por meio de um filme, ficção histórica ou interpretação de papéis), suspendemos nossa necessidade de aprovação ou desaprovação. Simplesmente obtemos acesso a outra maneira de ser. A imaginação permite que uma pessoa experimente outro ponto de vista, que veja a paisagem de outro ponto de fuga (como vimos no Capítulo 2, quando falamos sobre a perspectiva na pintura).

## Truques de Mágica

O poder da imaginação e da experiência tem outro lado no pensamento crítico. As crianças são inteligentes. Sua pergunta persistente e não formulada é: *Posso contar com isso — essa experiência, esse balanço, esse adulto, esse sentimento, essa crença, essa casa, esse dado, essa mão, esse professor, esse ponto de vista, essa comunidade?* Lembre-se: uma habilidade fundamental do pensamento crítico é a "habilidade de confirmar a veracidade das informações" para obter confiabilidade. Experiências iniciais com a enganação também afetam profundamente como uma criança pensa. Pense nos truques de cartas e na manipulação. Eles surpreendem e encantam as crianças. Formas confiáveis de saber são confundidas pelo que simplesmente *não* pode ser verdade! *Não tinha nenhuma moeda atrás da minha orelha (eu não senti nenhuma) e, ainda assim, havia! Você materializou uma diante dos meus olhos.* De repente, havia "algo além do que podemos ver". Os conceitos ocidentais do Papai Noel e da Fada do Dente são exemplos de enganos culturalmente aceitáveis que dão lucro graças à imaginação das crianças. Elas acham essas histórias e crenças mágicas encantadoras e críveis de início. Eventualmente, elas descobrem a verdade. Ou seja, as ilusões do Papai Noel e da Fada do Dente são expostas como fantasias. A primeira exposição de que a realidade não bate com as observações sensoriais ou com o sistema de crenças de uma criança é um momento cognitivo poderoso. O que fica escondido ou lhe é apresentado cria um efeito duradouro na criança. Seu cérebro se esforça para encaixar essa nova informação na sua visão do mundo: *Nem tudo que vejo ou em que acredito é confiável.*

Quando estuda uma matéria, o pensador capaz deseja saber o que ele não consegue ver nessa discussão. Quer saber se pode confiar em um relatório. O aluno consegue identificar o que está sendo excluído em uma discussão? Ele desejará saber sobre outros pontos de vista não mencionados? Uma criança consegue avaliar a qualidade de uma experiência? A criança ou adolescente consegue identificar estatísticas manipuladoras e expô-las? Esses são os truques de mágica de um pensador crítico habilidoso. O treinamento acadêmico das matérias humanas, em especial — história, ciências sociais, literatura, ciências políticas, psicologia, teologia, comunicações, linguística, filosofia —, exige justamente esse conjunto de habilidades.

## O Desafio da Experiência no Aprendizado

A parte difícil de se basear na experiência é que a nossa própria subjetividade está envolta nas nossas próprias percepções e nas interpretações que fazemos. A habilidade de qualquer pessoa de pensar criticamente é afetada tanto por eventos positivos quanto por traumáticos. As experiências que criamos para os nossos filhos devem confirmar a identidade do aluno e não devem trivializar outras. A melhor base para o aprendizado saudável honra a dignidade de cada pessoa. Muitos momentos históricos importantes foram traumáticos para as pessoas que os vivenciaram. Esse trauma persiste até hoje nos seus descendentes.

Percebi antes que atuar em uma peça pode ser uma boa forma de acrescentar a experiência à educação do aluno. Porém, existe um tipo diferente de "interpretação de personagem" que pode ser perigoso. As reconstituições de eventos históricos em uma sala de aula podem resultar em uma interpretação errônea do registro histórico que pode ser desrespeitosa e perigosa. Por exemplo, em 1971, meu professor da quinta série organizou minha turma para fazer a reconstituição dos julgamentos de Nurembergue. Quase 26 anos após o fim da Segunda Guerra Mundial, meu professor me deu o papel de advogada de defesa de Hermann Göring, um dos capangas de alto cargo de Hitler. Aos 10 anos, precisei encontrar uma justificativa para a sua participação no Holocausto. Conversei sobre a história da guerra com meu pai, que era advogado, e passei horas pesquisando enciclopédias *World Book*. Tentei "me colocar no lugar do meu cliente". (Tremo só de lembrar.) Havia elaborado uma defesa. Göring estava seguindo ordens. Ele não podia tomar decisões racionais por causa do seu vício de vinte anos em morfina. Os alunos do júri consideraram Göring culpado pela sua participação no assassinato de 6 milhões de judeus. Para ser honesta, uma parte de mim ficou decepcionada por não ter conseguido livrá-lo. Eu era criança. Havia me esforçado bastante. Precisei de vários anos para entender o quão equivocada foi toda aquela reconstituição, em especial levando-se em conta que 80% dos alunos do nosso distrito escolar eram judeus. Consegue imaginar alunos judeus sentados no júri enquanto eu lhes apresentava meu fraco argumento, sabendo que algumas daquelas crianças eram descendentes de familiares que foram mortos nos campos de concentração? Que experiência de aprendizado equivocada!

O Projeto 1619 apresentado pelo *New York Times* teve problemas similares para dar lições sobre a escravidão experimental. Uma adulta se lembrou do debate da sua turma. Jane Zhi, de 23 anos, escreveu: "Eu estava do lado antiescravismo, então me levantei e falei à turma sobre suas famílias serem divididas e os bebês serem arrancados dos braços das suas mães. Lembro-me dessa atividade claramente porque achei que tínhamos o argumento mais fácil e que ganharíamos automaticamente. Fiquei chocada quando os juízes votaram contra nós." Seria ético fazer as crianças votarem a favor ou contra a escravidão? Outra professora de Indiana queria que seus alunos da oitava série vivenciassem o que era chamado de "Passagem do Meio" (a viagem transatlântica que os escravos faziam no interior dos navios negreiros — mais de 2 milhões de africanos morreram nessa viagem). Ela os colocou no chão debaixo das suas carteiras na posição fetal enquanto acendia e apagava as luzes, representando "o bater das ondas e os terríveis trovões". Ela disse aos seus alunos que era isso que os negros devem ter sentido naquela traiçoeira viagem. Tal minimização do verdadeiro trauma vivenciado pelos africanos que foram raptados, tratados com violência e vendidos à força à escravidão era inaceitável.

No inverno de 2021, um professor do ensino médio no Mississippi deu uma tarefa de escrita aos seus alunos. Eles deviam escrever cartas como se fossem pessoas escravizadas. As instruções sugeriam que contassem a algum familiar na África sobre sua vida na plantação e sobre a família para quem trabalhavam, descrevendo as tarefas do "dia a dia" e seus passatempos quando não estavam trabalhando, bem como suas recordações da Passagem do Meio. Como os escravizados não podiam aprender a ler e escrever, essa atividade de escrita também foi uma interpretação muito ruim da vida dos escravizados. As turmas que fazem reconstituições podem acabar fazendo pouco caso desses eventos históricos. Na verdade, é imperativo que nossos alunos sejam ensinados sobre o ultraje moral sem precisar usar suas experiências pessoais relacionáveis como ponto de partida do entendimento. (Mais sobre isso no próximo capítulo.) Arriscamos uma abordagem de "tudo tem dois lados" na história. Isso nem sempre é verdade. A escravidão e o genocídio serão sempre e enfaticamente errados. Tentativas de imaginar-nos nessas experiências as tornam no mínimo triviais e, no pior dos casos, bem mal compreendidas.

O movimento que sugere esses tipos de experiências e reconstituições em sala de aula é chamado de "história viva". Ela ganhou popularidade na educação em décadas recentes, mas passou a ser criticada nos últimos anos. A experiência ensina, mas precisamos tomar cuidado com o que está sendo aprendido. É importante perguntar-nos o que ficou oculto em um exercício e quais pontos de vista não estão sendo considerados.

Ao pesquisar os efeitos da recriação de eventos traumáticos na história, deparei-me com um artigo de um entusiasta da história viva. O professor descreveu como uma aluna criou uma experiência para seus colegas sobre uma nação nativa americana. A aluna construiu um acampamento falso, vestiu o que o professor descreveu como "uma camiseta e um cocar nativos caseiros" e passou um cachimbo da paz de brinquedo para os seus colegas enquanto falava sobre aspectos da vida da "sua" tribo. O professor se lembra de que os alunos ficaram fascinados, o que o levou a concluir que a lição havia sido um sucesso.

Os nativos americanos já disseram que suas tradições são sagradas. Seus cachimbos da paz, seus cocares, as penas que usam nas cerimônias não podem ser imitadas ou usadas por pessoas que não fazem parte da tribo. Esse exemplo é uma experiência da história viva que não deu certo. Imagine um aluno que não é católico, por exemplo, recriando a experiência da igreja usando roupas caseiras. Agora imagine esse aluno consagrando uma hóstia de mentirinha e servindo-a aos seus colegas. Muitos católicos achariam isso ofensivo e um sacrilégio. As reconstituições correm o risco de pegar o que é sagrado ou traumático em uma comunidade e desvalorizá-lo em outra, mesmo com boas intenções. Existem outras maneiras de passarmos por experiências que protegem e preservam a dignidade de uma cultura. Uma maneira é visitando os locais históricos.

## Locais Históricos

Quando morávamos em Califórnia, meus filhos e eu lemos juntos livros sobre escravidão e abolição quando estavam recebendo educação domiciliar. Quando nos mudamos para Cincinnati, meu marido e eu vimos a oportunidade de dar aos nossos filhos uma experiência para enriquecer o que liam. Viajamos com nossa família para o Sul de Ohio em um dia frio de janeiro. Visitamos a Rankin House, a primeira parada do Norte da Underground Railroad — uma série de estações benevolentes providenciadas por abolicionistas. A Rankin House fica acima do Rio Ohio, com uma visão clara de Kentucky do outro lado. John Rankin e sua família foram lembrados como estando entre os mais ativos "condutores" da Underground Railroad.

No dia em que visitamos esse local histórico, a temperatura era de -9°C do lado de fora. Como californianos, não sabíamos que deveríamos ficar em casa se a temperatura caísse abaixo de -7°C. Vestimos casacos emprestados e luvas diferentes. Abraçamo-nos durante a longa viagem até o nosso destino. Sentimos o vento bater no nosso rosto ao andar do estacionamento até aquela casinha de tijolos que se parecia como qualquer outra. O que nos impressionou foi o fato de ela ser extremamente pequena, visto que John Rankin tinha treze filhos! Fomos até o mirante no quintal, e a neve começou a cair. Do topo de uma colina íngreme, nossa família olhou para baixo e viu os blocos de gelo pulsando naquele grande rio. Um dos meus filhos exclamou: "Como alguém conseguia atravessar o Rio Ohio e sobreviver?" Tremendo, admirados, perguntamo-nos como essas pessoas corajosas subiram a colina, encharcados, sem morrer de frio, e chegaram até essa casa que salvou várias vidas.

Ficamos abismados com a coragem e com os esforços que nossos compatriotas fizeram para fugir da escravidão. Admiramos também o risco que a família Rankin correu para garantir uma transição segura para a liberdade, e a forma generosa como usaram sua pequena casa para servir pessoas que haviam viajado uma grande distância em grande perigo e a pé. Toda a leitura, todos os filmes sobre abolição — nada disso teve o mesmo impacto sobre nós do que aquele dia congelante de janeiro. As experiências estimulam o pensamento crítico porque nos fazem usar nossas habilidades e mexem com nossas emoções e com nossa imaginação. Deparamo-nos com o familiar e com o misterioso ao acrescentarmos a experiência ao nosso kit de ferramentas do pensamento crítico.

### ATIVIDADE: PERGUNTAS DE REFLEXÃO

Uma boa pergunta que podemos fazer para qualquer pessoa que expressa uma opinião forte é:

- Que experiência você teve com essa questão, pessoa, assunto ou instituição?

Duas boas perguntas que podemos nos fazer ao ensinar são:

- Eu incluí uma experiência direta ou indireta nesse assunto?
- Existe uma maneira respeitosa de usar a imaginação para nos tornarmos mais íntimos desse assunto?

A leitura e as experiências são métodos fundamentais para obter mais acesso a uma matéria de estudo. No trio que promove o pensamento de qualidade, a próxima ferramenta do kit tem o poder de acabar com preconceitos e suposições. O encontro é o meio mais poderoso de expandir nossa mente!

# CAPÍTULO 10

# Encontro: Esmagador e Transformador

> O amor e a compaixão precisam ser suficientemente estendidos para incluir a vítima e o vitimizador... A ética do encontro se baseia na mudança da localização social, na interrupção da separação social e na polarização para compartilhar a vida com outros através das diferenças.
>
> — Marcus Mescher, *The Ethics of Encounter*
> [A ética do encontro, em tradução livre]

Quando estava na faculdade, eu assisti uma aula que mudou minha vida. O professor fez uma palestra marcante no primeiro dia (segue-se uma aproximação do que ele disse):

> A história dos Estados Unidos começa assim: três barcos — *Niña*, *Pinta* e *Santa María* — cruzaram os traiçoeiros mares levando Cristóvão Colombo e sua tripulação ao novo mundo, uma terra de oportunidades. Anos depois, outro barco chamado *Mayflower* cruzou o Atlântico com mais europeus e estabeleceu a fundação de uma sociedade livre no novo mundo. Esses peregrinos fugiram da perseguição

> religiosa e estabeleceram a fundação de um novo tipo de governo que tratava a todos como iguais, recebendo os direitos inegáveis de Deus, promovendo a liberdade religiosa.

Eu ouvi e pensei: *Bem, lá vamos nós de novo. Vamos falar sobre a história dos Estados Unidos.*

Então, o professor pausou e perguntou: "Quem não estava nesses barcos? A história de quem não estava sendo contada? Quem está sentado nesta sala de aula neste exato momento e sabe que essa não é sua história?"

Bam! Um golpe no meu plexo solar. Nunca havia pensado nessas perguntas. E a verdade era que nem meus antepassados estavam nesses barcos. Minha família é irlandesa, e eles só chegaram nos Estados Unidos durante a fome da batata, séculos depois. Ainda assim, eu me identificava com os peregrinos.

O professor Clark prosseguiu. Havia outros barcos. Navios negreiros, como o *Amistad*, no qual africanos escravizados eram transportados pelo oceano contra sua vontade. Eles fizeram um motim em prol da sua autopreservação. Resistiram à escravidão. Foram brutalizados. Quem está contando essa história? Com que idade a ouvimos na escola?

Eu sabia que nunca havia ouvido essa história colocada dessa forma na escola.

O Dr. Clark fez uma pausa. Então continuou:

> Meu povo não chegou aqui nos primeiros barcos ou no *Mayflower*. Assisti minhas aulas do segundo ano sabendo que a história que meu professor estava contando não era a minha. Meu povo veio nesses outros navios. Meu povo foi escravizado, sim, mas eles também resistiram ativamente à escravidão. Os colonos brancos não chegaram a um ermo vazio nem em um novo mundo. Já havia pessoas morando na América do Norte, e elas já haviam criado suas próprias sociedades. Esses nativos foram dominados. Muitos foram

mortos e expulsos das suas terras. Enquanto isso, os descendentes de todos esses povos assistiam aulas nos Estados Unidos sem ouvir suas histórias.

Sua linguagem era bem diferente da história que eu já havia ouvido sobre a fundação dos Estados Unidos. Assim como analisamos a história dos *Três Porquinhos* no Capítulo 1, deparei-me com uma mudança de ponto de vista. Eu tinha uma narrativa de controle na minha mente e achava que essa era a versão verdadeira da história dos EUA porque foi assim que ela me foi contada vez após vez. Fui convidada a ouvir outros narradores — a expandir para incluir pontos de vista adicionais e reconsiderar a que eu achava certa. Esse dia foi o ponto de virada da minha vida. Não foi a leitura que mudou a forma como eu pensava. Não foi uma viagem de campo ou uma reconstituição da história. Em vez disso, fui convidada a confrontar — encontrar — a experiência totalmente diferente do meu professor e suas lembranças do segundo ano. O encontro é assim.

O caminho para nos tornarmos pensadores críticos habilidosos inclui ler com atenção e profundamente para ampliar nossa base de conhecimento. Envolve o corpo todo em experiências, que são gravadas na memória de longo prazo. No entanto, existe uma terceira forma de expandir nossa função do pensamento crítico, e a considero a mais importante. Essa ferramenta é poderosa e perigosa. Assim como uma faca, ela atravessa o tédio do estudo e as certezas vagas que encaramos como absolutas. O encontro é essa faca — ela atravessa nosso entendimento convencional. O resultado? Revelação, epifanias e momentos "arrá". O encontro realiza sua obra por meio de "primeiros" — a primeira vez que ouvimos um ponto de vista ou temos uma experiência. Às vezes, quebrar uma regra resulta em um encontro. Os encontros mais poderosos, porém, acontecem quando conhecemos outras pessoas e ouvimos como elas contam suas próprias histórias.

A definição familiar da palavra "encontro" é deparar-se com um adversário. Isso me lembra de uma clássica história de conto de fadas em que uma pessoa ingênua confronta uma bruxa ou um lobo. Ela pode até ser confundida com uma fada madrinha — avaliando se a dona com uma varinha de condão é boa ou má. Um encontro é estar "cara a cara" com o desconhecido. É uma qualidade do perigo. Os encontros tiram nossa certeza com bastante força, e nossa inaptidão e ignorância ficam em evidência. Quem gosta desses sentimentos? Ainda assim, se seguirmos em frente com o encontro e sobrevivermos a ele... ah, quantas histórias teremos para contar! Um encontro gera o tesouro da percepção: mais consciência, intimidade, aptidão, humildade e profunda apreciação pelo que sabemos agora e que não sabíamos antes. O que aprendemos não é apenas memorável, mas se torna pessoalmente significativo. Os encontros são efetivos em duas coisas: questionam nossas percepções pessoais e nos levam a avaliar as narrativas da nossa comunidade. Um encontro é transformador.

Os encontros levam os aprendizes até os seus limites. Às vezes, ele nos faz sentir que demos um corajoso passo para trás em entendimento e habilidade. Pense, por exemplo, no aprendizado de outro idioma. No primeiro dia, deixamos de ser fluentes na nossa língua materna e começamos a balbuciar como um bebê na outra. Um encontro pode ser desorientador e, muitas vezes, esmagador. O que parecia natural torna-se estranho. O que sabíamos deverá ser revisado. Os encontros nos ajudam a desenvolver estratégias críticas adicionais, como aprender a correr riscos responsáveis, aprender a tolerar nosso desconforto, pensar sobre o que pensamos, mostrar empatia por outra maneira de ser ou enxergar, e desaprender o que achávamos que sabíamos.

No seu livro, *Braiding Sweetgrass* [Tecendo erva-doce, em tradução livre], a botânica e nativa norte-americana Robin Wall Kimmerer faz uma ilustração perfeita do que quero dizer com encontro. Uma vez por semestre, Kimmerer leva grupos de alunos universitários à floresta para acampar no final de semana sem suprimentos modernos. Os jovens adultos são convidados a construir um abrigo com plantas, a encontrar taboas e usá-las como fonte de alimento, a identificar remédios naturais para tratar arranhões e queimaduras do sol e a escavar raízes para tecer cestos. No caso daqueles que moram na cidade, essa viagem é um desafio. Os alunos antecipam um confronto com a natureza. Kimmerer garante: "[A] floresta é um dos lugares mais seguros do mundo." Ainda assim, a instrução de atravessar um pântano lamacento na altura das coxas faz seus alunos tremerem. Kimmerer risca de uma lista as coisas que os universitários não encontrarão no pântano, para encorajá-los: cobras aquáticas, areia movediça e tartarugas mordedoras ranzinzas (que se escondem quando detectam a presença de pessoas).

Com gritos de apoio, os corajosos caminham com cuidado nas águas lamacentas e incentivam outros a fazer o mesmo. Eles colhem taboas e aprendem a cozinhá-las em forma de hambúrguer na fogueira. Constroem um abrigo com aquilo que conseguem apanhar no chão da floresta. Tratam os arranhões e queimaduras naturalmente usando plantas. À medida que o fim de semana passa, eles ficam cada vez mais confortáveis. Suas percepções pessoais são questionadas — não é perigoso aqui, a floresta tem provisões suficientes para eles. Sua identidade comunitária é reajustada. Agora eles não são apenas moradores da cidade, mas sobrevivencialistas também. Eles aprendem habilidades práticas com sua sábia professora, que passou milhares de horas na floresta. Passam do medo para o encantamento e a fascinação. Ao voltarem para a sala de aula, seus pontos de vista são transformados. Antes do final de semana, muitos relatam que eram indiferentes ao mundo natural. Depois da viagem de acampamento, eles passaram a se sentir íntimos dele e queriam protegê-lo. Os temores iniciais dos alunos não estavam ligados à realidade, mas às suas percepções individuais imaginárias (florestas assustadoras) e à história lógica dos habitantes da cidade (a natureza é para os animais, não para pessoas). De início, o encontro foi esmagador e assustador, mas, depois do fim de semana, havia mudado o que eles achavam que sabiam sobre acampar. Ele transformou sua relação com a natureza. O encontro é assim.

O encontro nos tira da nossa zona de conforto e nos leva diretamente ao desconhecido, à nossa falta de habilidade e à consciência de que o que sabíamos antes desse momento não é suficiente para nos salvar. Ao passo que a experiência é estável (sou um turista procurando por atrações turísticas feitas para mim), um encontro tira nossa estabilidade (sou um expatriado que mora no exterior, que mal sabe falar o idioma e que está tentando se adequar aos costumes locais). Escolhemos nossas experiências. Mas nem sempre podemos escolher nossos encontros. Uma experiência comum é elaborada com base em um conjunto de habilidades que já temos. Haverá desafios, com certeza. Porém, a experiência é algo que podemos imaginar. Por exemplo, quando aprendemos a ler música, podemos nos imaginar tocando muitos instrumentos. Se gostamos de cozinhar, podemos escolher fazer folhados como nosso maior desafio. Essa é a premissa da escola — a informação é introduzida aos poucos, para que a criança possa se basear nos seus êxitos anteriores e combiná-los com esse novo material.

Os encontros, por outro lado, resultam em um tipo diferente de pensamento e aprendizado. Eles levam os alunos a terem o que chamo de "epifanias de insight" por meio da desestabilização do que encarávamos como absoluto. No exemplo do acampamento de final de semana, os alunos de Kimmerer provavelmente já estiveram na floresta antes da faculdade. O que não haviam feito foi depender dela. Eles haviam visto lagos e florestas como um cenário externo e impreciso, não como participantes na sua sobrevivência. Ao deliberadamente passarem um final de semana inteiro dependendo da floresta e do pântano para se alimentar e se tratar, esses jovens adultos tiveram um encontro com a natureza. Que epifania tiveram? A floresta é uma dádiva; ela sustenta a vida humana, não é uma ameaça a ela. Eles se sentiram íntimos da floresta, o que acabou com sua indiferença anterior. Os encontros costumam ser dramáticos, desestabilizadores e alteram o humor. Muitas primeiras experiências (como sobreviver na floresta durante o final de semana) entram nessa categoria. Elas encontram uma maneira de ficarem gravadas na nossa identidade. São memoráveis porque são surpreendentemente novas. Outros encontros oferecem uma provocação constante e prolongada durante certo período de tempo — como criar um filho, realizar uma pesquisa longitudinal ou mudar-se para outro continente. Os encontros nos levam a repensar, a expandir para incluir, a apreciar mais e a reconsiderar.

Às vezes, tomamos a iniciativa de ir até um encontro (engravidar, casar, falar outro idioma, unir-se a um movimento de protesto, mudar de religião, fazer terapia, adotar um bebê, aprender com o ponto de vista de outra pessoa). Às vezes, somos levados a um (engravidar, divorciar-se, um diagnóstico de câncer, um filho com deficiência, um processo, fama repentina, apaixonar-se, um tornado). Os encontros mudam a forma como entendemos nossa realidade atual. O que considerávamos normal muda, e precisamos reajustar nosso ponto de vista a um novo paradigma.

## Uma Cultura de Encontro

No kit de ferramentas do pensamento crítico, o encontro aprofunda nossa relação com qualquer matéria ou pessoa. Marcus Mescher, no seu livro *The Ethics of Encounter*, explora as propriedades do que ele chama de "cultura do encontro". Ele define encontro da seguinte forma: "Os encontros dão um indício de que sempre temos mais para aprender sobre nós mesmos, sobre outros e sobre o mundo." Ele acrescenta: "Todo encontro envolve uma opção: de envolver-se ou ignorar, de aceitar ou rejeitar." O conceito do "encontro" envolve uma dinâmica de poder que está prestes a mudar. Esse momento em que compreendemos que nossos recursos atuais não são apropriados para o desafio *é* o momento-chave de um encontro. A mudança de poder nos coloca em contato direto com novas maneiras de enxergar. Quando meu professor recontou a história dos Estados Unidos por meio da sua história pessoal, meus olhos foram abertos para um ponto de vista totalmente diferente. O interessante é que podemos treinar a nós mesmos e aos nossos filhos para *reconhecer* quando estamos em um momento de encontro para permanecermos alertas ao que ele deseja nos ensinar (em vez de presos na nossa mente — temendo, resistindo e julgando).

No Capítulo 2, mencionei um livro chamado *The Overview Effect*. O princípio que tem o mesmo nome (efeito da visão geral) é um método eficaz de causar um encontro. No livro, quando os astronautas viram nosso planeta do espaço, eles se libertaram do único ponto de vista que conheciam como seres humanos presos à terra. Os astronautas *encontraram* a Terra de uma forma nova, embora tenham vivido nela durante toda sua vida. De forma similar, podemos causar um "efeito da visão geral" em matérias da escola e nos relacionamentos — ajudando nossos filhos a saírem de si mesmos por tempo suficiente para desenvolver uma nova maneira de enxergar as coisas. Nem todos os encontros são da mesma magnitude que voar no espaço. Alguns são pequenos tremores de percepção. Minha filha fez uma descoberta quando usou a estratégia das conchas para aprender multiplicação — um encontro matemático. O que dizer da arte dos idiomas? Quando trabalho com redação para crianças, apresento-lhes uma estratégia para ajudá-las a ver seu texto a partir de uma nova perspectiva. Recomendo-lhes que usem espaço triplo e que imprimam seus rascunhos. Então, sugiro-lhes que recortem o texto em frases, as coloquem no chão e que fiquem de pé ao lado dele, olhando para a sua redação de cima para baixo. Ver seu texto de cima, com as frases individuais fora da tela ou de uma página sólida, resulta em gestaltismo. Eles conseguem enxergar seu texto como maleável. São levados a adotar a mente de um editor natural e automaticamente. *Encontram* seu texto a partir de uma nova perspectiva. Um encontro é um ato deliberado de adotar uma nova maneira de ver as coisas e que resulta em epifanias de insight.

Os encontros têm vários formatos, mas vejamos três maneiras de causar um encontro.

- Fazer algo pela primeira vez.
- Quebrar uma regra.
- Conhecer uma pessoa.

## Fazer Algo pela Primeira Vez

Nunca desconsidere o poder do novo. Nosso cérebro *ama, ama, ama* novidades! A novidade é a chave para causar todo tipo de deliciosas reflexões internas. Nossas primeiras vezes resultam em lembranças. Elas exigem que criemos coragem e entremos no desconhecido. A preparação para um primeiro encontro é útil, quer na leitura, em conversas ou em experiências relacionadas. Uma vez preparados, porém, é hora de introduzir o encontro da novidade que leva uma criança a utilizar novos recursos. Quaisquer "primeiras vezes" aumentam o risco e resultam em poderosas habilidades de resolução de problemas. Não apenas isso, mas envolver-se em novos empreendimentos aumenta a disposição de um aluno de lidar com o próximo desafio.

A ferramenta de pensamento crítico que nos ajuda a aceitar o novo é a disposição de ousar. Nos seus dezesseis hábitos da mente, o educador Arthur Costa descreveu pensadores de qualidade como aqueles que vão até o limite das suas competências. Eles correm o que ele chama de "riscos responsáveis". Esses pensadores selecionarão experiências para si mesmos que exigem um elevado grau de flexibilidade, espontaneidade e possível fracasso. Eles usam experiências passadas e informações básicas para ajudá-los a avaliar a segurança do risco. Improvisam, inovam e expandem sua imaginação. A maioria dos videogames se enquadra bem nessa categoria. Novos desafios e fases fazem com que o encontro prossiga. As habilidades necessárias para subir de nível são desafiadoras, mas permanecem dentro do nosso alcance porque se baseiam em habilidades anteriores.

Alguns exemplos de outras poderosas primeiras vezes são ganhar uma licença de mergulho, resgatar animais, juntar-se a uma comunidade gamer que cria jogos de código aberto, tornar-se um aluno de intercâmbio, participar em uma simulação da ONU, aprender a tocar um instrumento musical, fazer um mochilão, abrir um negócio, atuar no palco, construir um foguete caseiro... A criança que busca aventuras cultiva a habilidade de administrar o risco com sucesso. Os resultados desses riscos variam segundo as habilidades específicas que foram aprendidas, mas os frutos são o aumento de confiança, a capacidade de resolver problemas sob pressão, aprender a trabalhar cooperativamente com outros e a disposição de testar novas ideias e estratégias.

No entanto, temos uma ressalva para considerar ao embarcar em uma primeira experiência. Elas são singulares — ocorrências únicas — e podem causar uma má impressão. O que faz com que um encontro seja uma poderosa ferramenta de reajuste é a oportunidade de sustentá-la ao longo do tempo. Meu filho compartilhou uma excelente ilustração dessa exata situação. Um dos seus amigos recebeu uma bolsa da Luce Scholar na Índia. No primeiro dia dele morando em Nova Delhi, ele viu um elefante andando no meio da rua, na cidade. Seu primeiro pensamento? *Isso é tão Índia!* Ele teve uma impressão imediata com base nos estereótipos anteriores que havia ouvido durante seus anos como norte-americano. Ironicamente, depois de morar na Índia por um ano, ele nunca mais viu outro elefante andando pelas ruas. Seu encontro prolongado com a Índia resultou em todo tipo de entendimento complexo sobre o que é comum e o que não é. No fim das contas, elefantes caminhando pela rua era algo raro. Um único evento não é considerado um encontro; é um momento de desorientação e pode contribuir para um preconceito ou viés oculto se não tomarmos cuidado. Quando nossos filhos fazem uma coisa pela primeira vez, é importante lembrar-lhes de que um único evento não representa todo o encontro. Não precisamos tirar conclusões imediatamente. O primeiro dia é o início de um relacionamento — um encontro ao longo do tempo.

## Quebrar uma Regra

Como mencionei previamente neste capítulo, os encontros revelam nossas percepções pessoais enquanto confrontamos as narrativas comunitárias. O núcleo comum pode ser visto como a história lógica da nossa cultura sobre o que deveria ser aprendido durante o período em que uma criança se desenvolve. A ideia é a de que, se um aluno sabe o que deveria aprender e aprende quais são as regras ou os processos, ele se tornará bem-educado. Porém, o que acontece se o aluno nunca ligar os pontos do ensinamento explícito e da interpretação interna? E se suas percepções não forem verificadas? Por exemplo, uma criança pode conseguir terminar uma tarefa da apostila colocando as vírgulas nos lugares certos, mas não conseguir fazer isso em um texto de autoria própria. A retenção do que é aprendido e a percepção de por que isso é importante não será tão provável quando a estratégia primária é estudar, memorizar e fazer provas.

Ao observar meus filhos tendo dificuldades para se lembrar de usar letras maiúsculas ou encontrar múltiplos comuns, eu me perguntei: *Por que eles não estão guardando o que lhes ensino?* Pensei no fato de que muitos adultos se baseiam na sua habilidade de refletir e de corrigir a si mesmos na hora. Eles não estão aplicando regras, e sim hábitos, interpretações pessoais e um senso do que se encaixa e do que não se encaixa. Eu queria isso para os meus filhos agora.

Minha missão se tornou: *como posso ajudar meus filhos a interpretar?*

Perguntei-me: *e se quebrássemos as regras primeiro — obter respostas erradas ou explorar teorias bastante impopulares?*

Comecei com os sinais de pontuação. Uma maneira de pensar neles é como outro idioma que precisa ser aprendido *como um idioma.* Os sinais de pontuação variam dependendo do idioma e do sistema de escrita. Em inglês, tratam-se de uma série de pontos, curvas e traços que se comunicam com os leitores. Às vezes, eles são únicos (um ponto pode ser o ponto-final, uma curva pode ser uma vírgula ou um apóstrofo). Às vezes, eles vêm em múltiplos (duas curvas para indicar citações, três pontos para uma elipse ou dois pontos, um em cima do outro, para os dois-pontos). Às vezes, eles vêm misturados (o ponto e vírgula é um ponto em cima de uma curva, um ponto de exclamação é um traço vertical em cima de um ponto). E um dos sinais comuns é uma curva presa a um traço em cima de um ponto — um ponto de interrogação. As regras para os sinais de pontuação são quase impossíveis de dominar (pergunte a qualquer revisor que consulta um manual de estilo e redação). Dito isso, a maioria de nós se sente confortável o suficiente para usar esses sinais com resultados satisfatórios. Por quê? Porque os adultos desenvolveram uma relação pessoal com os sinais de pontuação durante a sua vida, e tal relação é significativa para eles.

Nosso método costumeiro de instrução é ensinar os sinais de pontuação como uma série de regras. Então, responsabilizamos as crianças indicando onde estão faltando sinais no seu texto original, em geral, com tinta vermelha. Com frequência, as crianças continuam cometendo os mesmos erros. Ao nos tornarmos adultos, muitos de nós ainda não sabem direito como usar as vírgulas e os pontos e vírgulas.

Decidi fazer um experimento com meus filhos.

Em vez de ensinar-lhes quando e onde as vírgulas deveriam aparecer nas frases, preparei uma lição para quebrar as regras. Comecei da seguinte forma: li para os meus filhos uma frase com vírgulas (como essa de *Children of the Longhouse* [Crianças da casa comunal, em tradução livre], de Joseph Bruchac).

> "Ele parou e se moveu para apanhar a bola, embalando-a e, então, jogando-a."

Pausei naturalmente nas vírgulas. Perguntei-lhes: "O que vocês perceberam quando eu li?" Nenhum deles havia percebido nada. Para eles, simplesmente estava lendo, como sempre fiz. Então, meu próximo passo foi acrescentar vírgulas depois de cada palavra. Entreguei a página a um dos meus filhos e lhe pedi para lê-la em voz alta, *obedecendo* as vírgulas.

Ele leu, sem pausar nas vírgulas adicionais, no seu ritmo natural. Eu o interrompi e usei as primeiras três palavras com uma pausa onde cada vírgula aparecia.

> "Ele, parou, e,"

Então, devolvi o papel a ele para que pudesse ler novamente, obedecendo às vírgulas.

> "Ele, parou, e, se, moveu, para, apanhar, a, bola, embalando-a, e, então, jogando-a."

Dessa vez, houve risos. A frase soava engraçada com todas essas pausas adicionais. Não parecia natural. Sugeri que meu filho apagasse as vírgulas que quisesse e lesse novamente, ainda obedecendo às vírgulas. Ele apagou algumas vírgulas aleatórias e leu novamente. Ainda soava engraçada! Continuamos a mudar a posição das vírgulas até que ficou claro que o melhor lugar para as vírgulas era onde elas estavam originalmente. Relemos a frase em voz alta, cientes de que estávamos, de fato, obedecendo as vírgulas dessa vez, pausando nos lugares certos.

Passamos para outra frase, na qual removi todas as vírgulas primeiro. Lemos a frase bem rápido, sem pausas. Perguntei: "O que acharam? Vocês gostariam de colocar uma pausa em algum lugar?" Lemos a frase de novo, percebendo onde o fôlego natural interrompia o fluxo. Experimentamos colocar as vírgulas entre essas palavras. No fim, comparamos nossas escolhas com o texto original. Acabamos colocando uma vírgula em um lugar diferente do original, mas que funcionava. Isso abriu as portas para outra discussão sobre controle autoral e entonação, e até sobre o uso gramatical da vírgula que não é ditado pela necessidade de respirar. Por *encontrarmos* a vírgula — conhecer todas as suas facetas, avaliando sua personalidade e poder —, *descobrimos* como usar uma.

Essa atividade pode se expandir mais nessa era digital. Jamais me esquecerei da minha filha, na época uma jovem adulta, reagindo a uma mensagem que lhe enviei. Ela passou de carinhosa e amigável, usando emojis sorridentes na sua comunicação para rígida e formal. Quando lhe perguntei o que havia acontecido, ela me respondeu: "Você terminou sua última mensagem com um ponto-final. Por que está com raiva de mim?" Liguei para ela. Aparentemente, para mostrar que o relacionamento ainda estava aberto para mais conversas, seus amigos nunca terminavam suas mensagens com pontos-finais. Eles indicavam irritação ou o fim de uma conversa. Para mim, os pontos-finais eram um indício de boa gramática! Os nativos digitais de hoje em dia estão reinventando a forma como usamos os sinais de pontuação porque passam muito tempo na internet. O Twitter e o Instagram têm contagem de caracteres, os fóruns de discussão incluem vários emojis nos seus editores de texto como alternativas para as palavras e os hábitos de comunicação, e eles foram estabelecidos para haver boas conversas, e não trollagens.

Se fôssemos aplicar a metodologia do encontro de "quebrar uma regra" hoje, faria os membros da minha família entrarem nos seus aplicativos de mensagens instantâneas e enviar todo tipo de comunicados mal pontuados, e discutiríamos quais fizeram nos sentir de que forma! Se começasse uma frase com um ponto de exclamação, isso seria diferente de terminar uma frase com um ponto de exclamação? Posso me comunicar sem palavras, usando apenas emojis? Lembro-me de um desafio digital de anos atrás para contar o enredo de um livro usando apenas emojis. Montana, filha da minha amiga Patrice, enviou todo o enredo de *Os miseráveis* em um parágrafo com bandeiras da França, baguetes, rifles e rostos. Se você conhece a história, conseguiria acompanhá-la perfeitamente apenas observando essas pequenas imagens.

Podemos fazer outras perguntas também: qual é o papel de um GIF em transmitir uma mensagem? Que mudanças gostaria que se popularizassem na forma como as pessoas pontuam suas mensagens de texto? Quais são as diferenças de estilo entre as gerações? Esse estilo de instrução de "quebrar uma regra" resulta em reflexão e autocorreção. Ela torna os significados pessoais.

Esses são outros encontros de "quebrar uma regra" que poderíamos providenciar:

- Criar novos sinais de pontuação. Que tal uma ondulação para indicar que o leitor deveria erguer uma sobrancelha? E um loop para pedir que o leitor leia uma frase ou palavra novamente?

- Leia a última página de um livro infantil primeiro. Então pergunte: "O que entendemos da história tendo lido a última página antes do início? Sobre o que você acha que esse livro falará?" Então leia o livro e compare. Experimente fazer isso com outro livro, só que agora escolha uma página aleatória para ler primeiro. Pergunte novamente: "Podemos saber de que se trata a história apenas com esse trecho?" Leia o livro. Pergunte: "Estávamos certos?"
- Leia um livro começando pela última página e lendo página por página até o início do livro. Como foi isso?
- Inverta os papéis. Seu filho consegue criar um diálogo em notas autoadesivas para um livro que você leu para ele, transformando-o em um roteiro (ou em um romance gráfico com balõezinhos)? Como isso muda a forma de ler a história (apenas diálogos)?
- Transforme o vilão de um filme no herói. Reconte a história. Transforme o herói em um vilão. Reconte a história.
- Tente somar frações sem múltiplos comuns. Tente dividir frações sem inverter a segunda fração. Tente resolver um problema de frações usando farinha e copos de medida. O que o seu filho aprendeu comparando esses métodos de "quebrar uma regra" com os processos convencionais?
- Imagine histórias alternativas. E se o tráfico negreiro nunca tivesse acontecido? E se os Aliados tivessem perdido a Segunda Guerra Mundial? E se a Constituição tivesse sido escrita por mulheres? O que seria diferente? Essas talvez exijam algumas pesquisas.
- Descubra novas maneiras de perder um jogo (de tabuleiro ou on-line). Quantas você conseguiu descobrir?
- Pense em questões sociais: o que aconteceria se decidíssemos que não é importante pagar salários iguais por trabalhos iguais? E se o dono de um negócio decidisse pagar as pessoas com base no tamanho da sua família, de modo que uma pessoa com cinco filhos ganhasse mais dinheiro do que um funcionário que não tem filhos? Como essa mudança mudaria o tamanho das famílias ou a maneira como os funcionários encaram seus trabalhos?

- Transforme um poema em prosa. Pegue um trecho de uma prosa e transforme-o em um poema.
- Siga uma receita dobrando apenas alguns dos ingredientes e usando só metade de outros. O que você aprendeu?
- Troque os valores dos pontos de um esporte, como o basquete. As cestas que batem na tabela valem cinco pontos, uma enterrada vale um ponto e um arremesso livre vale quatro pontos. Como isso mudaria a estratégia do jogo?
- Encontre um artigo de opinião na internet com o qual seu filho concorda. Peça a ele que reescreva o artigo de acordo com o ponto de vista contrário, nunca revelando suas crenças verdadeiras.
- Troque todos os pronomes de um artigo para o gênero oposto. Vá além. Agora faça o mesmo com um texto religioso. O que seu filho descobriu?

Quebrar as regras significa causar uma relação diferente com a prática original ou com um padrão de pensamento. Esses encontros são excelentes para abalar os hábitos de pensamento.

## Conhecer uma Pessoa

Gosto de dizer que outras pessoas são "radicais livres". Elas não se submetem aos nossos construtos de quem elas são ou como deveriam se comportar. Elas têm de lidar com suas próprias identidades, narrativas comunitárias e percepções complexas. Respondem aos mesmos estímulos que eu com um conjunto diferente de crenças. Fazem interpretações que parecem se harmonizar com as minhas, mas, examinando de perto, não se baseiam nos mesmos recursos. A maneira mais rápida de desenvolver a mente é encontrando várias pessoas. Dar-lhes todo o espaço necessário para serem quem são. Uma forma de fazer isso é por meio de experiências indiretas — como ler um livro, seguir um blog pessoal, assistir atores em um filme ou ouvir um TED Talk ou uma palestra. Quando testemunhamos a história ou visão do mundo de uma pessoa, temos a chance de ver como a vida se desdobra para ela sem precisar lidar com nossa reatividade. Podemos ouvir e perceber nossas atitudes desdenhosas ou a forma como nos sentimos em relação à narração sem nos preocupar em ofender a pessoa. Temos a privacidade e o tempo para nos adaptar ao que é perturbador ou novo para nós.

Porém, se tiver a oportunidade de ter um encontro direto com uma pessoa de verdade, aproveite. Se quiser estar mais por dentro de como é ser religioso, se quiser entender a experiência de ser um refugiado, se você se pergunta como um astrofísico trabalha, a forma mais direta e melhor para fazer isso é se tornar amigo de uma pessoa. Existem inúmeras pessoas com inúmeros pontos de vista que estão só esperando para serem conhecidas. Uma das principais formas de aumentar o entendimento global dos nossos filhos é resistir à tentação de protegê-los das pessoas que consideramos diferentes da nossa família e comunidade. Antes, por nos relacionarmos com outros, diminuímos a tendência de perpetuar estereótipos. Também ganhamos novas habilidades de vida (por exemplo, aprender a culinária de outra pessoa ou descobrir uma crença que nos conforta).

Ao criar nossos filhos, podemos cometer o erro de lhes dar um senso tão forte das suas próprias identidades a ponto de não estarem preparados para o dia em que conhecerem pessoas que enxergam o mundo de forma bem diferente. É importante que as crianças e os adolescentes aprendam sobre estilos de vida e crenças diferentes das suas antes de fazermos com que eles se encontrem com outras pessoas. Lembro-me de quando meus filhos, que receberam educação domiciliar, entraram em uma trupe de adolescentes que interpretavam Shakespeare. Eles voltaram para casa naquele primeiro dia com um monte de perguntas sobre seus novos amigos, que tinham diferentes etnias, diversos pontos de vista religiosos e políticos e várias identidades de gênero. Em resultado disso, esse encontro constante ao longo de quatro anos se tornou uma grande pedra de toque. Nosso acordo ou desacordo não é relevante quando estamos face a face com outras pessoas. Nossos relacionamentos não são matérias para ensaios. A chave do encontro com outros é desenvolver a ferramenta de pensamento crítico chamada "tolerância". Porém, permita-me dizer o seguinte primeiro: eu uso esse termo de forma diferente de como você talvez já o tenha ouvido sendo usado antes.

## Tolerância

No jogo da vida, uma das cartas que gostaria que outros tirassem ao passar tempo conosco é a "tolerância". Quero ser entendida e aceita, e não ser julgada. Ainda assim, os seres humanos não estendem o mesmo favor tão rapidamente quando encontram pessoas que não pertencem à sua comunidade. Mesmo assim, quando os norte-americanos são questionados sobre isso, eles desejam um pouco de generosidade de espírito entre os extremos. Mencionam a tolerância ou compaixão como as qualidades de caráter que mais faltam na nação. A ideia é a de que nosso desconforto com a diferença poderia ser atenuado se fôssemos apenas um pouco menos críticos uns dos outros. Os pais pedem que seus filhos sejam mais tolerantes com os desfavorecidos ou com pessoas de outras religiões ou com crianças que parecem "estranhas". Os educadores criam várias experiências para ajudar as crianças a desenvolverem empatia. Ensinam os adolescentes a se tornarem mais bem informados no que se refere a pontos de vista alternativos. A polarização das identidades política, cultural e religiosa causou desentendimentos e desconfiança tão profundos que a única solução à qual nos apegamos é a tolerância. É como se estivéssemos desesperados para sermos educados uns com os outros, apesar da nossa profunda irritação e frustração com *essas* mesmas pessoas.

Ainda assim, o objetivo não me parece focado no lugar certo. De qual habilidade precisamos para conhecer alguém diferente? Não é a habilidade de tolerá-*las*; é a habilidade de tolerar *nosso próprio desconforto*. Isso significa observar a reação do nosso corpo, os pensamentos defensivos imediatos e os estereótipos que criamos para nos proteger. A autoconsciência é essencial.

Eu vivenciei um excelente exemplo do poder transformador do encontro em Marrocos. Naturalmente, morar no exterior é um encontro prolongado, desde o idioma à alimentação, aos hábitos de compra e a como fazemos amigos. Uma experiência em particular me vem à mente como um exemplo de como tolerar meu próprio desconforto resultou em um avanço de entendimento. Eu morava em um bairro que ficava a vários quilômetros da centro da cidade. A melhor forma de chegar lá era pegando um táxi. Para fazer isso, os vizinhos iam até o ponto de táxi. A primeira vez que me aproximei dele, entrei no que achei que fosse a fila. Havia três ou quatro pessoas na minha frente. Quando o táxi chegou, o que se seguiu explodiu minha mente. A pessoa que parecia estar na minha frente na fila não entrou no táxi. Ela foi empurrada para o lado, e outra mulher, que estava bem atrás, pulou para a frente, agarrou a maçaneta e arrastou sua filha para dentro do táxi enquanto gritava para todo mundo se afastar. Fiquei chocada. Minha reação imediata foi de tristeza e revolta. *Por que essas pessoas não podem entrar na fila? Como eu, uma mulher de 1,58m, vou conseguir pegar um táxi?* Afastei-me do meio-fio e fiquei no ponto de táxi por uma hora, vendo uma pessoa atrás da outra lançando-se nas portas dos táxis que chegavam e entrando antes que as outras pudessem entrar.

Eu estava arrasada. Não conseguia criar a coragem para lutar com a multidão. Mas precisava ir à cidade. Encontro. Totalmente além da minha compreensão. Minhas objeções ao método de entrar na fila? Inúteis. Lutei a mesma batalha vez após vez na minha mente e sempre perdia: *isso não faz sentido. Alguém precisa acabar com esse caos.* Se quisesse pegar um táxi no futuro, precisava aceitar a realidade, independentemente das minhas opiniões sobre isso. Enquanto estava atordoada, sonhando acordada, uma amiga marroquina me agarrou pelo braço de repente e me enfiou dentro de um táxi com ela, embora minha mente gritasse que essa estratégia para conseguir um táxi fosse ridícula. Talvez você também esteja pensando a mesma coisa, se for de alguma cultura na qual as pessoas entram em filas.

O que eu precisava aprender não era a ser tolerante com o sistema marroquino, acenando bondosamente ao seu estilo de vida que era estranho para mim. Esse sistema, para o bem ou para o mal, era como meus vizinhos pegavam o táxi. O que eu precisava aprender era como tolerar *meu* desconforto com seus métodos. Tolerei minha raiva, minha condenação do "sistema ilógico" e o fato de ter julgado o método de pegar filas superior. Então, aprendi como pegar um táxi, o que significou tolerar desconfortos adicionais: ser agressiva, trombar com outras pessoas, gritar e fazer as coisas do meu jeito.

Os meses passaram. Fiquei melhor nisso. Minha irmã foi me visitar. Caminhamos até o ponto de táxi, mas esqueci de prepará-la para o que vinha a seguir. Um monte de gente se juntou. Havia aprendido ao longo dos meses que, no fim das contas, existia uma ordem invisível no sistema. Nunca pegamos o primeiro táxi que chegava. Dito isso, também não esperávamos que outra pessoa nos cedesse a vez. Havia descoberto o ponto de equilíbrio: avançávamos para o táxi depois que duas ou três pessoas já tivessem feito isso antes de nós. Quando achei que era a minha vez de ir em frente, agarrei o braço da minha irmã e a enfiei no táxi enquanto ela gritava: "O que você está fazendo?" Mantive a porta aberta ao passo que impedia outras pessoas de entrar. Gritei em árabe: "Para trás! É minha vez!" Com isso, a multidão se acalmou, e estávamos sentadas e felizes, indo para o centro. Erin ficou tão chocada quanto eu fiquei poucos meses antes. Ela não tardou em perguntar o que havia acontecido. Fiquei impressionada com o fato de não ver mais esse sistema como terrível.

Na verdade, descobri algo através de encontros repetidos com o ponto de táxi. Se estamos atrasados, podemos gritar nossa necessidade de ir primeiro enquanto nos lançamos em direção à maçaneta, e a multidão costuma se afastar e nos deixa "passar na frente" daqueles que "mereciam" o táxi. Era uma coisa pequena, mas algo que raramente acontecia nos Estados Unidos, se é que acontecia. Independentemente das circunstâncias pessoais, nós, os norte-americanos, precisamos esperar a nossa vez, mesmo que isso signifique se atrasar. Não apenas isso, mas passei a admirar as mulheres, muitas delas usando coberturas para o rosto, que abriam espaço, gritavam que era sua vez e empurravam homens do caminho. Perceber apenas isso contradisse por completo qualquer coisa que achava que sabia sobre ser uma muçulmana.

Descobri que a tolerância não tem nada a ver com sermos condescendentes com outros com uma atitude beatífica. Antes, significa tornar-nos autoconscientes o bastante para tolerar nosso próprio desconforto por tempo suficiente para realmente enxergar o que vemos e aprender com isso. A tolerância dos nossos próprios sentimentos e pensamentos fora de controle permite que um encontro tenha um impacto transformador. Lembrei-me do Papa Francisco, que iniciou seu papado com uma campanha que ele chamou de "Revolução da Ternura". O ponto principal da sua mensagem é que nos acostumamos com a indiferença. Essa indiferença é alimentada pela distância — escolher permanecer longe dos outros, inventar histórias sobre grupos de pessoas, ler sobre elas, em vez de conhecê-las. Podemos dizer que somos "tolerantes" sem nem sequer conhecê-las. Para aprofundar nosso senso de responsabilidade e conexão uns com os outros, precisamos de uma cultura de encontro (não de tolerância ideológica) que nos coloque face a face uns com os outros. É como o Papa disse no seu TED Talk: "Se eu não parar, não olhar, não tocar e não falar, não poderei criar um encontro e não poderei ajudar a criar uma cultura de encontro." Nossa disposição de tolerar nosso desconforto ao passo que paramos, olhamos, ouvimos e aprendemos é o que facilitará encontros entre nós e outros. Os encontros não se resumem à afirmação ou rejeição do estilo de vida de alguém. Em vez disso, são oportunidades de gerar compreensão e obter entendimento.

## ATIVIDADES: PERGUNTAS INSTIGANTES E A COMUNIDADE DA VARIEDADE

Estas atividades podem ser realizadas pelos pequeninos (5 a 9), pelos jovens (10 a 12) e pelos adolescentes (13 a 18). Ajuste as perguntas ao nível de maturidade do seu filho, de acordo com quão bem você o conhece, e use os recursos de acordo.

### *Perguntas Instigantes*

Quando minha filha, que recebeu educação domiciliar, se preparou para estudar a história dos Estados Unidos, ela disse que estava cansada de ouvir a história do país pelo ponto de vista dos homens. Ela se perguntava que papel as mulheres exerceram na fundação e no desenvolvimento contínuo do país. Sem dúvida, seu amor pelas bonecas American Girl a levaram a desenvolver essa consciência de que era importante que as mulheres contassem a história dos EUA. Encontrei um livro, que compilava as cartas originais escritas por mulheres norte-americanas durante a Guerra da Independência até o século XXI chamado *Women's Letters* [Cartas das mulheres, em tradução livre], editado por Lisa Grunwald e Stephen Adler. Essas cartas eram documentos de primeira mão — uma ferramenta crítica em qualquer pesquisa histórica. Lemos cartas de várias mulheres, incluindo de Abigail Adams, Sojourner Truth e de uma mulher cherokee a um agente do governo em 1818. Pudemos fazer perguntas importantes, como: "O que as mulheres poderiam ter desejado, mas não conseguiram, na fundação?" e "Que influência as mulheres negras e nativas tiveram no movimento dos direitos femininos?" Essas cartas transcenderam o tempo — e parecia que estavam falando diretamente conosco.

Nossos filhos têm a oportunidade de conhecer várias pessoas nos relatos que lhes contamos sobre a história ou na literatura, e por meio da política ou de movimentos sociais. Podemos providenciar um encontro com eles por lhes fazer perguntas que questionam o status quo das narrativas da comunidade. Por exemplo, imagine que você está ensinando sobre o período da colonização europeia dos Estados Unidos. Não existe "uma história que sempre será verdadeira" e todas as outras versões, que são menos verdadeiras. Comece contando a história como a conhece e faça as seguintes perguntas de ponto de vista.

**Pergunte:** *"Quem está contanto esta versão da história? Quem são os personagens principais?"*

**Acrescente:** *"Quem não é mencionado nesta versão da história? O que sabemos sobre eles?"*

**Reflita:** *"Quais eram os objetivos dos exploradores originais? Quem tinha a autoridade de comissionar a colonização da América do Norte? Quem reconhecia essa autoridade? Quem não a reconhecia?"*

**Pergunte:** *"Qual era a missão dos primeiros colonos? Quem se beneficiou disso? Quem não se beneficiou?"*

**Considere:** *"Quem decidiu quais pessoas eram os heróis da história? Usando quais critérios? Quem decidiu quais pessoas eram os vilões da história? Usando quais critérios?*

**Pergunte:** *"As vozes de quem foram ignoradas nesta história? As vozes de quem foram amplificadas?"*

**Reflita:** *"Que valor subjacente está sendo promovido nesta versão da história? Por quem? O que é bom nesse valor? O que é restritivo sobre ele?"*

Além de fazer perguntas de ponto de vista, os alunos podem monitorar suas reações — tolerar seu desconforto ou até seu senso de triunfo. Seguem algumas perguntas que você pode fazer para ajudá-los a permanecer autoconscientes no seu pensamento.

**Reflita:** *"O que você espera que seja verdade? Por que você espera isso?"*

**Considere:** *"O que você teme que seja verdade? Por que você teme essa versão da história?"*

**Pergunte:** *"Como essa versão da história confirma ou prejudica seu autoconceito?"*

**Verifique:** *"Você teve alguma sensação corporal ou sentiu alguma emoção agora? Quais?"*

**Conecte:** *"O que você acha que causou essa sensação ou emoção? Como a explicaria?"*

Esses tipos de perguntas resultam em um encontro com o assunto. Esse também pode ser um bom momento para revisitar a tabela da visão do mundo do Capítulo 6. Peça ao seu filho para determinar se suas reações e seus pensamentos se originam de percepções pessoais ou de uma narrativa comunitária.

Então, reconte a história a partir de um ponto de vista diferente. Por trocar os narradores, até a estrutura da história pode mudar. Por exemplo, os nativos norte-americanos não têm uma história da "descoberta da América do Norte". Eles estruturam sua relação com o que chamam de Ilha da Tartaruga de modo diferente. Usando as perguntas anteriores como modelo, formule perguntas que se adéquem a essa versão da história.

### *A Comunidade da Variedade*

Os encontros produzem melhores resultados quando apresentados em primeira pessoa — sejam escritos originais, por meio de entrevistas na TV ou mediante reuniões pessoais. No Capítulo 7, sugeri a criação de uma biblioteca da variedade. Neste capítulo, sugiro que você preencha a vida do seu filho com um documento "comunidade da variedade".

- Cartas, diários pessoais, diários de bordo, manuscritos, registros e relatórios são fontes valiosas de informação ao estudarmos história. Mesmo que façam apenas uma pequena parte da educação dos nossos alunos, eles os ajudarão a enxergar pessoas *reais* na história. Tire vantagem da internet para ajudá-lo a encontrar fotos desses registros. Existe algo em ver coisas escritas à mão (na maioria dos casos) que personaliza o poder desses comunicados históricos. Lembro-me bem do impacto de ver uma cópia direta da Declaração da Independência em pessoa em Washington, D.C. Não fazia nem ideia do quão grande era esse documento, e a assinatura de John Hancock estava maior do que nunca. Essa experiência direta exercerá um impacto psicológico no seu filho.
- Os documentários são uma ferramenta eficaz para encontrar pessoas ou um evento histórico. Se possível, procure por documentários que apresentam gravações originais ou escavações arqueológicas. Eles fornecem o contexto visual dos eventos históricos. É importante

considerar a idade do seu filho — algumas imagens podem ser traumáticas.

- Faça amizade com pessoas que são diferentes de você. Conheça famílias de outros países. Viste casas de adoração. Receba um aluno de intercâmbio. Participe de atividades comunitárias que não se baseiem nas suas crenças políticas ou religiosas. Viaje. Aprenda um novo idioma.

A forma mais rápida de gerar novos pensamentos é encontrar a diferença diretamente. Quando ajudamos nossos filhos a navegar pela complexidade e diferença, ensinamos-lhes a expandir sua capacidade de participar em um mundo cheio de variedade. Quanto melhores forem em aceitar as diferenças (o que não é o mesmo que concordar com elas), mais hábil será o seu pensamento. Isso nos leva à Parte 3. É hora de lidar com a complexidade dessas diferenças que surgem durante a leitura, as experiências e os encontros. Como avaliar as ideias e pontos de vista que entram em conflito com nossos valores, nossos hábitos e nossas crenças? O que a tarefa acadêmica exige dos nossos filhos? Vamos descobrir.

# PARTE 3

## A Imaginação Retórica

> Grande parte do trabalho intelectual adota a arte do possível; é como um processo arqueológico no qual nos aprofundamos na busca de verdades que podem mudar constantemente ao passo que novas informações são reveladas.
>
> —bell hooks, *Ensinando pensamento crítico*

Imaginação: fantasias, pintura facial, brincadeiras de criança. A imaginação evoca lembranças sentimentais de um período mais simples. Com que frequência a imaginação é mencionada ao conversarmos sobre pesquisas ou relatórios de laboratório? Menos. Muito menos. Mas não deveria ser mais frequente?

bell hooks, uma reformadora educacional que questionou o formato atual do aprendizado, foi especialmente perceptiva no que se refere ao papel da imaginação na educação: "Vivemos em um mundo onde as crianças são incentivadas a imaginar, desenhar, pintar o rosto, criar amigos imaginários, novas identidades e ir aonde quer que sua mente as leve. Então, quando ela começa a crescer, a imaginação é vista como perigosa, uma força que poderia impedir a aquisição de conhecimento. *Quanto mais alto uma pessoa sobe na escada do aprendizado, mais lhe pedem para esquecer a imaginação* (a menos que ela tenha escolhido um caminho criativo, como o estudo da arte, do cinema etc.)." Essa redução do espaço para a imaginação no mundo acadêmico poderia ser o resultado da "doença narrativa" de Paulo Freire, sobre a qual falamos no Capítulo 3, o fenômeno em que o sucesso acadêmico se baseia mais na habilidade de repetir, reformular e opinar (discutir?).

Ainda assim, cá estamos nós, pensando criticamente sobre pensar criticamente. O que mais vai nesse ensopado intelectual?

As Partes 1 e 2 abordaram os aspectos básicos do pensamento crítico: o vocabulário, os narradores, a observação cuidadosa, confirmar a veracidade de dados e fontes, formação de identidade, leitura, experiência e encontro. A próxima característica essencial de um pensador crítico autoconsciente é o que chamo de *imaginação retórica*. Os alunos que a utilizam examinam matérias acadêmicas de forma criativa, analítica e com empatia. Eles elaboram hipóteses, avaliam, interpretam, resolvem problemas e consideram vários pontos de vista contraditórios ao mesmo tempo e de modo imparcial. Esses pensadores imaginativos veem o assunto de forma geral, absorvendo o significado de uma tendência na interpretação ou pesquisa, não apenas as últimas descobertas. Até a ciência se beneficia da imaginação retórica: "A criatividade e o pensamento crítico são especialmente importantes na pesquisa científica" porque as descobertas e o entendimento surgem ao coletar dados e imaginar seus usos e efeitos. A ciência não é apenas um conjunto de fatos que devem ser provados, mas um método de exploração e descoberta.

O outro termo que precisa muito ser redefinido é "retórica". A retórica deveria dar a entender sofisticação no mundo acadêmico — vocabulário, argumentos melhores e mais perspicácia. Uma definição que encontrei em uma rápida pesquisa no Google francamente me fez rolar no chão de tanto rir: "Retórica: linguagem usada para persuadir ou impressionar seu público, mas geralmente encarada como *falta de sinceridade* ou de conteúdo significativo" (o grifo é meu).

Como é que é? "Falta de sinceridade"?

Não resisti. Acabei anotando isso em um bloquinho com o máximo de sarcasmo: *A etapa retórica da educação — quando falta sinceridade no aprendizado.* Odeio admitir isso, mas é isso o que parece acontecer às vezes. O ensino médio e a faculdade tratam o aprendizado como grandes aros pelos quais os alunos devem passar, independentemente de como eles se sentem sobre o que está sendo ensinado. A pressão para discutir com persuasão é superenfatizada, ao ponto de eliminar qualquer possibilidade de inspiração. Com frequência, os alunos "aprendem" sem nenhum envolvimento emocional, intelectual ou ético. Em vez disso, eles leem documentos rapidamente apenas para discutir a respeito de opiniões que já têm ou que são fáceis de provar. A etapa retórica do desenvolvimento pode ser a mais enfadonha de todas — a que diz: "Obtenha informações, repita-a como se você se importasse, forme-se e consiga um emprego."

Eu *não* concordo com isso! E aposto que você também não.

Quando trabalho com adolescentes, sempre me surpreendo com o poder das suas ideias quando eles *realmente* se importam. Como viveram por menos tempo no planeta, eles costumam apresentar ideias inovadoras e pontos de vista novos quando se dedicam a um assunto utilizando o pensamento imaginativo. O que possibilita que os alunos façam essa exploração cuidadosa? Na minha própria pesquisa durante as últimas duas décadas, voltei-me às artes. Como vimos no Capítulo 4, descobri pelo desenho que, para desenhar corretamente uma imagem em uma página, eu precisava aprender a enxergá-la de modo diferente. Betty Edwards, autora de *Desenhando com o lado direito do cérebro*, explica que todos nós temos um mecanismo de "eu já sei qual é a aparência disso" no cérebro que nos impede de realmente *ver* o que está bem na nossa frente. Betty pede que aqueles que querem aprender a desenhar descartem o que acham que sabem para *verem* ou *perceberem* o que realmente está na frente deles. Edwards recomenda que seus alunos coloquem a imagem de ponta-cabeça para que consigam vê-la de outra forma. Ao aplicar seus métodos, percebi que fiquei fascinada com as inúmeras linhas e contornos — percebendo como se relacionavam, em vez de rotulá-las como "boca" ou "nariz". Surpreendentemente, minha precisão aumentou bastante. Havia transformado minha mentalidade de "respostas certas" em uma mentalidade de "perceber e gerar ideias".

É isso o que pedimos que os alunos façam ao ler um livro ou ouvir um relato da história. Pedimos que ignorem o que acham que sabem e abram espaço para algo novo. O objetivo desse algo novo não é necessariamente corrigir um pensamento errado. Em vez disso, é uma oportunidade de enriquecer e expandir o que pode ser conhecido e perceber a correlação entre as matérias e os pensadores. Nosso objetivo é ajudar nossos filhos, em especial os adolescentes, a se livrar do que acham que é verdade ou esperam encontrar. Convidamos a usar sua imaginação retórica. A Parte 3 apresenta vários processos para ajudá-los a ter essa experiência.

Nessa etapa da educação, os alunos evoluirão se forem incentivados a imaginar todo o tipo de relacionamentos ao aprenderem. Por exemplo:

- Imagine a vida do ponto de vista do escritor.
- Imagine a época.
- Imagine a vida das pessoas comuns e da realeza e a diferença entre elas.
- Imagine o sofrimento.
- Imagine ser *desse* lugar, em vez de simplesmente ler sobre ele.
- Imagine as sensações corpóreas, o clima, a estação do ano.
- Imagine que um conceito possa se relacionar com outro.

- Imagine que a visão do oponente é sagrada para essa pessoa, assim como meu ponto de vista é sagrado para mim.
- Imagine que as estatísticas podem ser exatas e nos dar a ideia errada ao mesmo tempo.
- Imagine que as experiências de infância influenciaram as escolhas desse adulto.
- Imagine os limites do que pode ser conhecido.
- Imagine o impacto de um ponto de vista — seus benefícios e suas responsabilidades.
- Imagine uma audiência.
- Imagine que minha maneira não é a única ou a melhor.
- Imagine que o escritor está errado ou se enganou.
- Imagine que o escritor está certo ou é sincero.
- Imagine que podemos saber mais.
- Imagine que esse era um período de superstições.
- Imagine que as pessoas desse período tinham acesso a verdades que se perderam ao longo do tempo.
- Imagine um projeto de pesquisa para testar uma teoria.
- Imagine novos métodos para resolver problemas antigos.
- Imagine o cruzamento entre duas disciplinas para criar novas soluções.
- Imagine ficções e histórias para trazer fatos tediosos à vida.
- Imagine a história em cores vivas.

A imaginação retórica é fundamental para o pensamento crítico. Ela nos permite derrubar a parede na nossa mente que separa o que acreditamos e o que estamos dispostos a considerar enquanto estudamos. A imaginação retórica nos permite "torcer" pelo escritor para que ele apresente seus argumentos, mesmo que acabemos não concordando com suas conclusões. O primeiro passo para ler qualquer opinião é entendê-la, e não julgá-la.

Para ajudar nossos incríveis jovens a desenvolver suas habilidades de pensamento crítico, parei de analisar o âmbito e os diagramas de sequência do mundo acadêmico do ensino médio. Em vez disso, passei a me interessar por como os seres humanos desenvolvem seus pontos de vista. Que forças dão vida ao pensamento? O que nos leva a concluir que estamos certos e os outros errados? Fiquei curiosa com a percepção sobre a avaliação. Refleti sobre a influência da lealdade à comunidade e sobre nossa necessidade de pertencimento. Mergulhei na intuição, na geração de ideias, na criação de correspondência entre elas e nas ramificações de seguir um palpite.

Perguntei-me como ajudar os alunos a ficarem *fascinados*, em vez de *convencidos*. O que forma a opinião de alguém — o que é persuasivo, afinal? Como podemos guiar os alunos para descobrir metáforas e símiles, analogias e comparações? Poderiam interpretar um texto original (como a carta do meu avô descrita na Introdução deste livro) sem trazer seus preconceitos automáticos com eles? Poderiam ler um ponto de vista sem tentar obter confirmação para os seus vieses? Como poderiam fazer uma pesquisa com curiosidade sobre a variedade de pontos de vista, em vez de ficar na defensiva sobre apenas um? Poderiam interpretar o que leram, experimentaram e encontraram com nuance e autoconsciência?

Naturalmente, essas habilidades são desenvolvidas ao longo do tempo. As crianças mais novas são menos adeptas à adoção de pontos de vista do que os adolescentes e os jovens adultos. Dito isso, elas podem ser incentivadas a considerar várias formas de ver e saber por meio das atividades apropriadas para a idade delas que apresento na Parte 3. No entanto, o foco primário dos próximos capítulos são os processos que podem ser usados com adolescentes para prepará-los para o ensino médio e além.

Ao aceitar a tarefa acadêmica com seus alunos, lembre-se de que o objetivo do aprendizado não é apenas entrar na faculdade ou conseguir um emprego. Uma educação interessante tem a ver com a busca por significado, a divisão do nosso ponto de vista pessoal em comparação com os valores da comunidade, a análise de pesquisas e dados científicos e a busca por mais informações para considerar, e não menos. Ser uma pessoa reflexiva significa estar ciente do intercâmbio dinâmico entre o eu e a matéria. Vejo a imaginação retórica como o vento que sopra nas velas da invenção e da perspicácia — ela liberta nossos pensamentos, que, de outra forma, poderiam ser ignorados, e nos permite desenvolver a empatia e a consciência para crescer. Que matéria não se beneficiaria disso? A imaginação retórica nos leva do que é para o que poderia ser. Até que o vejamos ou possamos imaginá-lo, não poderemos compreendê-lo, entendê-lo ou avaliá-lo. Sigamos a diretriz de bell hooks: "Quando um professor deixa a imaginação correr solta na sala de aula, o espaço para o aprendizado transformador aumenta."

## CAPÍTULO 11

# O Surpreendente Papel da Autoconsciência no Pensamento Crítico

O corpo já sabe das coisas muito tempo antes da mente se dar conta.

—Sue Monk Kidd, *A vida secreta das abelhas*

Acontece assim. Você está conversando, achando que está aberto para aprender mais sobre um assunto. Então seu interlocutor apresenta uma ideia que contradiz suas convicções. O que acontece? Sua mandíbula fica tensa? Sente uma ardência no estômago? Sente vergonha? Se a pessoa diz "abra sua mente", consegue fazer isso? Naquele momento? Na maioria das vezes, ignoramos as reações do nosso corpo, enquanto nossa mente se apressa para recorrer aos pontos que usamos para defender nosso modo de ver o assunto.

Quando seu ponto de vista está sob ataque, o que acontece? Seu coração bate mais rápido? Você sente raiva? Recebe uma dose de adrenalina? Que histórias sua mente formula sobre as evidências que a outra pessoa apresenta? Desconfia das suas fontes automaticamente? Se der o passo adicional de realmente examinar essas evidências e, graças a alguma integridade, chegar à conclusão de que elas são exatas e que seu interlocutor estava certo, e agora? Consegue acalmar seus nervos? Admite seu erro? Revisará seu raciocínio? E se já dedicou bastante das suas emoções e do seu tempo ao que agora é uma opinião errônea? Imagine o que esse erro significará caso tenha baseado seu estilo de vida nele ou tomado decisões financeiras com base nessas ideias. Imagine que você é um membro de uma comunidade que se dedica a crenças que entram em conflito com essas novas evidências. Conseguirá seguir em frente, revisando suas opiniões e práticas para harmonizá-las com esses novos dados?

Quando estava estudando na UCLA, escrevi um ensaio que fez com que eu precisasse lidar com esse dilema. Esperava encontrar validação para a minha tese e encontrei... até que me deparei com uma fonte importante que contradizia meu argumento. Meu rosto ficou vermelho. Senti-me exposta. Não queria que esses novos fatos abalassem minhas convicções. Alterei minha tese ou reescrevi meu trabalho para lidar com esse questionamento? Não. Simplesmente fingi que as evidências contrárias não existiam. Escrevi o trabalho sem elas. Os pesquisadores chamam esse tipo de viés de "efeito avestruz". Escolhi enfiar minha cabeça na areia e ignorar os dados que não me agradavam. Por que faria isso? O objetivo do trabalho não era aprender? O que me motivou a deliberadamente *não* aprender? Essa é a pergunta que queremos explorar neste capítulo. O que bloqueia nossa habilidade de ouvir todos os tipos de dados sobre algum assunto?

## Mentes Cheias

Uma das ferramentas de pensamento crítico mais mencionadas que encontrei em quase todas as listas que examinei foi ter a "mente aberta". Reviro os olhos sempre que encontro isso. Isso existe mesmo? Estar aberto envolve espaço. No entanto, nossa mente está cheia de pontos de vista que nos protegem. É preciso muito esforço para navegar nessa biblioteca superlotada de emoções, pensamentos, ideias, experiências e crenças para encontrar espaço nas nossas prateleiras mentais para um novo conceito — em especial um que questiona um ponto de vista do qual gostamos. Uma diretriz melhor seria: esteja ciente da *sua mente cheia*!

Ter a mente aberta sugere que podemos realmente separar nossas emoções, nossos pensamentos, nossas sensações corpóreas, nossa identidade comunitária e nossa lealdade a esse grupo, e nosso senso bem estabelecido de certo e errado do que estudamos. A verdade é que os seres humanos não são bons nisso — nem um pouco. Quando não supervisionados, nossos vieses controlam nosso pensamento. Uma diretriz para agir melhor não consegue corrigir isso. Somos ruins em nos convencer a permanecermos abertos a ideias que contradizem o que esperamos que seja verdade. É preciso outra disposição para abrir nossa mente.

Assim, no cenário do pensamento crítico, a ação básica que permite que nos beneficiemos de todas as habilidades das quais falamos até agora não é a mente aberta. É a *autoconsciência*. Sem virar a lente da câmera para nós mesmos, toda a pesquisa, cuidado, observação de identidade e encontros podem acabar reforçando nossas ideias preconcebidas. Por que isso acontece? Porque somos leais aos nossos hábitos de pensamento. Decoramos nosso cômodo do pensamento com nossas cores favoritas e temos uma poltrona bem confortável para nos sentar enquanto apreciamos nossas opiniões bem formadas. Pedir a alguém para abrir sua mente é como lhe pedir para reformar seu cômodo favorito.

Você já assistiu algum evento esportivo com fãs raivosos? No momento em que o juiz toma uma decisão questionável, é fácil predizer com grande precisão quais fãs a aprovarão e quais a desaprovarão. A lógica tem pouco a ver com isso. O desejo de serem identificados com o time vencedor supera sua habilidade de manter a mente aberta para as evidências. Os fãs elaborarão uma lógica instantânea para explicar com paixão por que as evidências concordam ou não com a decisão do juiz. Pedir a um fã para manter a mente aberta? Faça-me o favor! Um exercício de futilidade.

Naturalmente, existem aquelas almas que têm orgulho de serem objetivas e que dirão "Sim, o juiz acertou" ou "Isso é um fato, e não importa como me sinto", mesmo quando esse fato prejudica seu "time". A maioria de nós consegue recorrer às evidências quando não valorizamos muito o que está envolvido — aquele produto de limpeza *realmente* deixa minhas roupas mais brancas do que o produto que uso atualmente. Quando o valorizamos, porém, a história é outra. Se nossa família é dona da empresa do alvejante e usamos esse produto desde a infância, talvez nossos olhos não consigam nos dizer que o outro alvejante é mais eficaz. É muito difícil permitir que um fato contrário desminta o que *queremos* que seja verdade e o que a nossa comunidade diz que *é a verdade*! A pesquisa até indica que nossas relações grupais liberam ocitocina, um poderoso hormônio do prazer e do apego.

Se já nos comprometemos a adequar nosso comportamento à nossa "verdade", seremos ainda *mais* resistentes a evidências contraditórias. A "escalação do comprometimento" (viés do comprometimento) interfere em nossa habilidade de aceitar que nossas crenças sejam questionadas. Nenhum conselho para "manter a mente aberta" resolverá o problema. Na verdade, consideraremos ter a mente aberta como algo perigoso. As comunidades reforçam sua versão da verdade o tempo todo — quer se trate de um grupo oficial, como membros de uma fé religiosa, ou de pessoas que compartilham a mesma postura ideológica, como a de que "o casamento é melhor". Os fiéis verão qualquer questionamento como heresia, e não como evidências a considerar.

Às vezes, quando fazem isso, eles acabam se prejudicando. Eu vi um amigo meu que era professor de saúde holística acabar no hospital por causa de desnutrição, negando as evidências de que estava morrendo de fome para satisfazer seu desejo de desintoxicar seu sistema. Já vi educadores domiciliares se apegarem à crença de que seu filho aprenderia a ler, em vez de contratar um especialista para ajudá-lo. Já conheci mulheres de fé religiosa que escolheram permanecer em casamentos que não eram bons para elas depois de descobrirem que seus maridos eram abusivos ou mulherengos. Quanto mais nos apegamos à nossa comunidade e a nossas crenças, mais difícil é manter a "mente aberta" a fatos contrários. Mudar de ponto de vista costuma exigir uma mudança correspondente na prática e deixar brevemente nossa comunidade, a qual, por sua vez, poderá nos rejeitar. As crianças precisam lidar com esse mesmo dilema de soma zero nas suas famílias. Elas sentem uma súbita ansiedade quando se aproximam demais da crença sagrada de um pai ao lhe fazer uma pergunta que vai de encontro com ela.

Na literatura do pensamento crítico, existe outra ideia que se destacou como um antídoto para todas as formas em que o viés nos impede de pensar bem. Além de nos recomendar a manter a mente aberta, somos convidados a pensar como cientistas. A ideia é estarmos mais interessados em *entender bem* do que *estarmos certos*. A ideia é que, se estivermos interessados em entender bem, seguiremos as evidências aonde quer que elas nos levem. Esse é um ideal nobre. Funciona, certo? Com toda certeza, as atividades que se baseiam na matemática e nas ciências, como a engenharia e a cirurgia, exigem precisão e exatidão. Porém, nesse contexto do pensamento crítico, estamos examinando especificamente a arena das ideias discutíveis. Como já descobrimos nestas páginas, as pesquisas e as interpretações das descobertas variam de ano a ano e de época em época. "Entender bem" dá a ideia de que nossos dilemas sempre terão apenas uma única resposta correta. (Lembra-se do nosso dilema das provas de múltipla escolha?) Ainda assim, quando analisamos mais de perto, a maioria das perguntas intrigantes é complexa, com nuances a avaliar, e não apenas respostas certas para descobrir. "Entender bem" talvez não ajude as crianças, em especial quando precisam lidar com várias fontes que se contradizem. Por exemplo, ao estudar se os zoológicos contribuem para a conservação animal, é fácil encontrar estudos que entram em conflito uns com os outros. Qual é o certo? Como um aluno harmoniza essas contradições, especialmente se forem orientadas a "entender bem"? É mais fácil excluir as pesquisas de que não gostamos e voltar à nossa opinião original do que aprender algo novo.

## Insight

No conjunto de habilidades da autoconsciência, falemos primeiro sobre a principal: o insight. Segundo Renate e Geoffrey Caine, os especialistas da educação que escreveram sobre como o cérebro interpreta as coisas, "[o] insight é mais importante na educação do que a memorização. A interpretação pessoal começa na forma de um senso geral inarticulado de relação e culmina na experiência 'arrá' que vem com o insight". Eles explicam que o insight resulta em alegria, admiração, prazer, alívio e energia. E se, em vez de incentivarmos nossos alunos a *entender bem*, déssemos atenção à *geração de insight*? Ter insight é conseguir enxergar a natureza interna das coisas, ter uma visão mental penetrante da matéria (pessoa, assunto, tópico, leitura, experiência, encontro). Ter insight é uma experiência diferente de concordar com resultados clínicos ou validar o ponto de vista de um estudo. O insight é uma sensação pessoal de significado que se origina de uma relação. Outra forma de definir o insight é o momento em que entendemos algo novo — o que o casal Caine chama de "gestalt". Gosto de chamar esses momentos de "agora eu entendi" de epifanias de insight. Vamos de "É o quê?" para "Ah, agora eu entendi". O insight não está necessariamente relacionado à compaixão ou empatia, embora possa estar. Podemos compreender o horror da motivação de alguém que comete atos terríveis, por exemplo. O insight não reside primariamente na mente. É sentido como um momento de clareza que é registrada como um ping. O insight pode se manifestar por meio de calafrios, arrepio, admiração, alívio, terror ou profunda curiosidade. Ele não se compromete, pois é flutuante. Permite que conservemos nossa identidade enquanto vamos coletando informações excelentes e experiências alternativas. Tem a vantagem de ser temporário e pode ser aprimorado prontamente.

Imagine ouvir uma pessoa com um ponto de vista contrário e permanecermos alertas para descobrir, em vez de concordarmos ou discordarmos dele. O objetivo se torna: *Estou aqui para ter uma epifania de insight do porquê de essa pessoa específica ter esse ponto de vista.* Nossa tarefa não é encontrar um furo no seu argumento. Não precisamos gostar da sua posição ou achá-la razoável. Nem precisamos fazer com que o ponto de vista dela faça sentido *para nós*. Nossa única tarefa é "enxergá-lo" com novos olhos. O objetivo é "entendê-lo", e não "entendê-lo bem". Podemos ter uma noção melhor da dor da vítima ou uma repulsa maior pelas motivações de um criminoso. Podemos entender melhor o histórico do indivíduo que desenvolveu determinado ponto de vista ou o contexto histórico do assunto. Podemos descobrir uma crença adjacente que age como a lente que controla como essa pessoa demostra seu comprometimento a uma ideia — mesmo que a achemos repulsiva ou imoral. "Entender" passa a ideia de que *absorveremos* o que quer que aprendermos. Faz com que a tarefa de aprender deixe de ter a ver com dominar as informações ou aperfeiçoar um argumento e tenha mais a ver com o impacto. Uma forma mais coloquial de dizer isso seria: *Como o que estou aprendendo está abalando o meu mundo?* Essa é uma pergunta de insight. Se não pudermos responder a essa pergunta, provavelmente ainda não tivemos um. A mesma disposição pode se aplicar aos estudos de pesquisa que se contradizem: *Estou lendo este estudo para entender a ideia que ele quer passar.* Em vez de julgá-lo de imediato, procure identificar o que o estudo oferece como uma importante consideração na discussão desse tema.

Tive essa experiência quando examinei pela primeira vez o valor dos zoológicos. Em Cincinnati, temos um dos melhores zoológicos dos Estados Unidos (o melhor mesmo é o de San Diego, que era o meu favorito durante a minha infância). Meus filhos também gostavam do zoológico. Porém, à medida que cresciam, foram se tornando mais curiosos. Os animais do zoológico são bem tratados? Essa é uma vida boa para eles? Fiz algumas pesquisas, e os resultados eram conflitantes. Por um lado, alguns estudos sugeriam que os zoológicos protegiam espécies ameaçadas, fazendo com que os seres humanos passassem a se importar com a sua preservação e que, nos zoológicos, esses animais raros podiam se reproduzir em cativeiro, longe dos predadores. Lembro-me de ter ficado impressionada com um estudo que afirmava que os animais tinham uma vida muito mais feliz e despreocupada em cativeiro do que os que viviam na natureza. Os zoológicos eliminavam a ameaça e a necessidade de caçar para se alimentar. Os animais tinham refeições regulares e segurança existencial. Em muitos casos, os animais individuais viviam por mais tempo do que aqueles que viviam na natureza.

Outras pesquisas, porém, contradiziam essas descobertas. Havia relatórios que diziam que a probabilidade de algumas espécies de procriar em cativeiro eram menores. Outros estudos mostravam que, quando os animais de zoológico feriam seres humanos (até aqueles que se comportavam mal), eles eram sacrificados. Um dos macacos que mais amávamos no Zoológico de Cincinnati foi alvejado quando um bebê atravessou seu cercado. Para protegê-lo, o macaco foi abatido, mesmo que isso não tenha sido culpa dele. Estudos adicionais mostram que as condições de vida nos zoológicos são desnaturais e que, em geral, o clima local é bem diferente do habitat dessas espécies, afetando seu bem-estar. Esses estudos também falam sobre o estresse que esses animais sentem por causa das suas áreas, as quais são projetadas para entreter o público.

Meu instinto inicial era querer que meu ponto de vista estivesse certo, e o outro, errado. Reduzi minha velocidade e troquei de marcha. Fiz a pesquisa usando o "efeito da visão geral". Considerei-a usando um contexto mais amplo. Percebi que os dois lados da discussão sobre os zoológicos supostamente queriam as mesmas coisas: a preservação da biodiversidade e a proteção de espécies ameaçadas. Não tratei a pesquisa de nenhum estudo como algo que estava esperando pela minha aprovação ou rejeição. Depois de confirmar que os pesquisadores eram profissionais qualificados, decidi permitir que seus argumentos exercessem impacto em mim. Decidi sentir a sensação que eles foram feitos para causar. Esse processo também exigiu tempo. Passei mais de um ano pensando nessas ideias, lendo artigos e pedindo a opinião das pessoas que trabalhavam no campo. Buscar o insight permite esse tipo de flexibilidade da mente. Quando comparei os dois pontos de vista contraditórios, tive uma epifania. Percebi que a questão na mente de todos era motivar as pessoas a querer proteger a vida animal no planeta Terra. Fiquei *mais* interessada na controvérsia, porém *menos* convencida.

Permanecendo aberta ao insight, não coloquei os resultados das pesquisas uns contra os outros, nem aceitei uns e rejeitei os outros. Para me certificar, houve ocasiões em que um estudo invalidou os resultados de outros, e é importante admitir isso. Mas esse nem sempre foi o caso, nem é a primeira suposição a ser feita. Em vez disso, por ler mais de um lado, entramos em um jogo de pingue-pongue de fatos e afirmações. Isso nos ajuda a transcender o debate e fazer a grande pergunta — seja ela qual for. Neste caso: como os seres humanos podem se sentir motivados a apreciar e proteger os animais?

O insight é fluído e motivador. Correlaciona uma ideia com outra e alimenta uma reflexão mais profunda. Podemos ajudar nossos filhos a reconhecê-lo descrevendo como é quando alguém tem um insight. Ele costuma ser sentido no corpo como uma energia, um "arrá" repentino ou uma sensação de alívio. Pode ser percebido como uma nova ideia encantadora. Lembro-me de ter descoberto, aos 11 anos, o simbolismo da rosa e seus espinhos — amor e dor, lado a lado. Fiquei encantada com minha profundidade repentina, embora os poetas já estivessem usando essa correlação há séculos. Senti que ela era minha. Essa é a experiência do insight. A ideia multifacetada continua sendo complexa, mas é mais bem apreciada e entendida com mais nuance. O insight não é algo que os adultos dão às crianças. Ele vem de cada um de nós. Tudo o que podemos criar são as condições para que ele surja.

Essas condições são:

- **Liberdade** para chegar a conclusões provisórias.
- **Espaço** para sentir profundamente.
- **Apoio** durante o momento de crise: "Essa descoberta acabou com a minha tese!"
- **Tempo** para ponderar nas ideias.

O insight é fruto das ferramentas de autoconsciência que estamos a ponto de explorar.

Ao trabalhar com alunos durante os últimos 25 anos, percebi que realmente podemos lhes mostrar como ficar menos na defensiva ao aprender — superar a resistência inicial a novos dados, ideias e pontos de vista. Existem práticas que permitem aos alunos realizar esse trabalho mais profundo sem aquela reação automática que os faz parar de aprender (olá novamente, trabalho da faculdade). Espalhadas pelo restante deste capítulo estão atividades preparatórias para crianças mais jovens e processos instigantes que são mais apropriados para alunos do ensino médio. Recomendo que os faça também para sentir as súbitas mudanças nas suas emoções e reações corpóreas que o informarão sobre seu modo de interpretação. Dessa forma, você estará mais bem preparado para orientar seu filho. Também seria interessante que os alunos começassem essas atividades com assuntos menos polêmicos, sobre os quais ainda não têm uma opinião bem formada. Eles poderão prestar atenção a como seu pensamento pode ser influenciado porque ainda não adotaram uma opinião firme. Identifiquei estas três práticas-chave no pensamento crítico autoconsciente:

- Expor nossas primeiras impressões.
- Reconhecer nossas diferenças.
- Identificar nossas lealdades.

## Expor as Primeiras Impressões

Nosso corpo e nossa mente trabalham rápido. Eles geram emoções e reagem instantaneamente, mesmo que tentemos contê-los. Nossas primeiras impressões sobre uma matéria de estudo podem rapidamente se tornar a lente que controla como avaliamos informações. É difícil ter um insight se nosso corpo está nos enviando uma onda de ansiedade ou de triunfo. Os primeiros pensamentos incluem o vocabulário que a pessoa associa ao assunto, ditados e slogans familiares, os preconceitos (ou "pré-julgamentos") que a pessoa tem e suposições pessoais. Gosto de definir o termo "suposição" da seguinte forma: uma crença interna pessoal de que, se as pessoas pudessem viver à altura do seu ponto de vista ideal, o mundo seria um lugar melhor. Assim: "Suponho que, se as mulheres recebessem o mesmo que os homens, o ambiente de trabalho seria justo." Nossas suposições são expressas como opiniões antes mesmo de termos tempo de fazer pesquisas para confirmar o que esperamos ou imaginamos que seja verdade.

Coloquemos as primeiras impressões sob o holofote.

## FERRAMENTA: PRIMEIRAS IMPRESSÕES

Os pequeninos (5 a 9) podem responder essas perguntas pensando em um item que amam ou desejam bastante, como uma comida, um brinquedo ou algo na natureza, como uma flor, uma pinha, o sol ou o oceano.

Os jovens (10 a 12) podem pensar em um assunto concreto do qual gostam ou acham tedioso, como jogos de tabuleiro, astronomia, gibis, fatos matemáticos, livros de fantasia ou robótica.

Os adolescentes (13 a 18) podem se concentrar em assuntos controversos, como carros automatizados, cigarros eletrônicos, caçar por esporte, o alistamento para o serviço militar e toques de recolher.

### *Antes do Estudo*

- Quando pensa nesse assunto, o que acontece no seu corpo?

  De que sensações você se dá conta? Quais são elas e onde acontecem?

  Está relaxado e tranquilo? Feliz e ansioso?

  Ou está nervoso? Está se preparando para o impacto?

  Sente uma tensão na mandíbula ou no estômago?

  O que mais você sente?

  Alternativamente, você não sente nada físico?

- Agora, vamos avaliar os pensamentos que você teve.

  Identifique o vocabulário relacionado com o assunto (com ou sem definições). Faça uma lista.

  Anote os slogans e ditados (para todos os pontos de vista — positivos, negativos, indiferentes). Até um item de verdade, como o oceano, nos fará lembrar de ditados como "É hora de surfar" e "A vida é uma praia".

  Note os preconceitos (pré-julgamentos) que você tem sobre as pessoas (tanto as que concordam com você quanto as que não concordam).

  Diga qual é sua suposição. Como seu ponto de vista atual melhoraria a vida de todos caso o adotassem?

  —Exemplo dos pequeninos para o sol: ele nos permite brincar lá fora.

  —Exemplo dos jovens para jogos de tabuleiro: eles reúnem as famílias.

  —Exemplo dos adolescentes para os toques de recolher: os pais deveriam confiar que os adolescentes voltarão para casa em um horário em que acham ser seguro, e não às pressas para chegar antes do toque de recolher.

Agora leia e explore o assunto. No caso de crianças mais jovens, ajude-as a considerar o ponto de vista contrário à sua impressão. Por exemplo, se seu filho estiver pensando na luz do sol, peça que ele pense em que momentos o sol não seria agradável ou benéfico. Descubra quem se beneficiaria e quem não se beneficiaria de bastante luz do sol. O objetivo é tornar sua relação com o sol mais complexa. Essa investigação será suficiente no caso dos pequeninos. No caso de crianças mais velhas, é hora de examinar o assunto usando pesquisas externas (não apenas suas impressões atuais). Selecione pelo menos três artigos que eles possam ler para ter mais de um ponto de vista para considerar. Digite o assunto mais o termo "controvérsia" no campo de busca do seu navegador da internet para encontrar esses artigos de opinião.

### Após o Estudo

Para cada artigo que seu aluno ler, faça as seguintes perguntas:

- Nesse artigo, o que causou reações corpóreas em você? Pode ligar o que aprendeu no artigo a emoções específicas, como medo, preocupação, raiva, prazer ou vindicação?
- A lista com o vocabulário inicial que fez antes de estudar o assunto mais a fundo bate com o que você acabou de ler ou aprender? Que novas palavras foram acrescentadas ao seu entendimento desse assunto? Que termos assumiram um novo significado agora que você aprendeu mais?
- Como você enxerga seus antigos "pré-julgamentos" e suas suposições agora? Gostaria de fazer alguma mudança?

Não precisa tratar essas perguntas como um questionário. Elas também podem ser feitas enquanto vocês tomam um cafezinho, e exercerão o mesmo efeito. Uma vez que seu aluno ou filho teve a chance de ponderar suas primeiras impressões, faça estas perguntas:

- Que insights (um momento "arrá", um novo pensamento ou perguntas instigantes) você gerou?
- Como eles mudam o que você entendeu sobre o assunto antes de começar?

Expor as primeiras impressões é um hábito que devemos cultivar. Ver o que o nosso corpo nos diz e como isso muda com base em novas informações é uma forma de avaliar o impacto de um argumento. Quando escrevi meu trabalho da faculdade e encontrei evidências contraditórias, meu estômago doeu. Meu coração bateu mais rápido! Para me acalmar, enterrei o artigo e fingi que ele não existia. Então, fiquei preocupada que meu professor descobrisse de alguma forma que eu havia ignorado esse material e me desse uma nota baixa. Tive todas essas sensações ao aprender mais sobre o assunto e desenvolver uma opinião bem formada. Tive medo de abrir mão das minhas primeiras impressões.

## *MOLDURA*

Outra forma de ter nossas primeiras impressões é por meio do veículo que entrega essa informação. As obras de arte costumam ser colocadas em uma moldura antes de serem penduradas em uma parede. A moldura dá ao observador um indício da sua elegância, importância, estilo estético e o que ela tem a ver com as outras pinturas que estão no mesmo cômodo. As melhores molduras destacam a obra de arte em si. As piores desviam a atenção da história que o pintor queria contar. De modo similar, toda fonte que um aluno estuda tem uma "moldura". Ela pode ser o ponto de vista de um instrutor, uma apostila ou um periódico acadêmico. Pode ser um romance histórico (ficção) ou uma história do noticiário noturno (jornalismo de televisão). Pode ser o veículo de entrega (o estilo da arte na capa do livro, um documentário em cores ou em preto e branco, um áudio ou impressão). Uma maneira de ir além do poder sedutor da moldura é identificá-la e descobrir como ela gera nossas primeiras impressões. As perguntas que se seguem são mais apropriadas para os jovens e adolescentes (10 a 18 anos).

### FERRAMENTA: MOLDURA

*Faça Estas Perguntas*

- A fonte é um ser humano? Se sim, o que dele influencia sua reação? Sua roupa? Seu cabelo? Sua voz? Essa pessoa está em uma posição de autoridade ou é um amigo íntimo? Está relatando experiências de primeira mão ou o que outra pessoa vivenciou? Tem as credenciais para falar com autoridade? Quais? O que nessa pessoa faz com que você confie implicitamente nela ou reaja com desconfiança inicial?

- Se a fonte é o material, qual é a embalagem? Um livro grosso? As bordas das páginas desse livro são douradas ou simples? É de capa mole? Como é a capa? O especialista credenciado é proeminentemente exibido na embalagem? Ele foi publicado por uma editora (ou autopublicado)?
- No caso de uma fonte digital ou em mídia: site de um grupo de advocacia? Apresentação multimídia? Entrevista com testemunhas de primeira mão? Coleção de cartas escritas à mão? TED Talk? Programa de rádio? Gravação em áudio? Peça histórica de uma escavação arqueológica?
- Que predisposição de pensamento essa moldura faz que você tenha sobre o conteúdo? Você acha que ele é crível? Por quê? O que poderia fazer com que você deixasse de acreditar na sua confiabilidade ou passasse a acreditar nele? Pode compará-lo com outras fontes (sites com pontos de vista diferentes, livros sobre o mesmo assunto, versões em áudio ou impressas, outros canais de TV)? Como essa comparação afeta sua reação emocional à fonte? Que fontes geram e não geram confiança? Por quê?
- O que essa moldura deseja passar ou causar?

  Objetividade?

  Conexão emocional?

  Ação?

  Reflexão?

  Raiva?

  Respeito?

  Admiração?

  Empatia?

  Credibilidade?

Protesto?

Notícias?

Outra coisa?

- Essa moldura apoia o status quo (como as coisas estão no momento) ou o questiona (como as coisas poderiam ser)? Por exemplo, se é uma petição, o objetivo é causar mudanças. Se o livro é uma exposição, seu objetivo é abalar a narrativa estabelecida. Se for um relatório, o objetivo pode ser confirmar descobertas estabelecidas. Qual é o caso dessa fonte? Como esse entendimento influencia suas expectativas para quando a consumir?
- Essa moldura faz referência a uma figura de autoridade? A alguém com qualificações? A alguém com experiência direta? A Deus? A uma celebridade? A um líder político? A um líder religioso? A um doutor?

## UM TEXTO, DIVERSAS MOLDURAS

Um texto religioso, como a Bíblia cristã, é um ótimo exemplo de como as molduras influenciam nossas primeiras impressões. A Bíblia é o livro mais impresso da história. Segundo o livro *Guinness World Records*, mais de 5 bilhões de cópias dela já foram impressas e distribuídas no mundo todo. A Bíblia costuma ser impressa e lida como um único livro, embora seu conteúdo tenha sido escrito ao logo dos séculos e represente uma coleção de escritos de vários autores. A Bíblia inteira já foi traduzida em mais de 700 línguas no mundo todo, sem mencionar as muitas versões adicionais em determinados idiomas, como em inglês, em espanhol e em alemão. Toda tradução é uma moldura — uma forma de transmitir o imediatismo do conteúdo de cada grupo de pessoas. Algumas traduções se concentram no idioma contemporâneo, e suas capas refletem isso. Em inglês, as traduções modernas da Bíblia são impressas em capa mole com designs atuais. Essa apresentação pode passar a ideia de que essa informação religiosa é acessível e relevante hoje em dia, apesar de ter sido escrita há milhares de anos. Outras versões em inglês da Bíblia usam a tradução do Rei Jaime do século XVII. Muitas dessas Bíblias têm páginas com bordas douradas e capas de couro. A linguagem antiga combinada com essa encadernação elegante passa a impressão de algo especial e com autoridade.

Compare a moldura dessas Bíblias modernas com os Manuscritos do Mar Morto encontrados na região da costa ocidental de Qumran. Os mais de novecentos fragmentos de textos bíblicos do que os judeus chamam de Tanakh e os cristãos chamam de Velho Testamento foram escritos à mão em papiro. Muitos são trechos manchados e incompletos. Não há espaço entre as palavras e "[o]s rolos mostraram como os textos bíblicos podem ser fungíveis: algumas palavras podem ser mudadas de lugar e, em alguns casos, passagens inteiras foram eliminadas ou reescritas". Pense no impacto dessas duas molduras (moderna e antiga) em um conteúdo similar — como elas causam primeiras impressões e respostas emocionais. Pense em como é difícil deixar o investimento pessoal de lado na forma em que vemos o texto antes de começarmos a pesquisa crítica. Mesmo que achemos desafiador deixar nossa primeira impressão de lado, podemos ao menos nos conscientizar de que a temos. Ao ensinarmos nossos filhos a enxergar as molduras, eles terão uma vantagem ao entrar na faculdade e além. Não serão facilmente levados pela forma como a informação é apresentada e saberão como chegar ao âmago de um argumento.

## Entender a Diferença Radical

A próxima ferramenta para gerar insight vai mais a fundo. Muitos educadores pedem que seus alunos usem a ferramenta chamada "empatia" para ajudá-los a ver o que têm em comum com a forma como outros veem o mundo. Porém, assim como pedir que um aluno mantenha a mente aberta, pedir que mostre empatia também costuma levar a um beco sem saída. Iris Marion Young, professora de Assuntos Públicos e Internacionais da Universidade de Pittsburgh, questiona a ideia de que deveríamos desenvolver sentimentos similares aos de outros — tentando entender uns aos outros ao nos colocar em seu lugar e nos imaginar passando pelas mesmas experiências que eles. Embora a imaginação seja uma ferramenta poderosa, Young observa que nossas opiniões sobre a vida não são reflexos daquelas de outros (ou, nas suas palavras: não são "reversíveis"). Cada um de nós tem experiências de vida, histórias, hábitos emocionais e objetivos diferentes das perspectivas dos demais. Quando acreditamos que podemos nos colocar no lugar de outra pessoa, Young afirma que costumamos "projetar nelas um ponto de vista que complementa [o nosso]", em vez de um que seja real para o indivíduo em questão. Em vez de conseguirmos imaginar como as coisas são para a outra pessoa, imaginamos como acreditamos que elas poderiam ser para *nós*, dadas as circunstâncias *delas*. Ela cita um poderoso exemplo de como esse tipo de projeção pode resultar em terríveis consequências.

Na década de 1990, o estado de Oregon ofereceu reembolso por tratamentos médicos específicos para indivíduos sem problemas físicos e negou reembolso pelos mesmos procedimentos a pessoas com deficiências físicas. Quando a desigualdade dessa proposta foi questionada, a justificativa foi chocante. "Os funcionários achavam que tinham bons motivos para tomar essa decisão porque haviam realizado uma pesquisa por telefone com os cidadãos de Oregon." As pessoas sem deficiência, da pesquisa, foram convidadas a se colocar no lugar de uma pessoa que usa cadeira de rodas ou de uma cega ou surda. "A maioria dos participantes disse que preferia morrer e estar presos a uma cadeira de rodas ou ser cegos." Assim, determinou-se que as pessoas com deficiência não receberiam os mesmos subsídios que as pessoas sem deficiência. Entretanto, Young indicou que estudos demonstravam que pessoas com deficiência têm baixos níveis de suicídio e consideram que vale muito a pena viver suas vidas. O estatuto foi invalidado devido à sua violação da Lei dos Norte-Americanos com Deficiências. Mesmo assim, o argumento de Young reverbera: "Quando são orientadas a se colocar no lugar de uma pessoa que usa uma cadeira de rodas, elas não imaginam o ponto de vista dos outros; antes, projetam neles seus próprios medos e fantasias."

Para lidar com essa tendência, Young aconselha que precisamos adotar uma abordagem de "reciprocidade assimétrica". Seu objetivo é julgar questões morais e acadêmicas com base no nosso respeito compartilhado pela diferença radical entre nós, e não apenas conjurar o que achamos serem sentimentos idênticos. Na verdade, ela diz que nosso comprometimento para com os demais deve se basear na solidariedade moral, e não na nossa habilidade de entender as circunstâncias de outra pessoa. Ao trabalharmos com nossos filhos, essa é uma habilidade de valor singular. Às vezes, as crianças e os adolescentes acham difícil imaginar como afetam outros. Um adolescente pode participar de cyberbullying ou uma criança pode bater em um amigo. Pedir que imaginem como seria se o que eles fizeram acontecesse com consigo mesmos talvez não seja tão eficaz. O adolescente pode dizer: "Eu não me importaria! Teria rido." A criança pode dizer: "Ele mereceu. Ele roubou meu brinquedo." A postura da reciprocidade assimétrica seria de valor aqui. O objetivo é ajudar nossos filhos e adolescentes a ouvir como isso é para a outra pessoa e reconhecer que ela tem o direito de ter um ponto de vista totalmente diferente — mesmo que não o entendam plenamente. Ser um pensador crítico nesse contexto significa desenvolver a capacidade de ver que a experiência da outra pessoa tem valor intrínseco, não porque ela pode ser sentida ou entendida por outros. Seu ponto de vista é pleno e não está sujeito a diminuição por parte da pessoa que causou dor ou que não tem acesso a uma experiência similar. Nesse caso, a assimetria do respeito está inclinada na direção daquele que sofre, e não daquele que está bem ou não está ciente da dor causada.

Young sugere dois exercícios que nos ajudam na nossa missão de facilitar essa assimetria do respeito. Primeiro, ela recomenda que abordemos a outra pessoa com "curiosidade". A curiosidade que mostramos pelo ponto de vista de outra pessoa está ligada a imaginar como ela vê as coisas, e não em como nos sentiríamos se estivéssemos no lugar dela. É aqui que o insight nos ajuda novamente. Ao aprender, os alunos podem permanecer alertas às necessidades, aos interesses, às percepções e aos valores do pensador sob consideração, em vez de decidir se conseguem se imaginar sob condições similares. O objetivo é "entender", e não sentir. Young explica: "Isso nos leva a entender que temos a humildade moral para reconhecer que, embora possa haver muito para entender sobre o ponto de vista da outra pessoa através da sua comunicação comigo... sempre haverá um lembrete, há muito que não entendo sobre a experiência e o ponto de vista da outra pessoa." Por exemplo, um deficiente físico pode expressar suas frustrações com as limitações do seu corpo e com sua dependência da cadeira de rodas. Ouvir sobre esses limites e até imaginá-los em uma pessoa sem deficiência não é o mesmo que ter uma experiência direta ou depender de uma cadeira de rodas. Um lado tem o peso da realidade sentida na pele, e o outro é uma tentativa de imaginá-la. Assim, segundo Young, parte dessa missão para tentar entender melhor os demais é admitir logo de cara que existe uma experiência assimétrica quando começamos a ouvir o ponto de vista de outra pessoa.

Quando se sentem confusos ou incomodados com uma experiência ou um ponto de vista, os alunos podem ser incentivados a adotar uma "postura respeitosa de curiosidade" novamente, reconhecendo que sua condição é tão misteriosa para outros quanto a daquele que os questiona. Uma maneira de mostrarmos curiosidade é fazendo-lhes perguntas, em vez de fazer suposições. Até quando estamos lendo, é possível fazer perguntas e, então, procurar pelos pontos de vista que o escritor expressa na leitura. Se tivermos a oportunidade de conhecermos uma pessoa (encontro), fazer perguntas curiosas é ainda mais poderoso. Young explica: "As perguntas podem expressar uma forma diferente de respeito por outros, ou seja, a de mostrar interesse na sua expressão e reconhecer que aquele que está fazendo as perguntas não sabe como eles enxergam a questão." Dito isso, as perguntas não precisam ser feitas à pessoa como um tipo de interrogatório ou questionário. Cada um de nós deve ter a liberdade de responder ou não, de acordo com os nossos próprios critérios. "Assim, ouvir com respeito envolve fazer perguntas com atenção e interesse. Mas as respostas sempre são dádivas." A postura de curiosidade dirige a relação: ela fornece uma base de fascinação e interesse que permite que o fruto do insight cresça. Permite que os participantes reconheçam qualquer poder diferencial (por exemplo, entre um pai e um filho, ou um adolescente mais velho e um irmão mais jovem, ou um ponto de vista de status quo e outro divergente). Assim, cada encontro é visto como novo, aguardando por novos insights. A curiosidade não é ideológica. Ela permite que mais de uma experiência seja desvelada e destilada.

A segunda forma de mostrar respeito pelas nossas diferenças é por meio do que Young chama de "pensamento expandido". A marca da imaginação retórica é nossa capacidade de conter vários pontos de vista na mente sem realizar julgamentos imediatos. Expandimos nossa capacidade de incluir pensamentos e pontos de vista divergentes quando fazemos duas coisas: (1) reduzimos a importância da nossa própria opinião, enxergando-a como uma entre muitas, e (2) incluímos mais de dois pontos de vista a considerar (fugindo do pensamento binário). O pensamento expandido é caracterizado pelo "senso moral". Segundo Young, "[u]m ponto de vista moral exige que a pessoa pense sobre uma questão ou ação proposta não apenas em termos de como uma questão ou ação afeta a pessoa, mas também em termos do que outros precisam ou querem ou como eles podem ser afetados". Acrescentar essa abordagem objetiva ao estudo mantém os alunos focados no efeito, e não apenas reunindo mais informações ou validação para suas crenças.

Em vez de estabelecer uma base para uma opinião que garante a proteção do seu próprio lugar no mundo, o senso moral pede que o aluno cresça e desenvolva um ponto de vista que inclua mais pessoas e leve outras experiências e circunstâncias em conta. Uma opinião bem formada com base no "pensamento expandido" une essas diferenças de forma significativa (não apenas escolhendo "o menor de dois males" ou "o que funciona melhor para mim"). Quanto mais vozes ensinamos aos nossos filhos a incluir, mais pontos de vista eles considerarão e maior capacidade terão de entender nossa realidade compartilhada e de realizar julgamentos que sejam bons para a comunidade, e não apenas para o indivíduo — e vice-versa: que sejam bons para o indivíduo, e não apenas para comunidade. Entender a diferença radical permite que todos transcendam dos interesses próprios para permanecerem curiosos e interessados.

## ✳ ATIVIDADE: CRÍTICA DE FILMES

*Para os Jovens (10 a 12) e Adolescentes (13 a 18)*

Conversar sobre uma questão política ou social pode fazer a pressão arterial aumentar rapidamente. Uma maneira de ajudar os alunos a sentir o poder de vários pontos de vista sobre o mesmo assunto é reduzindo o nível de apego emocional por examinar críticas de filmes. Os críticos trabalham com o mesmo conteúdo (um filme) e apresentam análises interpretativas diferentes sobre ele. Por ler as críticas positivas e negativas, os alunos podem sentir o poder da retórica persuasiva em primeira mão sem colocar muito das suas identidades em jogo.

Peça que o aluno escolha um dos seus filmes favoritos e assista-o novamente.

Faça uma lista com todos os aspectos do filme que seu filho aprecia e de que gosta. Seja específico. Essas são algumas categorias que podem ser consideradas:

- Atuação de atores específicos
- Diálogo
- Sets, figurino, maquiagem
- Sequências de ação
- Arco histórico
- Efeitos especiais

Agora, acesse a internet e visite sites de críticas de cinema. Leia primeiro as críticas que concordam com o ponto de vista positivo do seu filho. Veja como elas se harmonizam com a perspectiva dele e como elas expandem os motivos para esse ponto de vista sobre o filme.

Agora, selecione e leia várias críticas negativas. Veja como esses críticos interpretam o mesmo conteúdo usando critérios diferentes. Veja se seu aluno consegue identificar esses critérios. Por exemplo, talvez o amado enredo seja falho devido a questões sociológicas (por exemplo, como as mulheres são retratadas). Ou talvez o crítico mencione inexatidões históricas.

À medida que seu filho for lendo, peça que ele se atente a qualquer reação emocional.

- Ele ficou na defensiva?
- Existe algum argumento que gostaria de usar para refutar o ponto de vista do crítico?
- Alguma afirmação do crítico abalou a opinião do aluno? Que comentário ou crítica fez isso? Por quê?

Peça que seu filho adote uma postura de curiosidade.

- Ele consegue ser curioso sem envolver suas próprias percepções? Tudo bem se ainda não conseguir. Essa habilidade é difícil de cultivar. Apenas volte a se atentar às suas reações se for difícil demais adotar a postura de curiosidade.
- Como a avaliação do seu filho sobre o filme mudou ao considerar as críticas negativas? Ela mudou?
- Seu filho consegue abrir espaço para ambas? Existe algum motivo para não fazer isso? Seu filho pode usar o "pensamento expandido" para incluir alguma das críticas do filme no seu próprio amor por ele?

Não existe uma resposta certa. Seu filho não precisa se comprometer a ter determinada visão sobre o filme ou a concordar com as críticas negativas. Essa ferramenta é um método para monitorar a reação individual do aluno ao ser confrontado com um ponto de vista que ele não deseja que seja verdade. Também é uma oportunidade de perceber como o mesmo material pode resultar em duas opiniões totalmente diferentes.

## Identificando Lealdades

O maior obstáculo para o pensamento crítico costuma ser invisível para nós. Somos influenciados pela nossa lealdade às nossas comunidades e ao valioso senso de pertencimento que obtemos delas. As comunidades compartilham um paradigma similar, o qual pode ser definido como "padrões de pensamento que são destinados a serem comparados uns com os outros". Nossos paradigmas sociais costumam ser expressos de forma binária: secular e religioso, capitalista e socialista, rural e urbano, educação domiciliar e educação pública. Sabemos que estamos dentro ou fora com base em como nos harmonizamos com esse paradigma. Ninguém quer arriscar perder amizades, família ou aliados por uma causa. Considerar pontos de vista que vão de encontro com as crenças e os valores bem estabelecidos da nossa comunidade significa arriscar sabotar nosso pertencimento a ela. Nosso desejo de pertencer é profundo e amplo. Também é antigo. Nossa biologia faz com que sintamos que perderemos tudo se perdermos nosso povo.

Por estudar um assunto que entra em conflito com suas lealdades, nossos alunos poderão se beneficiar em se fazer as seguintes perguntas:

- O que está em risco?
- Do que eu abriria mão se mudasse de ideia?
- Quem ficaria decepcionado comigo se mudasse de ideia?
- Que valores temo trair para me manter fiel a esse assunto?
- Quem são as fontes de autoridade no meu grupo? Como eles enxergam esse assunto?
- Como minha comunidade me veria se mudasse de ideia? Meu pertencimento estaria em perigo?
- Quem são as pessoas que pensam assim? Vejo-as como amigas, inimigas ou neutras?
- Que práticas da minha vida estão associadas com minha visão atual?

- Que práticas precisaria mudar se adotasse esse outro ponto de vista?
- Como essas ideias entram em conflito com as histórias lógicas que me foram ensinadas?

Podemos também fazer perguntas sobre a comunidade que tem um ponto de vista diferente:

- Por que ela caracteriza seu ponto de vista como moral ou justificável?
- Que história lógica motiva seu ponto de vista?
- Que suposição está entranhada no seu ponto de vista? (Lembre-se: defino "suposição" como a crença de que se as pessoas adotassem determinado ponto de vista, o mundo seria um lugar melhor.)
- Como essa comunidade enxerga a minha comunidade? Amiga, inimiga ou neutra? Como saber disso afeta como a enxergo?
- Que práticas caracterizam essa comunidade? Elas têm valor social ou significado pessoal? Consigo identificar qual?
- Quem são as fontes de autoridade nessa comunidade? Como minha comunidade enxerga essas fontes de autoridade? Como minha comunidade estabeleceu essa visão?

Pertencemos a diversas comunidades, não apenas às que aparecem no censo. Como vimos no Capítulo 6, elas nos ajudam a interpretar nossas percepções pessoais e nos oferecem histórias lógicas para nos ajudar a encontrar nosso lugar no mundo. Oferecem pessoas que querem viver conosco — seja um fã de uma banda, um membro de uma comunidade religiosa, alguém que é muito bom em determinado passatempo ou um desescolarizado. Sempre que nos atribuímos uma identidade, indicamos qual grupo se identifica conosco! Queremos entender outros, ir até a fonte. Ouça os líderes e membros da comunidade, e não apenas a interpretação da nossa comunidade do "outro lado".

## Junte Tudo, e Temos o quê?

A autoconsciência no pensamento crítico é uma jornada constante, e não uma solução permanente. O hábito de momentaneamente desviar-se do assunto para monitorar nossas percepções pessoais e as histórias lógicas da nossa comunidade é apenas o começo. Vejamos como aplicar essas ferramentas em um ambiente coletivo.

Imagine um grupo de alunos do primeiro ano do ensino médio. O professor sugere que eles se preparem para discutir o assunto do controle de armas nos Estados Unidos. Eles recebem alguns artigos para ler. Seguem-se algumas das perguntas que eles devem considerar.

- O que significa o conceito de regulamentar na Segunda Emenda ("uma milícia bem regulamentada")? Estaremos regulamentando as pessoas, as armas ou ambas?
- Quanto poder de regulamentação o governo deveria ter? Esse controle deveria ser federal ou estadual?
- Verificação de histórico: se sim, de que tipo?
- Períodos de espera para comprar armas: se sim, quanto tempo?
- Direto de comprar: quem pode ter uma arma? Os adultos? As crianças? Que dizer de criminosos?
- Variedade de armas: que tipos podem ser compradas? Deve haver alguma restrição?
- Regulamentos de uso: podem ser portadas abertamente, ou devem permanecer ocultas? Deve haver leis de defesa que protegem cidadãos armados que atiram ao se sentirem sob ataque, ou não?

Os alunos são orientados a se dividir em dois grupos com base no que acham sobre a questão do controle de armas. Porém, a primeira pergunta de autoconsciência que você talvez já esteja se perguntando é: o que eles acham? As várias perguntas dessa consideração não necessariamente representam uma opinião a favor ou contra o controle de armas. Já sabemos que não podemos "acertar". Existem muitas variáveis — detalhes que precisam ser mais bem entendidos e interpretados. Em vez de debaterem, o professor poderia instruir aos alunos a se dividirem em dois grupos que têm origens e perspectivas variadas. O objetivo será *gerar insight* para compartilhar, em vez de tentar persuadir. Quantas maneiras existem de encarar essas perguntas que eles podem descobrir juntos? Quantas possíveis sugestões? Essas condições diminuem imediatamente o apego às suas opiniões e abrem muito mais espaço para o pensamento crítico.

Agora, imagine alunos com origens totalmente diferentes nesses grupos. Um aluno vem de uma família na qual seu irmão foi assassinado em um tiroteio na escola, ao passo que outro vem de uma família com gerações de caçadores e outro cuja família foi salva graças à intervenção de uma pessoa com uma arma de fogo. Para abordar esse assunto e essas ideias, essas crianças, em especial, precisam saber que poderão dar vazão aos seus fortes sentimentos sobre armas sem que alguém fale mais alto do que elas ou procure convencê-las a adotar sentimentos contrários. Seus pontos de vista precisam ser vistos como valiosos para a discussão, e não apenas como opiniões fortes a superar ou ignorar. Suas *percepções pessoais* merecem ser ouvidas na íntegra (caso não seja pessoalmente traumático para elas fazerem isso). Elas também poderão ter mais condições de narrar sua *história lógica comunitária* sobre armas usando o vocabulário natural dessa comunidade. Com frequência, pedimos que os alunos deixem suas origens de lado para serem objetivos. Porém, em um projeto comunitário dessa natureza, pontos de vista poderosos podem e devem receber a permissão de serem expressos. Essas polaridades costumam ser de ajuda para fazer o aluno expressar seu comprometimento também. Aqueles que têm mais a perder em uma discussão precisarão ser abordados com curiosidade, com a percepção da assimetria entre eles e os outros alunos que não têm a mesma origem, e será importante para a conversa comunitária incluir possíveis soluções que levem em conta as experiências e comunidades de cada um.

Juntos, os dois grupos poderão fazer uma lista de todas as possíveis soluções e perguntas que surgirem analisando as considerações sugeridas. As histórias pessoais devem ser incluídas. É emocionante ouvir as opiniões dos dois grupos e ver como seus raciocínios se desenvolvem em ambos. Uma vez que todas as ideias e pensamentos forem analisados e considerados, a pergunta que deve ser feita não é: e que lado você está agora?

Em vez disso, as seguintes perguntas podem ser feitas aos grupos:

- Que novo insight você ganhou?
- Em comparação com antes, o que você entende de forma diferente agora?
- Que novas perguntas surgiram?
- Que princípio você acha que seria útil para orientar essa discussão agora?

Se a missão estiver gerando insights, em vez de debates, a conversa continuará focada na complexidade dos detalhes, e não em reduzir as diferenças para apresentar argumentos persuasivos. Adam Grant, autor de *Pense de novo*, formulou isso bem na sua conta do Instagram: "A marca de um debate produtivo não é a persuasão, e sim o insight." A ideia aqui é identificar os julgamentos morais que honram a experiência individual e que afetam diversas comunidades. É de ajuda lembrar-nos de que somos seres humanos primeiro e alunos depois.

No próximo capítulo, veremos como trabalhar com textos. O que é a arte de interpretar escritos atuais e antigos? Como podemos gerar insights para interpretar todas as comunicações que somos convidados a avaliar?

# CAPÍTULO 12

# A Arte da Interpretação

> Portanto, a questão não é encontrar a verdade sobre a qual o autor escreveu, mas perceber qual verdade o texto tem em reserva para o leitor, como ela se torna viva para o intérprete.
>
> —Paul Regan

Você chegou no ponto alto deste livro. Todo o pensamento crítico nos leva a um único fim: a interpretação. Interpretamos nossos encontros com outros, os símbolos que vemos, as mídias visuais, os livros e os artigos que lemos, as opiniões dos especialistas, os relatos de testemunhas oculares, as conversas, as notícias, as interações na nossa família e as experiências que temos. Em outras palavras, interpretamos "textos" — as comunicações de outros que "lemos" e tentamos entender. Essa é uma prática inescapável. Os seres humanos não conseguem evitar atribuir significados. A maior parte das interpretações que fazemos acontece de forma intuitiva, o que significa que interpretamos sem pensar sobre isso. Lemos a linguagem corporal, a entonação, o volume, o contexto, a relação, a identidade, a gramática e as expectativas em cada interação. Se um amigo nos diz para "plantar batatas", provavelmente não faremos nada, porque sabemos que esse amigo, embora rude, disse isso em sentido figurado. Agora, se estamos fazendo uma horta e esse amigo nos diz para "plantar batatas", começaremos a remexer a terra. Entendemos que o seu significado é literal.

A interpretação é uma arte! Não é um exercício científico com medidas exatas. Em vez disso, todas as interpretações se beneficiam de um espírito de jogo. Acontece uma dança entre o mensageiro e o destinatário. A mensagem é enviada com as intenções do escritor e no seu contexto imediato. A mensagem é recebida no novo contexto do intérprete. Quando esses dois pontos de vista colidem, uma nova interpretação do trabalho é revelada. As interpretações não são eternas. Elas continuam sendo renovadas. É por isso que a interpretação pode ser vista como uma arte, e não como uma ciência.

## O Contexto É Tudo

Lembre-se: na editoração, o "conteúdo é rei". Mas e no pensamento crítico? O contexto é tudo. O contexto é um prisma multifacetado para a leitura. O filósofo alemão Hans-Georg Gadamer, na sua inspiradora obra *Verdade e método,* explica como o contexto crítico reside no ato da interpretação. De acordo com ele, cada texto original revela dois contextos primários: o horizonte do autor (a visão do mundo do escritor no momento da escrita) e o horizonte do leitor (a visão do mundo atual do leitor). A fusão desses dois horizontes afeta como lemos e como interpretamos. Ou como Gadamer resume com elegância: "Entender [um texto] não significa primariamente raciocinar sobre o nosso passado, mas ter um envolvimento presente com o que é dito... Pensar historicamente sempre envolve mediar essas ideias e nosso próprio pensamento." Em outras palavras: toda leitura exige que separemos nosso contexto atual do original para fazer uma nova interpretação que seja relevante.

O contexto importa porque não é aquilo que é ou deixa de ser verdade que exerce uma influência duradoura em nós. É o que *dizemos* sobre o que lemos. As interpretações que fazemos geram nossas próprias percepções da realidade, independentemente da intenção do escritor original. Esse diálogo entre os dois horizontes pode seguir em qualquer direção. Às vezes, o contexto original é significativamente informativo e corrige uma visão popular errante. Por exemplo, em tempos antigos, a chuva e a luz do sol eram vistas como bênçãos divinas porque a cultura agrária precisava de ambas para sobreviver. No mundo atual do agronegócio, que não depende da chuva, nossa relação moderna com o clima nos faz enxergar a chuva mais como um aborrecimento ou como um símbolo de tristeza. (Assista qualquer comédia romântica.) Se estiver lendo um texto antigo, porém, saber que a chuva não é um símbolo de perseguição ou vingança, mas de generosidade e bondade divinas, afetará a nossa interpretação.

Em outras ocasiões, a leitura contemporânea é uma evolução necessária do conceito original. Essa é a tensão que negociamos nos Estados Unidos sempre que alguém debate a interpretação da Constituição. Certamente, nenhum norte-americano de hoje em dia acredita que apenas os homens proprietários de terras têm o direito de votar. Fica claro que os documentos da fundação precisaram de emendas. (Vinte e sete emendas — modificações — foram acrescentadas às especificações do documento original.) Na verdade, a Nona Emenda diz especificamente que os cidadãos entenderiam que teriam outros direitos que não estavam listados na Declaração dos Direitos. Que modificação perspicaz! Porém, quem decide quais direitos, para quem e quando? Isso é interpretação — essa ação. A Suprema Corte revê interpretações antigas da Constituição e estabelece emendas para elas também. A 13ª Emenda aboliu a escravidão e anulou o Artigo 4, Seção 2, Cláusula 3 da Constituição — a Cláusula dos Escravos Fugitivos. A corte removeu direitos concedidos anteriormente, declarando que os donos de escravos não tinham direito de posse e, consequentemente, não podiam recuperar ex-escravizados norte-americanos do norte livre. As intenções e os significados originais podem ser entendidos com exatidão, embora as interpretações modernas tenham anulado o poder dessas mesmas ideias. É por isso que quando falamos sobre interpretação, analisamos camadas de entendimento — e as juntamos pelo momento, por hoje.

Outra forma em que o contexto influencia como interpretamos tem a ver com o ponto de vista do escritor. Jacson Katz, um comentarista social, indicou que, nos Estados Unidos, as pessoas usam a voz passiva para descrever coisas ruins que aconteceram com mulheres, como se não houvesse um agente. Ele diz que a forma como falamos sobre violência contra mulheres leva à interpretação de que a violência é menos agressiva do que realmente é. Nesse exemplo, a construção gramatical (a voz passiva) influencia como ouvimos a mensagem.

> Falamos sobre quantas mulheres foram estupradas no ano passado, mas não sobre quantos homens estupraram mulheres. Falamos sobre quantas garotas em um distrito escolar foram assediadas no ano passado, mas não sobre quantos garotos assediaram garotas. Falamos sobre quantas adolescentes no estado de Vermont engravidaram no ano passado, em vez de quantos homens e rapazes engravidaram moças adolescentes. Assim, podemos ver que a voz passiva tem um efeito político. Ela transfere o foco dos homens e rapazes para as moças e mulheres.

Nesse caso, a voz passiva dá ênfase às vítimas, e não aos criminosos. Esse é o tipo de lente à qual devemos nos atentar ao interpretar qualquer texto.

## Literatura Clássica

Vejamos agora como essa dinâmica se desenrola quando lemos literatura clássica, em especial com crianças. Os livros costumam ser aprovados e desaprovados com base apenas no contexto. Um livro que foi popular em uma época pode ser encarado como racista na seguinte. A série *Little House*, de Laura Ingalls Wilder, é um exemplo perfeito. O primeiro livro de Wilder dessa série, *Uma casa na floresta*, foi publicado em 1932. Essa série ficou muito famosa, vendendo milhões de cópias e ganhando vários prêmios, incluindo diversas Medalhas Newbery, e foi honrada com a criação de um prêmio de literatura infantil com o nome de Wilder. Eu tenho cópias de capa dura dessa série, já li esses livros diversas vezes, sozinha e para os meus filhos, e visitei a casa de Laura em De Smet, Dakota do Sul, com minha família. Por décadas, os livros de Laura foram vistos como exemplos de literatura infantil de alta qualidade. Eu adoro o estilo gentil e conciso de Wilder e seu humor seco. No entanto... alguns leitores ignoraram (por décadas) os relatos em primeira mão de Wilder do racismo da sua época. Trechos como "[u]m índio bom é um índio morto" de *Uma casa na campina* e o preparo para um espetáculo apresentando Charles e seus amigos com rostos pintados de preto em *Uma pequena cidade na campina* foram aceitos por refletirem a vida em fins do século XIX na fronteira com belas críticas de leitores do século XX.

A forma racista de Wilder tratar norte-americanos nativos e negros passou batido pelo meu radar quando era criança. Lembro-me do choque de me deparar com esses trechos racistas ao ler os livros para os meus filhos no século XXI. Escolhi encarar esses textos como uma oportunidade de ensinar aos meus filhos brancos sobre os maus do racismo. Primeiro passo, obviamente. Hoje, nossa cultura está passando por uma revolução adicional de consciência. Leitores de todas as origens estão sendo convidados a considerar o impacto dessa literatura em crianças nativas ou negras que leem as histórias de Wilder, que contêm racismo, nas suas salas de aula e em seus lares. Ademais, pais e professores brancos estão sendo convidados a pensar no legado que esses estereótipos podem criar em criancinhas e como histórias como essas moldam sua imaginação. Ao passo que nossa cultura faz uma autoanálise da sua história, nossa interpretação do que lemos muda, e o que era considerado canônico também muda. Em outras palavras, a interpretação de nenhum texto é absoluta.

Em 2018, a Associação Norte-Americana de Bibliotecas mudou o nome do Prêmio de Literatura Infantil Laura Ingalls Wilder para Prêmio de Literatura Infantil, removendo o nome de Wilder por reconhecer que seus textos não refletiam mais os valores contemporâneos que os leitores esperam encontrar na literatura infantil. Vale notar que, em 2018, já haviam se passado 86 anos desde a primeira publicação de *Uma casa na floresta*. "Os livros de Wilder são um produto das experiências da sua vida e do seu ponto de vista como colona nos Estados Unidos de 1800", disseram Jim Neal, o presidente da associação, e Nina Lindsay, a presidenta da divisão infantil, na declaração. "Suas obras refletem atitudes culturais ultrapassadas em relação a nativos e negros que contradizem a aceitação, celebração e entendimento modernos de diversas comunidades."

Quando interpretamos livros, estamos presos ao horizonte do autor (as condições em que o livro foi escrito) e ao horizonte do intérprete (a época e lugar em que ele é lido). Levou quase um século para que os intérpretes dos livros da série *Little House* mudassem categoricamente seu ponto de vista a respeito dos valores apresentados na série de livros de Wilder e, consequentemente, nossa interpretação das suas obras. Com certeza, podemos ler esses livros com um olhar crítico, entendendo que seu texto representa o ponto de vista original dos colonos brancos na fronteira, mas especialmente como adultos, visto que estamos mais bem equipados para identificar criticamente o contexto político e social da vida dela. Essa escolha de ler seus livros de forma crítica é o fruto de novas interpretações nessa época. Por quase um século, esses livros foram lidos de forma inocente para crianças, sem refletirmos como isso contribuiu para a prolongação de um racismo inconsciente.

## A Arte da Interpretação

Todos nós somos intérpretes. As ferramentas que analisamos neste livro até agora dão aos alunos uma chance de fazerem boas interpretações. Nesta seção, aplicaremos as habilidades do pensamento crítico à interpretação de textos escritos. Uma vez que seu filho pegar o jeito, essas habilidades poderão ser facilmente aplicadas a TED Talks, palestras de faculdade, documentários, filmes, peças de teatro, poesias e conversas com amigos. Para interpretar um texto (em especial um texto desligado do seu contexto original), o primeiro passo é entender que decodificar as palavras não é o mesmo que compreender a intenção do autor. De início, o vocabulário atual, os valores culturais, as percepções pessoais e as histórias lógicas comunitárias do intérprete influenciarão como o texto é lido. Essa primeira leitura sempre resultará em interpretações inadequadas.

Em uma das aulas de redação que dou a alunos do ensino médio, peço que eles interpretem o ensaio da famosa feminista Judy Brady chamado "Why I Want a Wife" [Por que eu quero uma esposa, em tradução livre]. Esse artigo é pura sátira e se concentra no papel doméstico das esposas de meados do século XX. Brady retrata as esposas como empregadas dos seus maridos, e o artigo brinca que até elas se beneficiariam de ter suas próprias esposas. Quando pedi a essas crianças que recebiam educação domiciliar para lerem o artigo no início dos anos 2000, muitas delas ficaram na defensiva, porque suas mães escolheram ficam em casa e exercer esse papel tradicional. A leitura inicial soou ameaçadora, como se estivesse minimizando o valor do trabalho das suas mães. Meus alunos ainda não haviam adquirido uma lente histórica para entender como as mães que cuidam dos afazeres domésticos hoje em dia têm mais opções, em comparação com as esposas descritas em 1971. Curiosamente, nos últimos cinco anos, percebi que as reações dos alunos a esse artigo se tornaram mais brandas. Muitas mães que cuidam dos afazeres domésticos incluem o trabalho na sua vida, e essas crianças viam seus pais participando com mais prontidão nos afazeres domésticos comuns. Em resultado disso, a reação dos adolescentes a esse ensaio na terceira década do século XXI é menos antagônica ao texto original. A forma como entendemos um texto é temporal e controlada culturalmente. A percepção pessoal é uma lente de controle poderosa, em especial em uma primeira leitura. À medida que seus alunos procuram interpretar um texto, lembre-os de que terão insights adicionais *após* a primeira leitura. É necessário um segundo esforço deliberado para ir além. O processo a seguir foi elaborado para alunos adolescentes (13 a 18). São perguntas complexas que exigem que seu filho tenha uma boa base nas outras habilidades que já analisamos neste livro.

## ATIVIDADE: A TAREFA DO INVENTÁRIO DE INTERPRETAÇÃO

Uma das melhores maneiras de aprender a interpretar um texto é usar uma ferramenta que faz perguntas reflexivas ao aluno à medida que ele lê. Diga ao seu filho: "Seja honesto e sincero! Ninguém está olhando." Alguns dos meus livros favoritos têm notas marginais bem emotivas nas quais me permiti extravasar toda a força da minha ignorância mal-informada. Então, depois de fazer mais pesquisas, elas servem como uma cápsula do tempo para mim, permitindo-me ver como meu pensamento evoluiu em comparação com minhas primeiras impressões. A obra de Hans-Georg Gadamer serviu de base para a atividade a seguir. Adaptei seus três horizontes de interpretação especificamente para adolescentes.

O inventário a seguir foi escrito *para* o intérprete — nesse caso, seu aluno ou adolescente. Escolha um texto escrito para esse processo: romance, poesia, discurso, registro ou documento histórico, manuscrito religioso, tratado filosófico, apostila, crítica literária, crítica de filme, diário ou artigo de jornal. Comece com um texto que tenha menos de mil palavras.

Então, peça que seu filho adolescente siga estas instruções.

1. **Imprima ou tire uma fotocópia do texto em papel com margens grandes.**

   Se possível, tire o texto da encadernação. Tire uma fotocópia dele (diminua o texto se necessário) de modo que as margens fiquem grandes (de 5cm a 7cm). Se for difícil tirar o texto da encadernação por algum motivo, redigite o texto com espaço triplo e imprima-o.

2. **Faça perguntas sobre o texto nas margens.**

   Destaque trechos *e* faça perguntas sobre o texto. Anote suas verdadeiras reações escrevendo com naturalidade. Seria perfeitamente aceitável escrever coisas como "O que raios isso quer dizer?" ou "Não acredito que esse escritor seja tão ignorante". Essas primeiras impressões lhe darão indícios do seu viés e de quais são seus interesses. Talvez você tenha sentimentos de confusão ou se sinta provocado. No final, a leitura fará mais sentido. Ou pode ser que você concorde de início, mas tenha seu ponto de vista questionado ao terminar de ler. Anote tudo isso nas margens.

3. **Sublinhe ou destaque termos repetidos, expressões, evidências e recursos literários.**

   Além de fazer perguntas sobre o texto, dê atenção à técnica de escrita. O escritor repete certo termo? Inclui evidências comprovadas ou pesquisas dignas de credibilidade? Note qual é o efeito dos recursos literários, como a aliteração, a rima ou assonância. Identifique metáforas ou analogias. Anote as experiências pessoais do escritor ou as histórias usadas para comprovar um argumento.

4. **Correlacione suas observações iniciais com outros textos ou dados.**

   As notas e perguntas marginais são um caminho de volta para as partes do texto que causaram uma reação em você. Elas podem ser um excelente ponto de partida para determinar uma declaração de tese ou um ângulo de foco para um trabalho. Faça conexões como "Comparar essa ideia com a teoria de Smith no livro *X*" ou "Comprovar a validade dessa estatística". Esse tipo de anotação o ajudará a realocar uma informação importante para futuras reflexões.

Uma vez que você tenha lido o texto, feito perguntas, destacado trechos e escrito notas marginais, é hora de se fazer algumas perguntas. No caso de textos mais curtos, como poesia, discursos políticos ou textos religiosos, a releitura é essencial. Se estiver usando um texto mais longo, talvez você não tenha tempo para lê-lo novamente, mas pode dar uma passada de olho e consultar os trechos que comprovam as suas respostas.

### *Horizonte do Intérprete (Você)*

Ao ler o texto, faça-se as seguintes perguntas.

#### *Sua Disposição*

- O que você espera encontrar no texto?
- Com qual atitude você o aborda? Lerá "a favor" ou "contra" ele? Em outras palavras, você é um leitor receptivo ou hostil? Simplesmente note qual.
- O que o irritou?
- O que o surpreendeu?
- O que o deixou aliviado?

#### *Suas Reações*

- Que imagens surgem na sua mente ao ler? (Veja o Capítulo 4 para encontrar uma atividade de observação cuidadosa para alunos adolescentes se precisar de perguntas de imagem para ajudá-lo.)
- Como você reage à linguagem? Há estereótipos, polêmica (afirmações estridentes sem base), xingamentos? O escritor mostra controle, equilíbrio ou nuances ao falar sobre o ponto de vista contrário?
- Você confia no escritor? Por quê?
- Quais são suas reações imediatas ao texto? (Lembre-se das notas marginais aqui. Elas podem ajudá-lo.)
- O que você quer evitar?
- Ao ler, quais outras vozes você "escuta"? Da sua família? Da sua comunidade religiosa? (Se precisar, o capítulo anterior tem perguntas adicionais sobre identidade e lealdade a uma comunidade que você pode usar para ir mais fundo.)

- Qual voz fala mais alto na sua mente? A de um escritor favorito? De um amigo? De algum líder?

### O Efeito

- Como o texto se relaciona com suas experiências pessoais? Ele parece familiar ou estranho?
- Quem é você? O texto confirma seu lugar no mundo (sua identidade, situação econômica, ponto de vista religioso, raça, nacionalidade, faixa etária, gênero, orientação sexual, educação), questiona-o, ou não diz nada sobre ele? Lembre-se: você é multifacetado, de modo que existem vários pontos da sua identidade a considerar.
- O texto passa uma visão de esperança? Como?
- O texto passa uma visão pessimista? Como?
- Por que você está lendo o texto? (Se for uma tarefa, que razão foi apresentada para ela?) Obtenha um motivo que vá além de "é para a escola", visto que, em geral, essas análises têm um objetivo cuja intenção é estimular seu pensamento crítico.
- Qual é sua reação geral em relação ao texto depois de lê-lo e pensar um pouco nele?

Depois de passar por esse inventário, seria de ajuda escrever livremente por alguns minutos. Transforme seus pensamentos em parágrafos de ideias não editadas. Então passe para o próximo inventário. Talvez você queira fazer um intervalo — talvez de um dia — antes de passar para o próximo nível da análise.

### *Horizonte do Texto (Autor)*

Todo texto é escrito em um contexto específico. Quanto mais recente for a publicação, maior será a probabilidade de entendermos o mundo cultural, político e linguístico do texto. No cenário acadêmico, porém, somos frequentemente convidados a examinar e fazer comentários sobre textos que foram escritos em condições sociais, históricas e culturais distantes. Às vezes, trabalhamos até com textos que foram traduzidos de outros idiomas (um livro ou um filme em outro idioma com legendas na nossa língua). Saber algo sobre o contexto histórico, socioeconômico, racial e político é fundamental para leituras precisas. De modo similar, o idioma e a cultura afetam a escrita também. Com esses pontos em mente, vejamos como examinar o texto/escrita em si.

Ao reler o texto, considere o seguinte.

### O Texto em Si

- Com que texto você está trabalhando? Determine se ele é uma obra de literatura, história, crítica, ciências, manuscrito religioso, pesquisa, poema, notícia, e assim por diante. O gênero (tipo do texto) determina qual deve ser nossa atitude em relação a ele. Se estivermos trabalhando com uma lenda, nossa atitude em relação a ela será diferente caso estivermos lendo registros históricos. Procure entender as propriedades desse gênero antes de começar. (O Capítulo 7 tem uma lista de gêneros nas páginas 158-59 que podem ser úteis.)
- Como o texto chega até você? Por que isso é importante? Quem o considerou importante?
- Em que idioma ele foi escrito? Em que idioma você o está lendo? Ele tem notas ao pé da página que explicam termos, imagens ou referências que você desconhece? Procure-as e leia-as.

### O Texto

- Como o texto foi escrito? Ele foi escrito como argumento, narrativa, poema, registro, discurso político ou mensagem religiosa?

- O texto está na voz ativa ou passiva? Você consegue identificar o narrador?
- Consegue sentir algum público antagonista? O texto tem o objetivo de entreter, persuadir, alertar ou consolar?
- Como o texto afeta suas emoções? Viu alguma metáfora, imagem ou analogia que ajuda o leitor a "sentir" o significado do escritor? Consegue identificar como elas eram entendidas na época e no contexto? Elas funcionam hoje assim como funcionavam na época original?
- Descreva a lógica da obra. Que tipos de argumentos o escritor usa para tentar provar seu ponto de vista? Se for literatura, descreva o enredo e identifique o ponto alto. Como o escritor chegou lá? Ele funciona? Se for poesia, qual é o momento irônico ou de insight? Como o poeta chegou lá? Se for uma notícia, quais são os fatos essenciais, e em que ordem de importância eles são apresentados?

## O Público

- Quem compunha o público original? Ele era o público "intencional"? Por exemplo, um orador talvez tenha escrito um discurso para pessoas que não estão presentes porque ele sabe que o discurso será denunciado. Consegue detectar o objetivo do texto? Ele foi encomendado por alguma autoridade (o papa, a rainha)? O escritor corria perigo escrevendo esse texto? Ele sofreu por escrever esse texto?
- Como o público original recebeu esse texto? (Por exemplo, nos dias de Shakespeare, suas peças foram bem recebidas e se tornaram famosas. Porém, no caso de alguns textos religiosos, eles foram totalmente ignorados durante anos após a morte do autor.)
- O texto foi escrito para consolidar o poder ou subvertê-lo? Se for ficção, o texto aborda um contexto sociopolítico específico? Qual e como?

- Há referências culturais que devem ser entendidas? Quais? Você encontrou algum mito, lenda, metáfora, ideia ou tema nesse texto que deve ser isolado dele e entendido mais a fundo?

### O Significado

- Que perguntas o texto procura responder? Que materiais de uma época anterior contribuem para essas respostas?
- Qual era o contexto histórico? Qual era a visão científica do mundo (Terra plana? Pré-newtoniana? Os deuses controlavam o clima? O empirismo leva à verdade?)? Qual era o clima político? Quem estava no poder? O texto apoia ou critica os poderes prevalecentes?
- Como esse texto aborda a situação econômica do período?
- Qual era a situação do autor? Sabemos qual era o nível de educação, a genealogia, a condição econômica, a posição social e a reputação do autor na época da escrita e agora, historicamente?
- Esse texto chegou até você com bagagem interpretativa? Quem mais o considerou válido de interpretação, e como essas interpretações anteriores influenciaram a leitura moderna do texto?

### *Fusão de Horizontes (Você + Autor)*

Chegou a hora de interpretar o texto! A interpretação é um privilégio. Ela é dada àqueles que se importam o suficiente para analisar o material sem fazer suposições e que estão dispostos a serem transformados pelo que lerem. A interpretação é uma forma de arte e, portanto, a interpretação de cada intérprete terá suas marcas únicas de insight. Isso quer dizer que não haverá interpretações absolutas. Ainda assim, em muitos casos, poderá haver uma sobreposição de consenso de vários intérpretes. O mundo acadêmico passa bastante tempo debatendo quem fez uma leitura mais interessante de um texto em determinado período, mas também admite que várias leituras podem oferecer diferenças de perspectiva válidas.

A arte da interpretação é como fazer vasos de argila, costurar uma colcha ou pintar um quadro. Muitas partes precisam ser combinadas para chegarmos à interpretação resultante. O que criamos é uma renderização artística de como entendemos o texto em questão nesse momento. Ela exibirá as marcas da nossa singularidade, mesmo que nos esforcemos para sermos objetivos e justos. Interpretar um texto é muito satisfatório quando fazemos isso com paciência, curiosidade e cuidado. Responda às perguntas a seguir à luz dos dois horizontes que você já considerou (seu e do escritor). Talvez você não tenha as respostas para todas as perguntas. Sinta-se à vontade para pular alguma que não se relacione com o texto.

Ao fazer sua interpretação, considere as seguintes perguntas.

## Os Objetivos

- O que está em jogo? Esta é uma pergunta crucial para sua interpretação como um todo. Em *Orgulho e preconceito*, por exemplo, a relação entre as convenções sociais e a realização pessoal é avaliada e criticada. O que está em jogo? A estrutura do sistema de classes britânico e a importância da escolha pessoal. Pergunte-se: o que está em jogo nesse texto, nessa história, nesse poema ou nesse documento? Pergunte-se também o que estava em jogo para os leitores da época. Como o texto questiona o que temos hoje em dia?
- Que perguntas o texto procura responder? Que perguntas ele não é capaz de responder? Que respostas encontramos a essas perguntas na época seguinte (se aplicável)?
- Como o texto faz você se sentir? Em que ideias você ficou pensando? Elas são subversivas? São inspiradoras? Elas apresentam soluções ou levam à reflexão?

- Faça um resumo da mensagem que você acha que o escritor queria transmitir.
- Que subtramas ou nuances lhe interessaram?
- O que o texto deixa de abordar?
- Como a sua visão do mundo ou suas ideias sobre a realidade foram questionadas pelo texto?

## *Os Limites*

- Que preconceitos são questionados? Que preconceitos deixaram de ser questionados?
- Como você acha que esse texto influenciou ou marcou sua época? Como ele poderia marcar a nossa?
- De que comunidade você faz parte e como o texto se relaciona com ela? (É neste ponto que você consideraria sua comunidade religiosa, sua nacionalidade, sua raça, sua condição econômica, seu gênero, e assim por diante.) O texto deixa o futuro em aberto para você e sua comunidade ou procura subvertê-lo? Que lealdades surgem ao interpretá-lo?
- Que possibilidades são excluídas (limitadas) pela mensagem desse texto?
- Se o escritor estivesse em um talk show, o que você acha que ele diria ao público de hoje?

## *Suas Reflexões*

- Você mudou durante esse processo de interpretação?
- Como suas suposições ou intenções iniciais foram modificadas? Ou permaneceram as mesmas?
- Você tentou controlar sua interpretação durante a leitura? Por quê?

- O que não foi dito mesmo depois de todo esse trabalho? No que mais você está pensando?

### *Conclusões Provisórias do Intérprete*

Depois de organizar seus pensamentos por meio desse exercício de perguntas guiadas, é hora de tentar fazer sua interpretação inicial. Tenha os seguintes princípios em mente:

1. Você escreverá uma interpretação melhor se meditar sobre suas reflexões durante alguns dias antes de tentar transformá-las em um único texto coeso.

2. Você pode mudar de ideia. Talvez você soubesse em que direção queria seguir com sua resposta ao texto quando começou. Se o inventário e as releituras mudaram sua suposição inicial, perceba isso. Identifique o que causou essa mudança. Identificar como um texto transforma o entendimento é uma maneira poderosa de fazer uma interpretação.

## Como Começar

Se seu filho recebeu a tarefa de escrever uma redação ou dar sua opinião, este é o processo que ele deve usar para integrar o que aprendeu com a atividade A Tarefa do Inventário de Interpretação.

- Escreva uma narração (no estilo terapia de casal) do que você acha que o escritor está dizendo (sem seu ponto de vista). Faça o máximo para não incluir nenhuma linguagem crítica, suposições restritas ao tempo ou suas próprias ideias. Apegue-se ao que você acha que o autor está dizendo, mesmo que discorde dele.
- Agora escreva sua relação com o texto, procurando por pontos de conexão (experiências, ideais, imagens compatíveis, anedotas e analogias).
- Agora faça comentários que questionem o que você leu, pensamentos que reflitam o que acha que faltou, ou pontos inconsistentes ou perturbadores.

- Reveja suas respostas da Fusão de Horizontes. Identifique a ideia convincente que surgiu. Escreva sobre ela baseando-se no texto original ao passo que aborda o contexto singular no qual ele está sendo lido hoje.
- O último passo é analisar sua interpretação em comparação com a de outros intérpretes. Às vezes você verá que até mesmo uma ideia sincera que teve está equivocada ou que ignorou um ponto fundamental do contexto. Leve isso em consideração antes de terminar seu trabalho.

Um espírito de jogo é essencial na Fusão de Horizontes. Uma das considerações interessantes que Gadamer enfatiza é que cada época inevitavelmente mudará o significado da interpretação da geração anterior. Não fazemos interpretações apenas para a época em que o comunicado original foi escrito. Antes, estamos sempre reconsiderando o significado em outro ponto do tempo. Todos os textos sagrados antigos são um grande exemplo desse caso.

Se voltássemos à carta de amor do meu avô, da Introdução, eu poderia escrever uma interpretação escolhendo me concentrar na mudança de significado da expressão "fazer amor" para discutir como os hábitos sexuais da nossa cultura mudaram o modo como usamos essa expressão ao longo das décadas do século XX. A carta do meu avô incluía a locução adverbial "pela primeira vez": "onde fiz amor com você *pela primeira vez*." Algo que dá uma má impressão à expressão "fiz amor com você" é a ideia de atos repetidos. "Fazer amor" no sentido sexual pode ser repetido. Isso significa que minha interpretação poderia ser afetada por essa percepção moderna. Poderia escolher pensar nas tentativas do meu avô de fazer sua esposa se recordar da sua relação por meio da declaração original e referindo-se à vida sexual íntima que compartilharam nos seus mais de sessenta anos juntos. A interpretação não se resumiria a descobrir se eles fizeram sexo antes do casamento ou não (embora isso pudesse ser incluído se eu tivesse fortes sentimentos em relação a isso). Em vez disso, a interpretação permitiria um comentário sobre como a carta se encaixa à época em que foi escrita, à longa relação entre meus avós e o poder que a sexualidade e o romance exercem em nós, mesmo diante de desafios como a demência e o fim da vida.

Por fim, pensar de forma crítica é interpretar. Quanto mais ajudamos nossos filhos a aprender a fazer perguntas a si mesmos que lhes possibilitem serem conscientes, cuidadosos e objetivos, melhores serão suas interpretações. A parte mais difícil de se comprometer com uma interpretação é reconhecer que as interpretações que as pessoas fazem estão sujeitas a novas análises e que seu entendimento será revisado posteriormente. Quanto mais cedo pudermos ajudar os jovens a reconhecer que não estão tentando criar uma doutrina atemporal, mas que estão contribuindo para um fluxo de ideias que vão e vêm, mais cedo poderão desfrutar da arte do pensamento crítico e da interpretação como uma expressão do seu eu, da sua relação com outros e com ideias fantásticas.

## CAPÍTULO 13

# A Coragem de Mudar de Ideia

Precisamos ter a coragem de mudar de ideia.

—Oprah Winfrey

Um dos fatos mais difíceis de aceitar sobre nosso ponto de vista é que ele nem sempre fará sentido para as pessoas ao nosso redor. Podemos discutir, esclarecer, enfatizar, compartilhar, raciocinar, explicar, dar exemplos e dados, e, ainda assim, o resultado ainda poderá ser: eles não enxergam as coisas da mesma maneira que nós. Descobri que é necessário ter uma força interna herculana nesse momento para mudar a tática e dizer: "Como é para você? Como você vê as coisas?" Então me esforço bastante para respeitar o ponto de vista da outra pessoa com o mesmo nível de disposição que consigo mostrar para ver por que esse ponto de vista faz sentido para essa pessoa. Percebo minha reação e a respeito, procurando perceber o que está jogo para mim — quais opiniões, ideias e comunidades. Então deixo tudo isso de lado por um tempo.

- Tento entender a lógica interna da opinião que não tenho.

- Tento imaginar que essa pessoa tem percepções e uma história lógica comunitária que influenciam como ela pensa.
- Pergunto-me se existe algo novo que devo considerar — alguma possível contribuição para as minhas próprias ideias que ignorei.
- Procuro identificar o que está em jogo para a outra pessoa se ela tivesse que reconsiderar seu ponto de vista ou simplesmente ouvir o meu.

Sempre digo aos meus alunos: ninguém faz isso de uma só vez. Às vezes, precisamos trabalhar com ideias desconfortáveis por semanas, meses ou anos. É importante continuar conversando. Escolher enxergar as pessoas como indivíduos e membros de comunidades pode ajudar. Lembrar-me do que estou arriscando ao considerar pontos de vista que não quero que sejam verdade me ajuda a ter empatia pela mesma luta que meu "oponente" está enfrentando e pelo que ele sente.

Honestamente, essa é a coisa mais difícil que preciso fazer, e faço isso de modo bem imperfeito. Porém, descobri que vale a pena fazer isso. Espero que outros façam o mesmo por mim. É assim que espero que estejamos criando nossos filhos. Leva tempo aprender a viver em comunidades nas quais diversos pontos de vista coexistem. É muito divertido fazer parte de comunidades de fãs que concordam comigo. O desejo da concordância é humano. Gostamos da ilusão da certeza compartilhada. Abrir espaço para as diferenças é como não tirar uma pedrinha de um sapato confortável. Ainda assim, os pensadores críticos sabem que é por meio das diferenças que crescemos e somos levados a fazer mais pesquisas. Podemos abrir espaço na nossa vida para ambas — nossas comunidades, edificadas a partir de crenças compartilhadas e aquelas em que aceitamos uma variedade maior de ideias.

Não existe um caminho fácil para o entendimento mútuo. Não existe um conjunto de fatos milagrosos capazes de nos unir e harmonizar. O pensamento crítico exige grandes recursos emocionais para lidarmos com toda essa complexidade. Nossos filhos precisam saber que é importante fazer intervalos, desenvolver senso de humor e conviver com pessoas que são diferentes deles nos seus passatempos, e não apenas em protestos. Podemos servir de exemplo para eles, para lhes mostrar que nem toda conversa precisa virar uma briga para chegarmos a um acordo. Tudo bem se não chegarmos a um consenso mutualmente satisfatório. Tudo bem continuar a discussão outro dia. Podemos abrir espaço para nos concentrarmos no que é agradável e relaxante, tirando tempo do trabalho duro da avaliação e análise. É como o casal Caine diz: "Às vezes, o ato de tentar entender pode nos impedir de fazer isso." Descobri que as conversas nas redes sociais sobre assuntos sensíveis se desenrolam melhor quando apresento a discussão como uma busca por mais informações, mais insight, mais revelação de por que o resultado de uma discussão é importante para ela, em vez de esperar que adotemos um ponto de vista em comum. O benefício disso é que a relação entre as partes não é prejudicada e entendemos melhor o que leva uma pessoa a adotar determinado ponto de vista com tanta resolução.

O Dr. Peter Elbow, meu mentor de redação, colocou isso da seguinte forma: "A maioria dos relatos de bons pensamentos são versões do que chamo de jogo da dúvida: a habilidade de enxergar as falhas no pensamento de outra pessoa — que é especialmente valiosa quando é difícil para a maioria das pessoas enxergar essas falhas. Em geral, essa habilidade se baseia na lógica." Elbow questiona esse hábito da prática. Quando nos deparamos com ideias que parecem erradas à primeira vista, ele sugere uma maneira melhor de gerar insight. Podemos pausar nossa reação automática de combater os erros de pensamento? Em vez disso, ele sugere que entremos no que ele chama de *jogo de acreditar.* "O jogo de acreditar nos ensina a entender os pontos de vista por dentro. Em vez de linguagem proposicional, ele pede por palavras que nos ajudam a vivenciar uma ideia: uma linguagem imaginativa, metafórica, narrativa, pessoal e até poética. E não apenas palavras. Imagens, sons e movimentos corporais são especialmente úteis para acessar ideias que nos são estranhas. O mesmo vale para encenações — e para o silêncio. Em geral, quando alguém diz algo que todos acham que é errado, a resposta mais produtiva é apenas escutar: obrigar-nos a não responder nada." Nosso lado afetivo controla como fazermos interpretações, mas podemos acabar recorrendo à lógica e à argumentação para persuadir outros. É irreal! Porém, podemos ter uma conversa mais eficaz quando esperamos para responder e tentamos vivenciar a interpretação que outra pessoa está fazendo. Como descobrimos nesta conversa sobre pensamento crítico, nossas histórias ditam como pensamos lá no fundo. Quanto mais emocionantes elas forem, mais poderemos entender a complexidade de ideias conflitantes, em vez de uma reduzir a outra a representações do "mau". Por tornar os assuntos mais complexos, descobrimos que soluções significativas também devem levar todos em conta.

Às vezes, o melhor que podemos fazer é admitir que o assunto é incômodo, multifacetado e digno de mais pesquisa e reflexão. Como Harry Blackmun, juiz da Suprema Corte, escreveu eloquentemente na sua opinião depois da polarização da decisão de 1973 em *Roe* v. *Wade*, a forma como entendemos assuntos controversos depende da "[n]ossa filosofia, das nossas experiências, da nossa exposição às dificuldades da existência humana, do nosso treinamento religioso, da nossa atitude em relação à vida e à família e dos seus valores, e dos padrões de moral que estabelecemos e procuramos seguir..." Não é de se admirar que tenhamos dificuldades para pensar bem juntos!

Assim, nosso maior desafio para criar pensadores críticos é abrir espaço na relação entre adultos e crianças para diferenças. Podemos achar difícil quando elas acabam pensando de uma forma que se afasta da nossa visão mais plausível sobre o mundo. Porém, se escolhermos criar filhos que corajosamente analisam novas evidências, se sentem confortáveis em fazer perguntas, que questionam o status quo e que sabem que não tem problema se as informações os levarem a seguir em outra direção, poderemos estar certos de que eles testarão as crenças que temos. Como lidaremos com essa situação terá muito a ver com nossa eventual proximidade com nossos filhos adultos. Na verdade, nossos filhos precisam saber que existe uma comunidade que não os rejeitará por serem pensadores críticos, com nuances e flexíveis: sua família. E se não encontrarem uma comunidade que os apoia em casa, com certeza a encontrarão na escola.

Podemos fazer boas perguntas que farão nossos filhos expor seus pensamentos à luz do sol, para ver se eles fazem sentido quando os explicam a nós. Podemos lhes pedir para fazer isso de coração, e não com suspeitas. Podemos ter certeza de que melhores dados e mais insight serão o resultado de um intercâmbio honesto de ideias. Essas são as condições que resultam em mais proximidade e intimidade. As redes sociais, os grupos de afinidade, as comunidades religiosas, os amigos — não existe garantia de que nossos filhos receberão apoio e serão entendidos quando se desviarem da história lógica que é aceita nesse grupo. Mas, se eles souberem que existe um lugar onde suas grandes mentes serão sempre bem-vindas, e se nós formos esse lugar, daremos a eles o maior presente intelectual e emocional que poderão receber — a liberdade e o direito de mudar de ideia, e ainda serem amados e reconhecidos. Todos nós desejamos relacionamentos que nos ofereçam essa dádiva.

Para ajudar nossos filhos a confiar na sua própria resiliência, podemos lhes mostrar que poderão sobreviver ao ato de mudar de ideia porque nós já fizemos isso. Eles poderão saber que é possível prosperar porque já nos viram navegar nas nossas próprias crenças em evolução. Portanto, uma maneira de encarar a criação de pensadores críticos é imaginar que estamos preparando nossos filhos e alunos para passar pelas mudanças *com coragem*. O medo compromete o bom pensamento. Ter uma mente flexível quer dizer que o aluno está disposto a descobrir uma falha em um argumento. Pessoas adeptas ao pensamento crítico buscam novas informações e têm coragem suficiente para considerá-las.

Pense em uma ocasião em que você escolheu pensar de forma diferente.

- Consegue identificar qual foi o preço a pagar?
- Consegue identificar o que você ganhou?
- O que você precisou fazer para se harmonizar com essa mudança?
- Como você lidou com o preço que teve de pagar?
- Sobre os ganhos nos quais foi persuadido a acreditar, o que a respeito deles fez com que você achasse que valia a pena pagar o preço?

A evidência de que alguém é realmente um pensador crítico é que ele mudou de ideia a respeito de um ponto de vista que costumava ter. Com frequência, essa mudança tem um preço — fazer parte de um grupo, ter a garantia da vida após a morte, como uma pessoa vota, a forma como ela cria seus filhos, um casamento, suas comidas favoritas, como a pessoa gasta seu dinheiro, a escolha de tratamentos médicos, a sensação de estar certa, mudança de hábitos. Aquilo do qual abrimos mão não é necessariamente doloroso — talvez o pensador abra mão de um ponto de vista pessimista por um otimista! Aquilo que temíamos foi superado, deixando de ser um objeto de ansiedade obsessiva. Independentemente do quanto mudemos nossa forma de pensar, as consequências virão. Mudamos apenas quando não podemos deixar de ver o que vemos no momento.

Nossos filhos precisam saber que, se deixarem suas crenças e opiniões, poderão sobreviver aos ataques ou questionamentos de seguidores das redes sociais. Podemos dizer a eles que não perderão nada construindo uma vida significativa, mesmo que precisem lidar com a rejeição de outros membros da família. Podemos ajudar nossos filhos a estabelecer limites e encontrar apoio na sua comunidade. Podemos mostrar a eles que estão vivendo uma vida de integridade, e não de fingimento, e que são dignos de respeito e bondade. Devemos lembrar a eles que seu valor não depende da concordância dos demais.

Nossos alunos precisam acreditar que seus pais e professores ficarão do seu lado, e que não os abandonarão — mesmo que achemos seu raciocínio limitado ou incompleto. Vou ser franca: você não pode ser a comunidade que expulsa seu filho dela. A busca dele por honestidade intelectual merece ser honrada por você. De outra forma, ele aprenderá a se tornar um militante da sua opinião, ou até pior, ocultará suas crenças subversivas até que deixe de estar sob o seu controle.

O contexto ideal para o pensamento crítico é a humildade. Nossos filhos sabem a diferença entre um adulto que diz "Que interessante. Por que você acha isso?" e um que insinua "Como raios foi que você teve essa ideia?" É necessário confiança para acreditar que uma criança consegue adotar e abandonar ideias. Com frequência, projetamos as piores crenças e resultados nos nossos filhos. Às vezes eles precisam tentar *conviver com* uma crença antes de poder chegar à conclusão de que ela serve para eles. Quando você tinha 15, 22 ou, talvez, 35 anos... seus pensamentos chegaram ao fim? Chegou a um entendimento conclusivo e atemporal da vida e de tudo o que há nela? Concorda com todos os pontos de vista que seus pais tinham sobre dinheiro, sexo, religião e política? Seu filho também desenvolverá seus próprios pontos de vista, assim como você. O objetivo do pensamento crítico não é a certeza. É a intimidade, se lembra? A melhor maneira de ajudar nossos filhos a usar suas poderosas mentes para o bem é ensiná-los a ter mente e coração flexíveis para que possam pensar, pensar novamente, repensar e pensar mais um pouco. Precisamos de mais pessoas que tenham um espírito de curiosidade. Precisamos de comunidades de pessoas que tenham coragem de priorizar a geração de insight, em vez de estarem certas. Podemos começar com os nossos filhos.

# AGRADECIMENTOS

Meu interesse em pensar bem foi nutrido ao longo da vida pela minha família inteligente, loquaz e cheia de opiniões. Gostaria de agradecer ao meu pai, John E. Sweeney (advogado durante sessenta anos), que me ensinou desde cedo a defender minhas opiniões. Eu te amo. Um agradecimento especial para o meu filho, Jacob, outro advogado, que se prontificou a verificar minha pesquisa e realizar a primeira edição do livro desde Bangkok. Como nos divertimos!

Gostaria de agradecer também à minha falecida tia, a Dra. June O'Connor, que foi freira e se formou como doutora no campo da ética e religião na Universidade de Califórnia, Riverside. Ela foi um modelo para mim de como manter uma forte postura ética ao abrir espaço para conversas e pontos de vista divergentes. Sinto falta dela todos os dias, em especial ao escrever este livro. Levo-a no meu coração e na minha mente.

Os seguintes colegas da Brave Writer foram especialmente úteis ao fornecer vários recursos e pelas conversas profundas que contribuíram para a minha pesquisa: Dawn Smith, Kirsten Merryman, Jeanne Faulconer, Jen Holman, Cindy Clark e Stephanie Elms. Nosso "laboratório de ideias" fez com que eu me tornasse uma pensadora e escritora melhor. Admiro cada um de vocês.

Gostaria de enviar um agradecimento especial ao Dr. Adam Clark (Universidade Xavier), meu amigo e colega, pela sua contribuição para o meu capítulo sobre o "encontro"; ao Dr. Andrew Tatusko (Universidade Estadual da Pensilvânia), meu amigo de blog de tempos remotos, pelas suas ideias sobre reciprocidade assimétrica; à Dra. Gholdy Muhammad, pela sua generosa ajuda ao pensar mais a fundo sobre identidade; à minha amiga e colega Rita Cevasco, PFL, por sua especialização no campo do letramento; ao Dr. Peter Elbow, meu mentor de redação e amigo, por suas valiosas observações sobre o "jogo de acreditar"; à minha sábia amiga Leslie Hershberger (especialista em eneagrama e consultora empresarial), por me ajudar a entender o poder do temperamento individual na formação da nossa visão do mundo; e à professora e palestrante Ash Brandin, por sua especialização no valor dos jogos eletrônicos.

Um agradecimento especial à Dra. Barbara Oakley. Nossas longas conversas fizeram com que este livro se tornasse algo muito melhor. Obrigado por ter lido meu trabalho com atenção e ter tido fé nele, pelo seu entusiamo com as minhas ideias e pelo seu belo prefácio.

Discussões preliminares com minha agente, Rita Rosenkranz, me deram clareza de aonde devia ir, ideias que me ajudaram a aperfeiçoar a estrutura deste livro e validação a esses esforços. Joanna Ng, minha editora na TarcherPerigee, é um sonho! Ela sugeriu edições exatas e perceptivas, me deu incentivo quando mais precisava e fez perguntas oportunas que me permitiram dar o meu melhor no trabalho. Obrigada, Rita e Joanna, por terem escolhido trabalhar comigo. Considero-me a escritora mais sortuda por me beneficiar dos seus talentos. Vamos continuar fazendo isso!

Nota: muitos dos recursos incluídos neste livro foram testados primeiro no ambiente da Brave Writer, nas nossas aulas online, e pelas famílias que seguem nossa grade curricular. Agradeço a cada um de vocês! A Brave Writer, minha empresa, foi fundada em janeiro de 2000 e funciona como uma comunidade global no campo da educação e escrita.

Depois de toda a pesquisa, de tanto pensar e de tanto escrever — achei interessante descobrir que, mesmo antes da fonte deste livro ter sido escolhida, algumas das ideias incluídas nele foram questionadas e reformuladas por líderes intelectuais da nossa sociedade. Onde isso foi possível para Joanna e eu, fizemos ajustes de última hora. Mas isso mostra que, quando fazemos um estudo sobre pensamento, até mesmo os pensamentos sobre o que pensamos são revisados continuamente. Sou muito grata ao mundo de pessoas que consideram com cuidado o impacto da linguagem e como ela molda nossa imaginação. O trabalho nunca acaba, e nunca chegamos no fim. Mas cada visão nos ajuda a enxergar algo novo — algo que talvez tenhamos ignorado. E, no fim das contas, não é esse o trabalho do pensador crítico? É a arte de transitar pela estrada à medida que ela é construída. Sou grata a todos os meus colegas pensadores que estão dispostos a mudar de marcha e direção comigo, conforme a necessidade, para trazer mais luz e otimismo à nossa vida entre outros. Se você é um deles, agradeço a você também, pelo que traz ao banquete da nossa mesa compartilhada. "Somos um, mas não somos os mesmos." Bono tinha razão.

# NOTAS

✳

## INTRODUÇÃO

xv **"Ele está fazendo amor violentamente comigo, mamãe!":** *A Felicidade não se Compra*, dirigido por Frank Capra, escrito por Frances Goodrich, Albert Hackett e Frank Capra (Los Angeles, CA: Liberty Films, 1946).

## PARTE 1 ✳ O QUE É UM PENSADOR CRÍTICO?

1 **"O aluno é, desse modo, 'escolarizado'":** Mark K. Smith, "Ivan Illich: Deschooling, Conviviality and Lifelong Learning", Infed.org, 8 de abril de 2021, https://infed.org/mobi/ivan-illich-deschooling-conviviality-and-lifelong-learning/.

1 **"Infelizmente, a paixão das crianças por pensar termina, com frequência":** bell hooks, *Teaching Critical Thinking* (Nova York e Londres: Routledge, 2010), 8.

2 **O especialista educacional Arthur Costa explica que o pensamento crítico entra em ação:** Arthur Costa, "Habits of Mind", em Arthur Costa, ed., *Developing Minds* (Alexandria, VA: ASCD, 2001), 80. Costa identifica dezesseis hábitos da mente: persistir; administrar a

impulsividade; ouvir outras pessoas — com compreensão e empatia; pensar com flexibilidade; pensar sobre pensar (metacognição); buscar a exatidão e a precisão; questionar e propor problemas; aplicar o conhecimento passado a novas situações; pensar e se comunicar com clareza e precisão; coletar dados de todos os sentidos; criar, imaginar e inovar; responder com admiração e reverência; correr riscos com responsabilidade; ter senso de humor; pensar de modo interdependente; e sempre aprender.

## CAPÍTULO 1 ✳ QUEM DISSE?

5 **"É isso. Essa é a verdadeira história. Eu fui incriminado":** Jon Scieszka, *The True Story of the 3 Little Pigs* (Nova York: Puffin, 1989), 31.

13 **"[o]s resistentes tinham grau mais elevado de controle de execução em tarefas cognitivas":** Daniel Kahneman, *Thinking Fast and Slow* (Nova York: Farrar, Straus and Giroux, 2011), 47. Achei esse livro fascinante. A combinação dos estudos com a análise perita de Kahneman nos fornece inúmeras ferramentas para tirarmos uma "selfie acadêmica" e detectarmos as falhas no nosso próprio pensamento.

13 **"crianças que haviam exibido maior autocontrole aos 4 anos de idade":** Kahneman, *Thinking Fast and Slow*, 47.

13 **"tendem a responder a perguntas com a primeira ideia que lhes vêm à mente":** Kahneman, *Thinking Fast and Slow*, 48.

16 **"Os resultados foram espetaculares: as palavras que foram apresentadas":** Kahneman, *Thinking Fast and Slow*, 66.

## CAPÍTULO 2 ✳ SEPARANDO OS FATOS DAS SUAS FICÇÕES

24 **"A função da educação é ensinar uma pessoa a pensar de forma intensa":** Dr. Martin Luther King Jr., "The Purpose of Education", *MaroonTiger* (janeiro–fevereiro de 1947), 10, https://kinginstitute.stanford.edu/king-papers/documents/purpose-education.

28 **"Fatos são coisas teimosas":** https://quoteinvestigator.com/2010/06/18/facts-stubborn/.

31 **"A perspectiva, como qualquer estudante de artes sabe, é a técnica":** Glenn Aparicio Parry, *Original Thinking* (Berkeley, CA: North Atlantic, 2015), 18.

32 **"Depois da perspectiva, o olho humano e a consciência passaram a ser considerados":** Parry, *Original Thinking*, 20.

32 **"O que realmente me surpreendeu foi que ela":** Kenneth Chang, "For Apollo 11 He Wasn't on the Moon. But His Coffee Was Warm", *New York Times*, 16 de julho de 2019, https://www.nytimes.com/2019/07/16/science/michael-collins-apollo-11.html.

## CAPÍTULO 3 ✳ CADA VEZ MAIS INTRIGANTE: A EDUCAÇÃO PROBLEMATIZADORA

41 **"Acho que o que mais aprendi com Trix":** Mo Willems, entrevista realizada por David Marchese, "Mo Willems Has a Message for Parents: He's Not on Your Side", *New York Times*, 16 de novembro de 2020, https://www.nytimes.com/interactive/2020/11/16/magazine/mo-willems-interview.html.

42 **"Com frequência, na época em que as crianças entram na 3ª série":** Thomas Jackson, "The Art and Craft of 'Gently Socratic' Inquiry", em Arthur Costa, ed., *Developing Minds* (Alexandria, VA: ASCD, 2001), 459.

42 **"conceito bancário":** Paulo Freire, *Pedagogy of the Oppressed* (Nova York: Bloomsbury, 2017). A descrição de Freire do conceito bancário da educação é encontrada no Capítulo 2.

43 **"Em geral, os alunos estão acostumados a trabalhar com uma apostila":** Chauncey Monte-Sano, Susan De La Paz e Mark Felton, *Reading, Thinking, and Writing About History* (Nova York: Teachers College, 2014), 2.

43 **"A educação está sofrendo de uma doença narrativa" e "O professor fala sobre a realidade":** Freire, *Pedagogy*, 71.

43 **"sonoridade":** Freire, *Pedagogy*, 71.

43 **"Se os alunos tiverem apenas que memorizar os fatos":** Marcy Cook, "Mathematics: The Teaching Arena for Problem Solving", em Arthur Costa, ed., *Developing Minds* (Alexandria, VA: ASCD, 2001), 288.

47 **"Essa rigidez é enlouquecedora, e acredito" e "[d]ois mais dois são quatro":** Betty Edwards, *Drawing on the Artist Within* (Nova York: Fireside, Simon & Schuster, 1986), 35. Edwards apresenta seu próprio exemplo do dilema do "ferro quente" no seu livro, mas o adaptei aqui para satisfazer aos objetivos dessa seção. Uma importante ressalva aos meus comentários sobre as provas de múltipla escolha veio de um diálogo com a Dra. Barbara Oakley (autora do prefácio). Segundo Oakley, quando elaboradas com paciência e cuidado, boas perguntas de múltipla escolha (em especial nos níveis de graduação e pós-graduação) podem servir para medir bem o que o aluno aprendeu e lhe dar a oportunidade de exercitar o pensamento crítico. Porém, ainda é preciso ter cuidado. As provas de múltipla escolha devem considerar o objetivo da pergunta, e não apenas obrigar o aluno a adivinhar o que o criador da prova tinha em mente.

49 **"como professores, nosso papel é levar nossos alunos":** hooks, *Teaching Critical Thinking*, 43.

49 **"A arte de fazer perguntas se torna fundamental":** Cook, "Mathematics", 288.

49 **"fazer boas perguntas, apresentar bons problemas":** Cook, "Mathematics", 291.

50 **"Não queremos que a vida intelectual da sala de aula":** Cook, "Mathematics", 287.

50 **"Conversas não são unidimensionais":** hooks, *Teaching Critical Thinking,* 46. Veja também meu livro anterior, *The Brave Learner,* páginas 76–77, para uma análise mais completa da ideia das Grandes Conversas Suculentas.

51 **"Nossa curiosidade é maior quando sabemos pouco" e "consequências emocionais":** Jonah Lehrer, "The Itch of Curiosity", *Wired,* 3 de agosto de 2010, https://www.wired.com/2010/08/the-itch-of-curiosity.

52 **"O aprendizado não é atemporal, mas acontece na hora certa":** Michael Luntley, "What's the Problem with Dewey?" *European Journal of Pragmatism and American Philosophy* VIII-1 (2016): § 28, https://journals.openedition.org/ejpap/444.

## CAPÍTULO 4 ✳ OBSERVAÇÃO CUIDADOSA: ATRAVÉS DO ESPELHO

67 **"Em geral, enxergamos o que aprendemos a esperar ver":** Betty Edwards, *Color* (Nova York: TarcherPerigee, 2004), 10.

71 **"O psicólogo Lev Vygotsky... afirmou que o pensamento":** Alice G. Brand, "The Why of Cognition: Emotion and the Writing Process", *College Composition and Communication* 38, nº 4 (1987): 437, acessado em 3 de fevereiro de 2021, www.jstor.org/stable/357637.

71 **"O construto da memória é essencial para a cognição":** Brand, "The Why of Cognition", 437.

77 **"O cérebro é o maior dos reducionistas":** Costa, "Habits of Mind", 83.

## CAPÍTULO 5 ✳ IMPORTAR-SE É O INÍCIO DO PENSAMENTO CRÍTICO

89 **"Em resumo, o pensador crítico ideal está disposto a se importar":** Robert Ennis, "Goals for a Critical Thinking Curriculum and Its Assessment", em Arthur Costa, ed., *Developing Minds* (Alexandria, VA: ASCD, 2001), 44.

92 **modelo em escala reduzido por um fator:** Instituto Lunar e Planetário, https://www.lpi.usra.edu/education/explore/solar_system/activities/3_PlanetScale_1Billion.pdf.

92 **"Jogar é uma tentativa voluntária de superar obstáculos desnecessários":** Bernard Suits, *The Grasshopper: Games, Life, and Utopia* (Toronto: University of Toronto Press, 1978); Bradley J. Morris, Steve Croker, Corinne Zimmerman, Devin Gill e Connie Romig, "Gaming Science: The 'Gamification' of Scientific Thinking", *Frontiers in Psychology* 4 (2013), https://www.frontiersin.org/articles/10.3389/fpsyg.2013.00607/full#h8.

93 **"atratores temáticos" e "em torno dos quais organizamos nossos pensamentos e ideias":** Renate Caine e Geoffrey Caine, *Making Connections* (Menlo Park, CA: Addison-Wesley, 1994), 142. Livro altamente recomendado para uma pesquisa cuidadosa e uma descrição fácil de ler de como nosso cérebro atribui significados ao aprender.

93 **"Elas fornecem um ponto focal personalizado":** Caine e Caine, *Making Connections*, 142.

93 **"pensar de forma criativa, tolerar ambiguidade e retardar a gratificação":** Caine e Caine, *Making Connections*, 143.

95 **"A discussão sobre videogames se concentrou nos medos":** Niklas Johannes, Matti Vuorre e Andrew K. Przybylski, "Video Game Play Is Positively Correlated with Well-Being", *PsyArXiv*, 13 de novembro de 2020, https://doi:10.1098/rsos.202049.

95 **"Descobriu-se que deixar de jogar aumenta a possibilidade de meninos, em especial, apresentarem problemas":** Morris *et al.*, "Gaming Science: The 'Gamification' of Scientific Thinking," *Frontiers in Psychology* 4 (2013), https://www.frontiersin.org/article/10.3389/fpsyg.2013.00607.

95 **"Hoje em dia, existem estudos que relacionam resultados igualmente positivos":** Morris *et al.*, "Gaming Science".

96 **"O estresse positivo ajuda os jogadores a 'fluírem'":** Morris *et al.*, "Gaming Science".

97 **"As crianças não conseguem regular praticamente nada sozinhas quando são jovens":** Ash Brandin, educadora e palestrante. Acesse https://www.ashbrandin.com para obter mais informações sobre como os jogos eletrônicos resultam em benefícios educacionais para as crianças. Ouça também minha entrevista com Ash no podcast da *Brave Writer*: https://blog.bravewriter.com/2021/05/12/podcast-educational-value-video-games-ash-brandin/.

98 **Na verdade, as pesquisas mostram que os alunos *gostam* da experiência de exercer o controle (autonomia):** Caine e Caine, *Making Connections*, 143.

99 **"é mais fácil matar um vampiro do que uma estatística ruim":** Joel Best, *Stat-Spotting* (Berkeley: University of California Press, 2013), 10. Todos os livros de Best sobre estatísticas estão cheios de ótimas explicações de como elas podem ser usadas para manipular o leitor. Esse volume específico é breve e tem uma referência fácil de usar. É uma excelente ferramenta para trabalhar especialmente com adolescentes.

101 **"Aqueles que têm experiência com caminhadas sabem quão fácil":** Sam Wineburg e Sarah McGrew, *Lateral Reading: Reading Less and Learning More When Evaluating Digital Information* (6 de outubro de 2017), Working Paper Nº 2017-A1 do Stanford History Education Group, disponível na SSRN: https://ssrn.com/abstract=3048994 ou http://dx.doi.org/10.2139/ssrn.3048994.

102 **Assim, os verificadores de fatos não demoraram muito para identificar:** Wineburg e McGrew, *Lateral Reading.*

## CAPÍTULO 6 ✳ IDENTIDADE: A FORÇA QUE DEVE SER LEVADA EM CONTA

113 **"E todos os mundos que é":** Jacqueline Woodson, *Brown Girl Dreaming* (Nova York: Penguin, 2014), 319–20.

114 **"A imitação faz parte do padrão aprendido das disposições e ações":** Marcus Mescher, *The Ethics of Encounter* (Nova York: Orbis Maryknoll, 2020), 131.

114 **"As crianças imitam os pais, os adultos emulam aqueles que admiram":** Mescher, *Ethics*, 131.

114 **"Nunca saberemos até que ponto fomos":** Ezra Klein, *Why We're Polarized* (Nova York: Avid Reader, 2020), 261. Uma análise particularmente boa das identidades da nossa comunidade e como elas ditam nossas crenças.

115 **"[s]ociólogo, C. Wright Mills... descreveu usando uma 'imaginação sociológa'":** Anne Helen Peterson, "Other Countries Have Social Safety Nets: The U.S. Has Women", entrevista com a socióloga Jessica Calarco, 11 de novembro de 2020, https://annehelen.substack.com/p/other-countries-have-social-safety.

115 **"Acabei encarando o privilégio branco como um pacote invisível":** Peggy McIntosh, "Unpacking the Knapsack of White Privilege", trecho do seu working paper, "White Privilege and Male Privilege: A Personal Account of Coming to See Correspondences Through Work in Women's Studies", 1988, https://psychology.umbc.edu/files/2016/10/White-Privilege_McIntosh-1989.pdf.

122 **"A ideia mais básica desse conceito da justiça é a da":** John Rawls, *Justice as Fairness* (Cambridge, MA: Belknap, 2001), 5. Esse livro aborda brilhantemente os valores e objetivos de uma democracia liberal

— ou seja, uma democracia guiada pela constituição. Uma leitura obrigatória para qualquer um que queira saber como nossa sociedade cria suas leis e trava suas batalhas nos tribunais.

122 **"para promover a saúde, a segurança, a moral ou o bem-estar geral da comunidade":** David J. Christiansen, "Zoning and the First Amendment Rights of Adult Entertainment", 22 Val. U. L. Rev. 695 (1988). Disponível em: https://scholar.valpo.edu/vulr/vol22/iss3/12.

122 **"A preocupação principal do povo de Euclid era se a criação":** Christiansen, "Zoning."

124 **"quem somos, quem outros dizem que somos (tanto as características positivas como negativas) e quem queremos ser":** Gholdy Muhammad, *Cultivating Genius* (Nova York: Scholastic, 2020), 67.

126 **"Nossos alunos, e talvez os adultos, estão constantemente procurando a si mesmos em espaços e lugares":** Muhammad, *Genius*, 69.

126 **"Meus pais foram meus primeiros professores e meus primeiros bibliotecários":** *Here Wee Read,* podcast apresentado por Charnaie Gordon, convidado Kwame Alexander, temporada 1, episódio 1, http://hereweeread.com/podcast (minutos 26:12–28:07).

131 **"a identidade não molda apenas como tratamos uns aos outros. Ela molda como entendemos o mundo:"** Klein, *Polarized*, 79.

## CAPÍTULO 7 ✳ LEITURA: PRÓXIMA E PESSOAL

139 **"Assim, leitura atenta não significa ignorarmos":** Kylene Beers e Robert E. Probst, *Notice and Note* (Portsmouth, NH: Heinemann, 2013), 36.

143 **"Um leitor deverá usar seu conhecimento das palavras":** Neil Anderson, 2014; J. P. Gee, 2003; Stephen Kucer, 2005; Margaret Moustafa, 1997; e Michael Pressley, 2001, "To Understand, You Need to Be a Part of the Conversation", *The Literacy Bug,* 2014, https://www.

theliteracybug.com/conversation. O blog e o podcast criados pela *The Literacy Bug* apresentam uma análise útil de como ir das habilidades básicas de decodificação às ações mais ricas e significativas de nos tornarmos leitores, escritores, oradores, conhecedores e conectores.

143 **"[l]etramento visual é a habilidade de fazer interpretações com base nas imagens":** Shane MacDonnchaidh, "Teaching Visual Literacy in the Classroom", acessado em 16 de maio de 2021, https://www.literacyideas.com/teaching-visual-texts-in-the-classroom.

148 **"O letramento mais profundo é metacognitivo":** Rita Cevasco, PFL e fundadora da Rooted in Language, correspondência particular por e-mail. A empresa de Rita, a Rooted In Language, oferece o tipo de abordagem integrada ao letramento sobre a qual estou falando aqui. Suas ferramentas são amplamente apreciadas nos círculos da educação domiciliar e são especialmente valiosas para as crianças que lutam com transtornos de aprendizagem.

149 **Por fim, a compreensão está ligada à origem do conhecimento, de conceitos linguísticos e das habilidades linguísticas subjacentes:** Cevasco, e-mail.

162 **Em 2015, Corinne Duybis, uma autora de livros para jovens adultos:** Na época em que este livro foi impresso, havia algumas preocupações sobre o movimento #OwnVoices. Em alguns casos, os autores preferiam ocultar sua identidade para proteger sua privacidade e por motivos de segurança. Veja também: https://diversebooks.org/why-we-need-diverse-books-is-no-longer-using-the-term-ownvoices/.

## CAPÍTULO 8 ✳ LEIA DEVAGAR PARA SE APROFUNDAR

165 **"À medida que nos aprofundamos nas nossas próprias ideias":** Maryanne Wolf e Joan Richardson, "Maryanne Wolf: Balance Technology and Deep Reading to Create Biliterate Children", *Phi Delta Kappan* 96, nº 3 (2014): 14–19, acessado em 17 de maio de 2021, http://www.jstor.org/stable/24375937.

166 **"[E]ssa sua descoberta [a escrita] criará o esquecimento nas almas dos aprendizes":** Platão, *The Phaedrus,* http://classics.mit.edu/Plato/phaedrus.html.

167 **Em 380 EC, Santo Agostinho expressou genuína surpresa:** Nicholas Carr, *The Shallows* (Nova York: Norton, 2020), 60. O livro inteiro apresenta um excelente exame aprofundado do impacto da leitura online e de como isso mudou a forma como prestamos atenção e interpretamos o que lemos.

168 **"A atenção profunda é ótima para resolver problemas complexos representados por uma única mídia":** N. Katherine Hayles, "Hyper and Deep Attention: The Generational Divide in Cognitive Modes", *Profession,* (2007): 187–99. JSTOR, acessado em 11 de fevereiro de 2021, www.jstor.org/stable/25595866.

168 **"O desenvolvimento do conhecimento se tornou cada vez mais privado":** Carr, *Shallows*, 67.

168 **"No contexto evolucionário, não é surpreendente que o hiperfoco":** Hayles, "Hyper", 188.

169 **"Os recursos aparentemente inócuos... — como os botões de 'gostei' e 'coração'":** Carr, *Shallows*, 233.

169 **"[c]omo sociedade, devotamos cada vez menos tempo à leitura de palavras impressas":** Carr, *Shallows*, 110.

170 **"Uma coisa é bem clara: se, sabendo o que sabemos":** Carr, *Shallows*, 115–16.

170 **"Até que me convençam do contrário com pesquisas":** Wolf e Richardson, "Maryanne Wolf", acessado em 11 de fevereiro de 2021.

173 **(1) diminui a velocidade do leitor, (2) dá-lhe feedback audível e (3) chama a atenção:** Cevasco, correspondência particular.

176 **"Algumas pesquisas mostram que ter um telefone ou computador no mesmo cômodo":** Carr, *Shallows*, 230.

176 **O comentador político Ezra Klein disse no seu podcast que:** Ezra Klein, *The Ezra Klein Show*, https://www.vox.com/podcasts/2020/7/1/21308153/the-ezra-klein-show-the-shallows-twitter-facebook-attention-deep-reading-thinking. Este episódio apresenta uma entrevista com Nicholas Carr, citada na página 305 do seu livro *A geração superficial*.

179 **O copy work (transcrição) também está se tornando popular na pesquisa literária:** Jeanne Wanzek, Brandy Gatlin, Stephanie Al Otaiba e Young-Suk Grace Kim, "The Impact of Transcription Writing Interventions for First-Grade Students", *Reading & Writing Quarterly* 33, nº 5 (2017): 484–99, https://www.tandfonline.com/doi/full/10.1080/10573569.2016.1250142.

## CAPÍTULO 9 ✳ EXPERIÊNCIA: AUMENTANDO A INTIMIDADE

183 **"É mais fácil agir":** Richard Pascale, Jerry Sternin e Monique Sternin, *The Power of Positive Deviance: How Unlikely Innovators Solve the World's Toughest Problems* (Cambridge, MA: Harvard Business Review, 2010).

184–85 **"Na vida diária, nunca entendemos uns aos outros":** E. M. Forster, *Aspects of a Novel* (San Diego: Harcourt Brace Jovanovich, 1927), 67. Forster classifica as características dos personagens de um romance como planas ou redondas e admite que um personagem plano é uma caricatura bidimensional — o que dá ao leitor menos acesso aos verdadeiros pensamentos e sentimentos de uma pessoa. A probabilidade de os personagens redondos exibirem a complexidade à qual Forster se refere aqui é maior.

186 **"Se a memória operacional é o caderno de rascunho da mente, então a memória de longo prazo é o sistema de arquivamento":** Carr, *Shallows*, 123.

186 **"Uma das formas mais eficazes de fazer a informação dar esse importante salto":** MacDonnchaidh, "Visual Literacy". O site

literacyideas.com tem excelentes atividades que podem ser realizadas com seus filhos para ver como a alfabetização visual funciona.

189 **"O desafio é que alguns alunos realmente têm um cérebro que parece um carro de corrida":** Barbara Oakley, *Uncommon Sense Teaching* (Nova York: TarcherPerigee, 2021), 16.

190 **"Os termos *memória operacional* e *inteligência*":** Oakley, *Uncommon*, 14.

191 **"liberação controlada de energia autossustentável":** David C. Roy, *Wired*, https://www.youtube.com/watch?v=ROP45rjvOHg&feature=youtu.be. Recomendo que veja suas esculturas para obter um entendimento em primeira mão de como Roy colocou seu conhecimento em prática e itera concordemente.

196 **"As emoções, as percepções e os lembretes atiçam a imaginação":** Edmund Blair Bolles, *Remembering and Forgetting: An Inquiry into the Nature of Memory* (Nova York: Walker, 1988), 181.

197 **"Ele pega as tradições de um povo que não é colocado sob o holofote":** Christopher Byrd, "Video Game Review: In 'Never Alone' Native Alaskans Explore the Future of Oral Tradition", https://www.washingtonpost.com/news/comic-riffs/wp/2014/12/29/never-alone-review-native-alaskans-explore-the-future-of-oral-tradition/.

200 **"Eu estava do lado antiescravidão, então me levantei e falei à turma":** Nicole Philip, "'It Was Very Humiliating': Readers Share How They Were Taught About Slavery", *New York Times Magazine*, 27 de setembro de 2019, https://www.nytimes.com/interactive/2019/09/27/magazine/slavery-education-school-1619-project.html.

200 **"o bater das ondas e os terríveis trovões":** Philip, "'It Was Very Humiliating'".

201 **No inverno de 2021, um professor do ensino médio no Mississippi:** Larrison Campbell, "Rage Erupts After Mississippi School Asks Kids to Pretend to Be Slaves", 3 de março de 2021, https://www.thedailybeast.

com/purvis-middle-school-and-mississippi-erupt-over-schools-slave--letter-writing-activity.

201 **O professor descreveu como uma aluna criou uma experiência:** Mark L. Daniels, "A Living History Classroom: Using Re-Enactment to Enhance Learning", junho de 2010, https://www.socialstudies.org/social-education/74/3/living-history-classroom-using-re-enactment-e-nhance-learning.

## CAPÍTULO 10 ✳ ENCONTRO: ESMAGADOR E TRANSFORMADOR

205 **"O amor e a compaixão precisam ser suficientemente estendidos":** Mescher, *Ethics*, 141.

208 **"[A] floresta é um dos lugares mais seguros do mundo":** Robin Wall Kimmerer, *Braiding Sweetgrass* (Minneapolis, MN: Milkweed, 2013), 223. O livro de Kimmerer é um exemplo fantástico de como combinar várias habilidades para obter um entendimento muito mais rico de uma matéria de estudo. Seu trabalho de campo como botânica é uma abordagem multifacetada ao pensamento crítico, que se baseia em pesquisas científicas e, em especial, na narrativa da comunidade Potawatomi.

211 **"Os encontros dão um indício de que sempre temos mais para aprender sobre nós mesmo, sobre outros e sobre o mundo":** Mescher, *Ethics*, xi.

211 **"Todo encontro envolve uma opção: de envolver-se ou ignorar, de aceitar ou rejeitar":** Mescher, *Ethics*, xii.

212 **"riscos responsáveis":** Costa, "Habits of Mind," 84.

215 **"Ele parou e se moveu para apanhar a bola, embalando-a e, então, jogando-a":** Joseph Bruchac, *The Children of the Longhouse* (Nova York: Puffin, 1998), 109.

221 **Mesmo assim, quando os norte-americanos são questionados sobre isso, eles desejam um pouco de generosidade:** Gallup Poll, 18 de maio de 2012, https://news.gallup.com/poll/154715/americans-negativity-moral-values-inches-back.aspx. Obrigada a Marcus Mescher por incluir essa pesquisa na sua discussão sobre tolerância em *The Ethics of Encounter*.

224 **"Se eu não parar, não olhar, não tocar e não falar":** Papa Francisco, TED Talk, "Revolution of Tenderness", https://qz.com/968060/pope-francis-ted-talk-the-full-transcript-and-video/.

## PARTE 3 ✳ A IMAGINAÇÃO RETÓRICA

229 **"Grande parte do trabalho intelectual adota a arte do possível":** hooks, *Teaching Critical Thinking*, 139.

229 **"Vivemos em um mundo onde as crianças":** hooks, *Teaching Critical Thinking*, 60.

230 **"A criatividade e o pensamento crítico são especialmente importantes na pesquisa científica":** Pitchai Balakumar, Mohammed Naseeruddin Inamdar e Gowraganahalli Jagadeesh, "The Critical Steps for Successful Research: The Research Proposal and Scientific Writing: A Report on the Pre-Conference Workshop Held in Conjunction with the 64th Annual Conference of the Indian Pharmaceutical Congress—2012", *Journal of Pharmacology and Pharmacotherapeutics* 4, nº 2 (2013): 130–38, https://www.ncbi.nlm.nih.gov/pmc/articles/PMC3669572/.

234 **"Quando um professor deixa a imaginação correr solta na sala de aula":** hooks, *Teaching Critical Thinking*, 62.

## CAPÍTULO 11 ✳ O SURPREENDENTE PAPEL DA AUTOCONSCIÊNCIA NO PENSAMENTO CRÍTICO

235 **"O corpo já sabe das coisas":** Sue Monk Kidd, *The Secret Life of Bees* (Nova York: Penguin, 2002), 69.

238 **nossas relações grupais liberam ocitocina:** Carsten K. W. De Dreu, Lindred L. Greer, Gerben A. Van Kleef, Shaul Shalvi, Michel J. J. Handgraaf e Douglas S. Massey, "Oxytocin Promotes Human Ethnocentrism", *Proceedings of the National Academy of Sciences of the United States of America* 108, nº 4 (2011): 1262–66, acessado em 23 de maio de 2021, http://www.jstor.org/stable/41001849.

238 **"escalação do comprometimento" (viés do comprometimento):** "Why do people support their past ideas, even when presented with evidence that they're wrong?" Decision Lab, acessado em 23 de maio de 2021. https:// thedecisionlab.com/biases/commitment-bias/.

239 **"[o] insight é mais importante na educação":** Caine e Caine, *Making Connections*, 103.

250 **Segundo o livro *Guinness World Records*, mais de 5 bilhões de cópias:** Acessado em 24 de maio de 2021, https://www.guinness worldrecords.com/world-records/best-selling-book-of-non-fiction.

250 **A Bíblia inteira já foi traduzida em mais de setecentas línguas no mundo todo:** Acessado em 24 de maio de 2021, https://www.wycliffe.org.uk/about/our-impact/. A Wycliffe é uma organização que se dedica à missão de traduzir a Bíblia em todos os idiomas falados do planeta.

250 **"[o]s rolos mostraram como os textos bíblicos podem ser fungíveis":** Matthew Rozsa, "What the Newly-Discovered Dead Sea Scrolls Tell Us About History", 18 de março de 2021, https://www.salon.com/2021/03/18/what-the-newly-discovered-dead-sea-scrolls-tell-us-about-history/.

251 **"projetar neles um ponto de vista que complementa [o nosso]":** Iris Marion Young, *Intersecting Voices* (Princeton, NJ: Princeton University Press, 1997), 45.

251 **"Os funcionários achavam que tinham bons motivos para tomar essa decisão":** Young, *Intersecting*, 42.

252 **"A maioria dos participantes disse que preferia":** Young, *Intersecting*, 42.

252 **"Quando são orientadas a se colocarem no lugar":** Young, *Intersecting*, 42.

253 **"Isso nos dá a entender que temos a humildade moral para reconhecer que embora":** Young, *Intersecting*, 53.

254 **"As perguntas podem expressar uma forma diferente de respeito por outros":** Young, *Intersecting*, 55.

254 **"Assim, ouvir com respeito envolve fazer":** Young, *Intersecting*, 55.

254 **"[u]m ponto de vista moral exige que a pessoa pense sobre uma questão":** Young, *Intersecting*, 59.

257 **"padrões de pensamento que são destinados a serem comparados uns com os outros":** Parry, *Original Thinking*, 143.

262 **"A marca de um debate produtivo":** Instagram @adamgrant, 15 de julho de 2021, https://www.instagram.com/p/CRWUyKJpOV0/.

## CAPÍTULO 12 ✳ A ARTE DA INTERPRETAÇÃO

263 **"Portanto, a questão não é encontrar a verdade sobre a qual o autor escreveu":** Paul Regan, "Research in Hermeneutics, Phenomenology, and Practical Philosophy", *Meta* IV, nº 2 (dezembro de 2012):286–303, ISSN 2067–3655, www.metajournal.org (PDF, página 292).

264 **“Entender [um texto] não significa primariamente raciocinar sobre o nosso passado”:** Hans-Georg Gadamer, *Truth and Method* (Londres: Continuum, 1960), 398.

266 **“Falamos sobre quantas mulheres foram estupradas no ano passado”:** Jackson Katz, visitado pela última vez em 27 de maio de 2021, https://www.jacksonkatz.com/news/man-behind-viral-quote/.

268 **“Suas obras refletem atitudes culturais datadas em relação”:** Niraj Chokshi, “Prestigious Laura Ingalls Wilder Award Renamed Over Racial Insensitivity”, *New York Times*, 26 de junho de 2018, https://www.nytimes.com/2018/06/26/books/laura-ingalls-wilder-book-award.html.

## CAPÍTULO 13 ✳ A CORAGEM DE MUDAR DE IDEIA

285 **“Às vezes, o ato de tentar entender pode nos impedir de fazer isso”:** Caine e Caine, *Making Connections*, 161.

285 **“A maioria dos relatos de bons pensamentos são versões do que chamo de jogo da dúvida”:** Peter Elbow, “The Believing Game or Methodological Believing”, *Journal for the Assembly for Expanded Perspectives on Learning* 14 (2009), http://works.bepress.com/peter_elbow/41/.

285 **“O jogo de acreditar nos ensina a entender os pontos de vista por dentro”:** Elbow, “Believing”, 14.

286 **“[n]ossa filosofia, das nossas experiências, da nossa exposição”:** Juiz Harry A. Blackmun, Roe *et al.* v. Wade, Promotor do Condado de Dallas nº 70–18, Suprema Corte dos Estados Unidos, 410 US 113, 22 de janeiro de 1973, http://law2.umkc.edu/faculty/projects/ftrials / conlaw/roe.html.

# ÍNDICE


**A**

abordagem multifacetada 192
abstrato 49
alfabetização 142–149
  decodificação 142
  Julie Bogart 144–147
alimentar a curiosidade 52
alunos
  carros de corrida 191–192
  pedestres 191–192
ansiedade 95
  obsessiva 296
Arthur Costa, educador 2, 217
assimetria do respeito 261
atividade
  a biblioteca da variedade 156–164
  a comunidade da variedade 232
  a gramática da coceira para encaixar 53–65
  a tarefa do inventário de interpretação 278–290
  crítica de filmes 264–267
  filmes mudos 73–76
  importar-se bem 110
  leitura profunda 179–183
  observações cuidadosas 77
  o filtro de fatos 39
  pequenos letramentos 150–157
  perguntas
    de reflexão 207
    instigantes 230–232
  poema "eu sou de" 129–130
  Quem Disse? 18–19
atratores temáticos 93–94
aumento de confiança 218
autoconsciência xxii, 11, 61, 226, 245
autodisciplina 14
autoentendimento 116
avaliar as evidências xix

**B**

base de conhecimento 211
bell hooks 51, 235, 241
benchmarks 100–101, 105
Bernard Suits, autor 93
Betty Edwards, artista e educadora 47–48
bialfabetização 173
biblioteca da variedade 158, 163, 165

**C**

CACAO 105–107
ceticismo saudável 142
coceira para encaixar 53
compaixão 226
conceito bancário 43

copy work 182
credibilidade
importar-se com 101–111
parto 108–109
crenças 34–35
preestabelecidas 12
criatividade 2
cultura do encontro 215
cyberbullying 261

D

Daniel Kahneman, psicólogo 13
David C. Roy 193
decisões inconscientes 2
decodificação 142–143
desvio de atenção 179
devastação da antagonização 174
diferenças 292
dilema de soma zero 247
discriminação 126
discussões 291–292
disposição
acadêmica 38
de ousar 217
doença narrativa 43–44, 236
dominar habilidades 188

E

educação
importar-se com 92
objetivo 89, 91
problematizadora 49, 75
pública
falhas 24–25
história 22–24
efeito
avestruz 244
da mera exposição 16
da visão geral 215–216, 250
empatia xxii, 136, 241, 259–260, 292
encontro 136–137, 209–231
conhecer uma pessoa 224–225
Julie Bogart 209–211
novidades 217–219
quebrar uma regra 218–224
engenhosidade 2
epifanias de insight 214, 216
escalação do comprometimento 246
escolarização 1
escrita 168–170
livre 183
estado de relaxamento alerta 93
estatísticas
números ligados a 99–100
estresse
cultural 146
positivo 96
ética 24
evidência 31–32
anedótica 9
exame 142
excesso de informação 141
expectativas inoportunas 126
experiência 136, 185–208
direta 186, 192–197
colaborar 196–197
indireta 186, 197–199
pessoal 76
visual 188

F

fato 25–27, 29–30
fatos
interpretação dos 34
felicidade 42
filmes mudos 70–72
flexibilidade mental 93
foco profundo 170–174, 178

G

gestalt 248
gestaltismo 216

Grande Muralha de Perguntas 51
grandes conversas suculentas 51
grupos mistos de discussão 269

H

hábitos de pensamento 224
habitus 114, 121
Hans-Georg Gadamer, filósofo 272, 278
herança cultural 163
hiperfoco 169–174, 178
  internet 171–172
história 36–37
  dominante 128
  viva 203–205
horizonte
  do autor 272
  do leitor 272
humildade xxii, 137

I

ideias
  discutíveis 247
  inovadoras 42
identidade 113–130
  aspectos 125–127
  comunitária 213
  formação 127–128
  identificar 115
Iluminismo 124
imagens mentais 84
imaginação 186, 199–207
  retórica xxiii, 236, 238–240, 239
imitação 114
informações sensoriais 78
inovação 42
insight 248–252, 269
  Julie Bogart
    zoológicos 249–250
intercâmbio de ideias 51
interpretação 30–31, 271–278
  Constituição dos Estados Unidos 273–274
  série Little House 274–277
  voz passiva 274
  Why I Want a Wife 277–278
intimidade 26–27

J

Joel Best, sociólogo 99
jogo
  da dúvida 293
  de acreditar 293–294
jogos 92–98
  eletrônicos, críticas 97
  Julie Bogart
    filhos 96–97
  Noah, filho 94–95
John Dewey, educador 52
Julie Bogart
  avô xvii–xix
  família
    ursos 134–135
  filha
    aulas de matemática 194–195
  filhos
    experimento sobre pássaros 198
    sinais de pontuação 220–221
  leitura 139–140

K

Katherine Hayles, professora 170

L

lealdade à comunidade 266–268
leitura 135, 140–143
  lateral 101, 103–109
    bandeiras vermelhas 104–105
  profunda 175–179
lentes e filtros 117–125
  associação dos proprietários de imóveis 119
  leis de zoneamento 123
  teorias da conspiração 122

letramento em imagens 144–145
Lewis Carroll, escritor 62
limitações 137–138
livros comuns 182
locais históricos 206
  Julie Bogart
    família 206
localização 101–102

M

Marcus Mescher, teólogo 114
Marcy Cook, educadora 44
Martin Luther King Jr. 25
matemática 91–92
  sistema solar 92
  valor da 92
memória
  de longo prazo 188–189, 191
  internet 189–190
  operacional 188–189, 191
mente
  aberta 244
  curiosa 142
metacognição 3
moralidade 24
mudar de ideia 295–297
múltipla escolha 44–50

N

narração 177–178
narrador 7
  dar nome ao 9
  não confiável 6
neurociência xiv, xv
neuroplasticidade 172

O

observação 76
  cuidadosa 76
    habilidades 77
opinião 33–34
opiniões conflitantes 11

P

padrão de pensamento 224
Papa Francisco 229
Paulo Freire, educador 43–44, 236
pensamento 224
  autoconsciente 128
  criativo 42
  crítico xix–xx, 2, 240
    consequências xx–xxi
  expandido 263
  imaginativo 237
pensar bem 92
perda da curiosidade 42
perguntas fundamentais do aprendizado 7
perseverança 2
persistência 93
perspicácia 2
pesquisa do estudo 10
ponto de vista 32–33
  alternativo 226
  Julie Bogart 68–70
precisão
  importar-se com 99–100
preconceito 34, 75, 126
primeiras impressões 252–260
  molduras 256–261
    Bíblia 258–259

Q

questionamento constante 41

R

raciocínio estratégico 2
reciprocidade assimétrica 261–264
reflexões internas 217
regulagem emocional 96
repetição 44
  sem contexto 192

respeito 136
retardar a gratificação 93
retórica 237
Revolta Indiana 35
Revolução
  da Ternura 229
  Industrial 23
riscos responsáveis 217
Robin Wall Kimmerer 212–214

S

sagacidade mental xxii
selfie acadêmica 10
senso
  de autonomia 96
  de triunfo 231
suposição inconsciente 116
suposições invisíveis xiii–xiv

T

tarefas metacognitivas 151
teoria da lacuna da curiosidade 52
teorias da conspiração 27
tolerância 225–227
  Julie Bogart
    táxi 226–228
tolerar a ambiguidade 93
Toni Morrison 89–90
transtorno de aprendizagem 146

U

ultraje moral 205

V

veracidade das informações 99
verificadores de fatos 102–104
viés 33–34
  de confirmação 12
visão do mundo 36–37, 117, 148
vivacidade intelectual xxii, 176

W

Walter Mischel, psicólogo 13
Wikipédia 102, 105

Z

zona de concentração 96

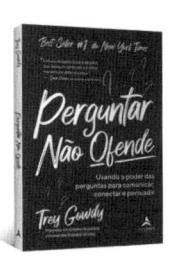

Este livro foi impresso nas oficinas gráficas da Editora Vozes Ltda.,
Rua Frei Luís, 100 – Petrópolis, RJ.